| 光明社科文库 |

政治发展的行程
国家治理的十四个截面

秦德君 ◎ 著

光明日报出版社

图书在版编目（CIP）数据

政治发展的行程：国家治理的十四个截面 / 秦德君著. -- 北京：光明日报出版社，2022.9
ISBN 978-7-5194-6761-6

Ⅰ.①政… Ⅱ.①秦… Ⅲ.①国家—行政管理—现代化管理—研究—中国 Ⅳ.①D630.1

中国国家版本馆 CIP 数据核字（2023）第 175762 号

政治发展的行程：国家治理的十四个截面
ZHENGZHI FAZHAN DE XINGCHENG: GUOJIA ZHILI DE SHISIGE JIEMIAN

著　　者：秦德君	
责任编辑：梁永春	**责任校对**：杨 茹　李佳莹
封面设计：中联华文	**责任印制**：曹 净

出版发行：光明日报出版社
地　　址：北京市西城区永安路 106 号，100050
电　　话：010-63169890（咨询），010-63131930（邮购）
传　　真：010-63131930
网　　址：http://book.gmw.cn
E - mail：gmrbcbs@gmw.cn
法律顾问：北京市兰台律师事务所龚柳方律师
印　　刷：三河市华东印刷有限公司
装　　订：三河市华东印刷有限公司
本书如有破损、缺页、装订错误，请与本社联系调换，电话：010-63131930

开　　本：170mm×240mm	
字　　数：305 千字	印　　张：18
版　　次：2024 年 1 月第 1 版	印　　次：2024 年 1 月第 1 次印刷
书　　号：ISBN 978-7-5194-6761-6	
定　　价：98.00 元	

版权所有　　翻印必究

> 历史是在另一个时代发现的一个时代的值得记录的东西。
>
> ——［英］E. H. 卡尔《历史是什么?》

序
政治发展的季风

本书是对中国政治发展的一项总揽性研究。十四个"界面",也是十四个结构性切入方位,力图按中国政治发展自身的逻辑,较为清晰地叙述当代特别是近十多年来中国政治发展的演进、特点和行程。

政治发展与社会进步可谓一枚硬币的两面。记得当年住复旦"南区"读硕博那会,就开始了政治发展方面的研究,如当时发表的《民主政治建设:中国现代化政治发展的价值主题》(《湖北社会科学》1999 年第 2 期)一文,在对 1949 年以来政治发展区分不同阶段的基础上,提出了推进现代化政治发展的一些想法,获得了"上海市高校系统第三届学习邓小平理论征文"一等奖,也是当时唯一一篇入选获奖的学生论文,其他都是沪上学术大佬,是在锦江小礼堂颁的奖。自此至今,政治发展一直是我研究、写作的方位之一。十年后也就是 2009 年,出版了《政治设计与政治发展》(商务印书馆)一书。

总的来说,政治发展主要指一个国家政治文明走向现代化的过程和迈向更高发展阶段的历史进程,包括工业化、城市化、人的现代化、社会成员的日益复杂以及政治体制的能力加强,[①] 包括政治有序化、制度化程度、社会大众阶层分化程度、国家政治凝聚力等,即亨廷顿所说的"朝着政治民主的进展"[②] 的状况。

当政治发展的季风吹起时"存在"纷呈,"景观表现为一种巨大的实证性"[③]。面对同样的政治发展行程,人们的观察、理解可能是不同的。一方面,

---

[①] [美] 劳伦斯·迈耶,约翰·伯内特,苏珊·奥格登. 比较政治学:变化世界中的国家和理论 [M]. 罗飞,张丽梅,冯涛,等译. 北京:华夏出版社,2001:12.
[②] [美] 格林斯坦,波尔斯比. 政治学手册精选:下卷 [M]. 储复耘,译. 北京:商务印书馆,1996:148.
[③] [法] 居伊·德波. 景观社会 [M]. 张新木,译. 南京:南京大学出版社,2017:6.

因"政治科学家们已深陷于政治之中,多数人对当前的问题都有自己的看法。这些看法很容易影响对政治的分析";[①] 另一方面,"政治科学在一定程度上确实像自然科学:研究者们,如果他们以此为职业的话,要努力研究事物的真实情况,而不是他们所希望的情况"。[②]

本书的研究,尽可能以接近"事实"本身的方式,来"读懂""解码"和把握"坚持中国特色社会主义政治发展道路"[③]的脚印。而其中的相关分析研究,更注重政治发展蕴含的内在机理。

北宋王寀的《浪花》诗说:"一江秋水浸寒空,渔笛无端弄晚风。万里波心谁折得?夕阳影里碎残红。"政治发展也是一条浩阔的长河。每一朵浪花都会很快过去,但每一朵浪花都是水拍,都有天光云影,都值得记载。青山依旧在,几度夕阳红。

2022年4月22日

[①] [美]罗伯特·科德,沃尔特·琼斯,等. 政治科学 [M]. 林震,等译. 北京:华夏出版社,2001:16.
[②] [美]罗伯特·科德,沃尔特·琼斯,等. 政治科学 [M]. 林震,等译. 北京:华夏出版社,2001:16.
[③] 习近平. 习近平谈治国理政:第3卷 [M]. 北京:外文出版社,2020:17.

目 录

序　政治发展的季风 ……………………………………………… 1

导　言 ……………………………………………………………… 1
一、本书的核心问题 …………………………………………… 1
二、本书的研究背景 …………………………………………… 1
三、本书的理论结构 …………………………………………… 2
四、本书的研究方法 …………………………………………… 5

第1章　中国现代化的历史进程 ……………………………… 8
一、中国现代化的起程 ………………………………………… 8
二、中国现代化的进程 ………………………………………… 12
三、中国现代化进程与政治发展 ……………………………… 21

第2章　从1978到面向2035：改革时代的"思想符号" ……… 28
一、改革时代的"思想符号" ………………………………… 29
二、中国特色社会主义理论体系的实践性 …………………… 31
三、中国特色社会主义理论体系与实践性方位 ……………… 35
四、理论与实践：创新性实践的维度 ………………………… 40

第3章　国家治理与党的建设：中国特色社会主义创新主线 …… 48
一、从"邓小平理论"到"习近平新时代中国特色社会主义思想" …… 49
二、从"社会主要矛盾论"到新的"社会主要矛盾论" ……… 49

1

三、从"发展是硬道理""科学发展观"到"新发展理念" ……… 50
四、从"四个现代化"到"两个十五年"战略安排 ……… 53
五、从"以人为本"理念到"以人民为中心"思想 ……… 54
六、从"以经济建设为中心"到"五位一体"总体布局 ……… 56
七、从"依法治国"方略到"法治国家、法治政府、法治社会"建设 … 56
八、从强化"社会管理"到创新"社会治理" ……… 58
九、从"建设社会主义新农村"到"实施乡村振兴战略" ……… 59
十、从"一靠教育，二靠制度"到"把权力关进制度的笼子" ……… 60
十一、从"三个自信"到强调文化的"四个自信" ……… 62
十二、从"参与全球治理"到"构建人类命运共同体" ……… 63
十三、从"党要管党""从严治党"到"全面从严治党" ……… 65

第4章 "新中国""新时期""新时代"：中国政治发展的结构和阶段 ……… 67
一、"为中华民族谋复兴"：历史使命的形成和提出 ……… 68
二、新中国："建设一个中华民族的新社会和新国家" ……… 72
三、新时期："走自己的路，建设有中国特色的社会主义" ……… 76
四、新时代："共圆中华民族伟大复兴的中国梦" ……… 79
五、结语："使命引领未来" ……… 82

第5章 新时代治国理政框架与治理进程 ……… 84
一、"八个明确"和"十四个坚持" ……… 85
二、"五位一体"总体布局和"四个全面"战略布局 ……… 88
三、"一带一路"和"构建人类命运共同体" ……… 93
四、"城市治理"和"乡村振兴" ……… 96
五、"贯彻新发展理念"和"构建新发展格局" ……… 103

第6章 "放管服"改革行程：20世纪80年代改革的延续 ……… 109
一、"放管服"改革的历史起点与进程 ……… 110
二、"放管服"改革对马克思主义国家学说的贯彻与践行 ……… 116
三、加快推进"放管服"改革的现实性与难点 ……… 119

四、深化"放管服"改革要处理好几个关系 ······ 123

第7章 "一带一路"倡议与"人类命运共同体"建设 ······ 126
一、历史新起点与"一带一路"和人类命运共同体拓深 ······ 127
二、全球新常态与"一带一路"和人类命运共同体战略性调适 ······ 131
三、"负责任大国"与形象建构：国际传播话语的建设 ······ 136
四、结语：政策机制转换与应时调适 ······ 139

第8章 发展全过程人民民主与民主政治建设 ······ 143
一、"人民民主"是以人民性为价值核心的民主类型 ······ 144
二、全过程民主是对"人民民主"特色和本质的揭示 ······ 149
三、发展全过程人民民主是新时代政治建设的主线 ······ 154

第9章 "法治中国"建设历程：推进重点与基本路向 ······ 161
一、从法制之治到法治之治 ······ 162
二、从法律体系到法治体系 ······ 165
三、从工具理性到价值理性 ······ 166
四、从依法治国到依宪治国 ······ 168
五、从依法行政到依法执政 ······ 170
六、从小康社会到法治社会：政治发展的递进 ······ 172
七、公共价值目标与集体行动 ······ 176

第10章 "集中力量办大事"：现代化推动的"中国方式" ······ 178
一、"集中力量办大事"的运行特征 ······ 179
二、"集中力量办大事"领导方式的历史演进 ······ 181
三、"集中力量办大事"成功案例 ······ 186
四、"集中力量办大事"若干启示 ······ 190

第11章 中国国家制度型构与"更加成熟更加定型"基础 ······ 194
一、中国国家制度体系：层级与构成 ······ 195
二、中国特质与文化根基：中国国家制度的内生逻辑 ······ 197

三、夯实制度"更加成熟更加定型"的基础 …… 207

第12章　科学执政：执政资源的支配、运用和配置科学化 …… 212
　一、执政的特质：与古代"执政"之迥异 …… 213
　二、"执政"与"领导"：政党政治的不同界面 …… 214
　三、执政资源是实现"科学执政"的重要变量 …… 216
　四、多维性与有限性：把握执政资源的类别性态 …… 217
　五、科学配置与审慎支配执政资源 …… 220
　六、治理执政损耗实现执政效能最大化 …… 221

第13章　从"党要管党""从严治党"到"全面从严治党" …… 225
　一、历史性三阶段：新中国以来党的建设历史演进 …… 226
　二、"治党"与"管党"：结构、治理逻辑与侧重点分析 …… 230
　三、构筑面向新时代的"全面从严治党"战略体系及其重点 …… 232

第14章　从20世纪中叶向21世纪中叶：百年复兴与历史目标 …… 240
　一、"民族振兴""民族复兴"与"中国梦" …… 240
　二、实现民族伟大复兴与个体伦理建设 …… 244
　三、实现民族伟大复兴与社会深度治理 …… 245
　四、实现民族伟大复兴与公共规制建设 …… 246

第15章　结语与展望：中国政治发展的拓展空间 …… 251
　一、"美好生活"建设的拓展空间 …… 251
　二、"生态文明"建设的拓展空间 …… 254
　三、"人的全面发展"建设的拓展空间 …… 257

参考文献 …… 260

后　记 …… 274

导 言

一、本书的核心问题

历史是"在另一个时代发现的一个时代的值得记录的东西"[1]。如何总体把握中国现代化政治发展的主线,对其进行具有纵深度的总体性科学描述,不仅是哲学社会科学面临的重要任务,也是推进中国特色社会主义事业本身的内在要求。中国现代化政治发展是中国特色社会主义的重要方面,本书从十四个截面切入中国政治发展行程,尝试建立一个解释力周延的中国政治发展的学术分析框架。

本书的核心问题,是研究1949年中华人民共和国成立以来中国政治发展的行程,重点是研究分析1978年改革开放以来,特别是2012年新时代以来中国政治发展的重点内容、主要特点;结构性的演进;理念、政策发展的主要线索和变革路径,它们所构成的中国特色社会主义政治发展的显性形态,以及国家治理体系与治理能力现代化方面的步伐,研究分析中国特色社会主义理论与实践体系中的主要社会内容和历史性演进。

二、本书的研究背景

本书立足于对中国政治发展的实际观察,从十四个截面切入中国新时代政治发展的行程,尝试建立一个实践性的中国现代化政治发展的学术解释模式。已有的这方面研究文献,对中国特色社会主义的分点性、单篇性研究比较多,但历史进程性、历史纵深性和总体把握性的研究相对较少,一定程度上可以说严重不足,本书弥补了这方面的不足。

---

[1] [英] E.H. 卡尔. 历史是什么?[M]. 陈恒,译. 北京:商务印书馆,2007:146.

本书研究的一个重要背景，是"百年未有之大变局"的来临。这个"大变局"最为显性的，首先是新冠肺炎（现称"新冠感染"）疫情完全打乱了全球的正常秩序，正在全面"改写"人、社群和整个社会生活、政治生活的关系。本书成稿之际，"奥密克戎"肆虐正劲，全球经济持续走低，国际秩序全面"重组"（Re-formation），全球环境日趋复杂，不确定因素不断增加。似乎没有哪种力量能把人类搅成这样。总之，历史和时间的步履，都已不是踩在原来的节拍上了。

一定意义上，今天人类正站在"十字路口"，面临着有史以来生死攸关的重大考验。能否渡过这一困难时期，赢得新的蓝天白云，既看人类的智慧，也看人类的运气。

这个"大变局"的另一个显性内容，是全球新一轮科技革命和产业变革加快发展。以5G、人工智能、区块链、元宇宙为代表的新兴领域、新兴数字技术方兴未艾，加速向各个领域渗透融合。生物、能源、脑机融合、光子芯片、氢能源等先导性、颠覆性技术快速兴起。技术的逻辑和力量，正在全面地对世界秩序和人的生活方式进行重新"编码"。天体时间和社会时间都在相对加快，各种张力加剧，一切处于变动之中。如果说我们是站在某个十字路口的话，那么这个路口无论位于哪个方向，似乎都飘着不确定的迷雾。

本书研究的另一个重要背景，是现代化国家建设"新征程"的起步，这是一个新的时间地带。"新时代"的诸多社会内容正在不断综合呈现，潜在的逐渐显性化，微小的逐渐全局化，各种政治结构性问题得以显现，变革正在加剧。可以预见，"新征程"上，将会有更多新的社会内容的呈现。

本书在总体把握百年未有之大变局的前提下，研究中国现代化政治发展的流脉与逻辑，总揽性、重点性地展现国家治理的主线和框架，透视未来中国政治发展的方位、路径，为推进中国特色社会主义事业提供一管之见，为推动中国现代化政治发展尽绵薄之力。

三、本书的理论结构

本书共由十九个部分组成。除了序引、导言、参考文献、后记，主体部分共十五章。十五章中，除了最后一章研究结语和展望，十四个章节描述了中国现代化政治发展行程的十四个截面，是一个总揽性、全景式的观照。每一章都是独立的关于重点问题历史行程的研究、阐发、描述。对于每一个截面的分析，立足的是社会生活本身，是对中国特色社会主义事业和中国现代化政治发展的

"聚点"研究。在总体把握中，进行最有本质特征的科学抽样（Sampling）和对创新内容做"元描述"（Meta-description）的分析。

第一章总体研究中国现代化的历史进程。中国政治发展的主线，是中国现代化的历史进程。本章重点研究中国现代化的起程、中国现代化的进程、中国现代化的新征程三个大的历史阶段。从"两步走"，到"三步走"，再到"两个十五年"规划的中国现代化进程，是理解中国现代化政治发展的主要历史线索。

第二章研究改革时代的"思想符号"。"改革开放以来我们取得一切成绩和进步的根本原因，归结起来就是：开辟了中国特色社会主义道路，形成了中国特色社会主义理论体系。"（《中国共产党章程》）把握"思想"与"时代"的关系，是理解政治发展和理论底蕴及其相互关系的关键，也是这一章研究的核心内容。

第三章研究新时代中国特色社会主义创新主线。2012年为发端的"新时代"，十三个主要方面的演进发展，构成了这一历史时期政治发展的考察维度。结构性的演进发展，构成了中国特色社会主义政治发展的多样形态，也成为"新时代"最具表征性的社会内容。

第四章研究中国政治发展的结构和阶段："新中国"（1949年）、"新时期"（1978年）、"新时代"（2012年）。在第三章的基础上，本章是对三个大的结构性历史阶段的研究。20世纪50年代首提"四个现代化"，20世纪70年代末开启改革开放，21世纪10年代做出"两个十五年"现代化建设安排，它们是理解中国政治发展的时代性词汇。

第五章研究新时代治国理政框架与治理进程。新时代政治发展的重大方面，是治国理政总体框架的完善和调整。本章对于治国理政总体框架做出五个方面的归纳描述；对于治理进程，提出把握全面建成小康社会后以"十四五"为起点，以二〇三五为远景目标和全面建设现代化国家新征程的主线分析。

第六章研究"放管服"改革行程。"放管服"改革是新时代全面深化改革的突出标志，也是"步入深水区""啃硬骨头"的主要内容。"放管服"改革与20世纪80年代的改革一脉相承，是以市场为导向、发挥市场对资源配置起决定性作用的改革，也是马克思主义作为国家职能理论在新时代的贯彻、探索和实践。

第七章研究"一带一路"倡议与"人类命运共同体"建设。"一带一路"倡议和"人类命运共同体"建设，是新时代中国介入全球事务的两座"引桥"，是新的时间流程里中国参与世界的拓展方式。它构成了新时代中国对外政策和对外政治发展的基调。后疫情时代"全球化"面临巨大困难，审时度势进行调适，是面临的内在要求。

第八章研究发展全过程人民民主与中国民主政治建设与探索的历程。民主政治建设是政治发展的基本维度。1979年3月，邓小平提出"没有民主就没有社会主义，就没有社会主义的现代化"①。2019年11月和2021年7月，习近平提出"全过程民主""全过程人民民主"的论述，使中国民主政治、人民民主有了一个灵魂性的标签，拓展了国家民主制度研究的范围。

第九章研究"法治中国"建设历程和基本路向。民主与法治不可分。1979年9月，十五大确立"依法治国、建设社会主义法治国家"基本方略；1999年3月，写入《宪法》总纲第五条；2014年10月，提出"法治国家、法治政府、法治社会"一体建设，是法治建设的新开篇。2020年11月，提出2035年基本建成法治国家、法治政府、法治社会，是"法治中国"建设的总时间表。

第十章研究现代化推动的"中国方式"——"集中力量办大事"。作为一种现代化的推动方式，"集中力量办大事"是发展中国家破解"后发劣势"，实现历史性突破的有效之举。同时，这也是现代国家解决重大问题的常用手段。但"集中力量办大事"不是搞人海战术、搞大体量，而是一种"好钢用在刀刃上"的重点擘画和重点突破，是把握和处理决定国家发展的"重大变量因素"。

第十一章研究中国国家制度型构与"更加成熟更加定型"基础。中国国家制度体系是一个有着不同层级的型构体系，具有"生成性"与"创制性"双重特性。1992年1月，邓小平提出"恐怕再有三十年的时间，我们才会在各方面形成一套更加成熟、更加定型的制度"②。1992年10月十四大、2013年11月《中共中央关于全面深化改革若干重大问题的决定》、2019年10月《中共中央关于坚持和完善中国特色社会主义制度，推进国家治理体系和治理能力现代化若干重大问题的决定》都提出了"更加成熟更加定型"的行程表。

第十二章研究科学执政的基本问题，即执政资源的支配、运用和配置科学化。2004年9月《中共中央关于加强党的执政能力建设的决定》首提"科学执政、民主执政、依法执政"③，2007年10月写入党章总纲。"科学执政、

---

① 邓小平．坚持四项基本原则［M］//邓小平文选：第2卷．北京：人民出版社，1994：168．
② 邓小平．在武昌、深圳、珠海、上海等的谈话要点［M］//邓小平文选：第3卷．北京：人民出版社，1993：372．
③ 中共中央关于加强党的执政能力建设的决定［N］．人民日报，2004-09-27（01）．

民主执政、依法执政"主要在处理党宪、党法、党政、党际、党群关系中得到体现,而科学执政的基础,是实现对执政资源科学配置、科学支配和科学运用。

第十三章研究党的建设历程。1962年11月,提出"党要管党,一管党员,二管干部"①。1985年11月,首提"从严治党"概念。2014年12月,首提"四个全面","全面从严治党"成为"四个全面"战略布局的组成部分。从"党要管党"到"从严治党",再到"全面从严治党",构成了党的建设新的伟大工程的流程,是观察分析中国政治发展的重要组成部分。

第十四章研究从20世纪中叶至21世纪中叶贯穿的百年复兴历史目标。1894年11月,孙中山喊出"振兴中华"口号,成为激发中国民众的巨大力量。20世纪80年代,"振兴中华,实现四化"是中国改革开放时代的伟大精神符号。1997年11月江泽民访美中提出"实现中华民族的伟大复兴"。2013年3月,习近平提出"实现中华民族伟大复兴的中国梦,就是要实现国家富强、民族振兴、人民幸福"。民族精神的再造和体制制度的创新,是民族复兴的前提条件。

第十五章是研究结语和展望。以"十四五"为起点的现代化国家建设的新征程,展现出中国现代化政治发展的三大空间,即"美好生活"的建设空间、"生态文明"的建设空间和"人的全面发展"的建设空间。一个国家只有把人民的生活搞好了,才具有根本上的制度竞争力;生态文明建设决定了未来中国现代化建设的质量;"人的全面发展"开辟了国家治理和政治发展的巨大空间,也是决定中国现代化政治发展质量的决定性因素和价值取向。

四、本书的研究方法

辩证唯物主义和历史唯物主义是科学的世界观、方法论,是本书研究遵循的思想方法。在这一思想方法下,本书注重把中国现代化政治发展置于特定历史、社会、经济、文化条件下进行切入和观察,注重在体制进步的历史观上进行整体把握。具体研究方法主要有以下四种:

(1)描述性研究方法。科学研究通常有三个基本的目的:探索、描述和解释。许多社会科学研究的主要目的是描述情况及事件。研究者观察,然后把观察到的事物或现象描述出来。由于科学观察仔细而谨慎,因此,科学描述比一

---

① 邓小平.执政党的干部问题[M]//邓小平文选:第1卷.北京:人民出版社,1994:328.

般的描述要精确。① 任何科学研究，均可以分为两大类：一是描述性研究，二是解释性研究。前者注重描述研究事物的客观状态、特征、功能或进程；后者注重归因分析。这两种基本方法，并不是截然分开的。本书研究总体上采用描述性研究方法，注重整个进程特征和主要内容的分析，同时也在内在机理、动因和发展逻辑方面展开深入的分析。

（2）全息记录与重点分析。所谓"全息记录"，是指立足整体观照，保持全面、系统、客观、无重要遗漏的研究方法。"全息"概念来自希腊字"holos"，意指全面、完整的信息。1948年，英国科学家丹尼斯·伽柏（Dennis Gabor）在提高电子显微镜分辨率过程中引入"全息"理念，他以这一理念和方法获得了第一张全息图及重建像。本书的"全息记录"研究方法，指以"总揽全局"的整体观进行观察分析，"全息式"地记录研析中国现代化政治发展的历史过程。

与此同时，注重重点方面的分析，主要是采用"关键成功因素法"（key success factors，KSF），即以关键因素为依据确定整体分析框架中的重点，对多个影响整体系统目标的变量，找出其中最为关键和主要的（成功变量），通过对关键成功因素的识别，确定变量优先次序。确定国家治理的"十四个截面"，作为研究主线的设定，即基于这一考量。

（3）逻辑与历史相统一的方法。这既是本书遵循的辩证逻辑基本原则，又是研究保持辩证思维的基本方法。逻辑与历史相统一，要求在研究中处理好历史方法和逻辑方法的关系。历史方法是依照对象发展的自然进程来揭示其规律，属于描述性的方法；逻辑方法则用概念、范畴、理论等形式概括反映对象的发展规律，属于理论思维的方法。

逻辑与历史相统一，最早由黑格尔（G. W. F. Hegel）提出。他认为逻辑的发展，是与哲学体系的发展一致的。恩格斯则指出："历史从哪里开始，思想进程也应当从哪里开始，而思想进程的进一步发展不过是历史进程在抽象的、理论上前后一贯的形式上的反映。"② 本书"逻辑与历史相统一"的方法，本质是实现理论与事实、"是"（ought to）与"应该是"（is）的统一，实现研究思维与现实的契合。

（4）注重对创新性特质的创新性研究。创新是一个民族进步发展的灵魂，

---

① ［美］艾尔·巴比. 社会研究方法 [M]. 邱泽奇, 译. 北京：华夏出版社, 2005：87-88.
② 恩格斯. 卡尔·马克思《政治经济学批判》：第一分册 [M] // 马克思, 恩格斯. 马克思恩格斯选集：第2卷. 北京：人民出版社, 2012：14.

更是中国特色社会主义事业和中国现代化政治发展的动力机制。中国特色社会主义和现代化政治发展的历史性过程，是个不断创新的历史过程，应得到深刻、全面的学术、学理上的科学描述。本书在研究中，注重开阔创新视野，捕捉创新因子，注重保持对创新的感知能力。

第1章

中国现代化的历史进程

中国政治发展的主线,是中国现代化的历史进程。

中国现代化的历史进程,也是中华民族伟大复兴的历史进程。从"两步走",到"三步走",再到"两个十五年"规划的中国现代化进程,是理解中国政治发展的主要历史线索。

小康社会全面建成,我国开启现代化建设新征程。它以"十四五"贯彻新发展理念、构建新发展格局为起点,以实现2035远景目标为迈进方向,踏上实现第二个百年奋斗目标的新赶考之路。

中国政治发展的主线,是中国现代化的历史进程。包括中国现代化的起程,中国现代化的进程,中国现代化的新征程三个大的历史阶段。在各个历史阶段,都包含了丰富的探索内容,展示了波澜壮阔的历史画卷。

随着小康社会的全面建成,我国开启现代化建设新征程。它以"十四五"贯彻新发展理念、构建新发展格局为起点,以实现2035远景目标和21世纪中叶全面实现现代化为迈进方向。

一、中国现代化的起程

(一) 中国现代化的历史起点

中国现代化标志性的历史起点,以19世纪60年代到20世纪第一个十年中发生的带有现代化趋动性质的晚清三场革新运动"洋务运动""维新运动""立宪运动"为标志。三场革新运动经历半个世纪,均以失败告终,但起到了现代化启蒙作用,都对推动中国近现代的进步起到了重要作用,可被视为中国现代化的历史起点。

洋务运动(1861—1895年)是19世纪60年代至90年代晚清面对"数千年

未有之大变局"（李鸿章），以引进西方科学技术、军事装备、机器生产的现代化运动。1861年1月11日爱新觉罗·奕䜣会同桂良、文祥上奏《通筹夷务全局酌拟章程六条》，开始推行以富国强兵为目标的革新实务，大规模引进西方科学技术，兴办军事工业和民用企业。1894年，甲午中日战争爆发，作为洋务运动突出成果之一的北洋海军全军覆没，标志历时30多年的洋务运动失败。

维新运动（1898年6月11日—9月21日）又称"百日维新"或"戊戌变法"，是一场晚清政治革新运动。1933年，胡适曾指出："三十年前，主张'维新'的人，即是当日主张现代化的人。"[①] 维新运动倡导学习西方现代化、学习科学文化，革新政治、教育制度，开放言路、指陈利弊，精减机构、裁撤冗官、任用新人，发展农工商业等。这场运动虽起落短暂，但它客观上成为影响巨大的思想启蒙运动，使民主和现代化理念得到传播，促进了人们的思想解放。

立宪运动（1905—1911年）是晚清又一场政治革新运动，是中国两千多年封建专制向"宪制"的一次和平过渡。所谓"宪制"，有君主立宪制和共和宪制两种。"宪制"的一个核心目标是制约皇帝的权力。没有宪制，皇帝的权力是无限的。1908年，《钦定宪法大纲》颁布；1910年，资政院开院；1911年，废除军机处，发布内阁官制与任命总理和诸大臣。它是中国历史上第一次有明确现代化取向的民主制度和体制改革，目的是使大清帝国成为君主立宪政体的国家。立宪运动虽然失败了，但大大推动了思想解放和对于近代化道路的探索。

清朝从1644年到1911年共延续了268年。1662年到1795年，史称"康乾盛世"。在这一时期，中国的经济水平在世界上是领先的。乾隆末年，中国经济总量居世界第一位，人口占世界三分之一，对外贸易长期出超。也正是在这一时期，西方发生了工业革命，科学技术和生产力快速发展。但是，当时的清朝统治者却看不到这个世界的大变化，夜郎自大，闭关自守，拒绝学习先进的科学技术。最后，在短短一百多年的时间里，就大大落后于西方国家，直至在西方列强的坚船利炮面前不堪一击。[②] 晚清积弊已深的颓势，是与一百年时间里西方勃兴的现代化形成的"比较劣势"。晚清三大革新运动算得上是一种洞察、反思和救济，但在积弊极深的旧体制下已回天乏力。三大革新运动虽失败了，但引入了现代化视野和坐标，是具有现代化意义的历史起点。

[①] 胡适. 建国问题引论［J］. 独立评论，1933（77）：1-6.
[②] 江泽民. 加紧培养适应新世纪要求的中青年领导干部［M］//江泽民文选：第3卷. 北京：人民出版社，2006：48.

(二) 中国现代化的逻辑起点

在中国现代化的"自觉意识"和整体战略规划上，应以孙中山先生的《建国方略》(1917—1920年)为标志。《建国方略》完整阐述了中国现代化的伟大理想和实施方案，按照现代化的内在逻辑，从思想层面到经济层面，再到政治层面，对中国现代化做出了全面、系统、结构性的政治设计，涉及现代化最为核心的经济、制度、人的现代化层面。所谓现代化，"即是现代性在物质的、制度的、观念的三个层面的扩展"①，孙中山先生对物质的、制度的、观念的三个层面都有整体的规划设计。

《建国方略》由《民权初步》(1917年)、《孙文学说》(1918年)、《实业计划》(1919年)构成。《民权初步》是《建国方略》的"社会建设"方案，是推行民主政治建设的计划。阐述了政府组织、运作原理和大众要掌握的民主原则、程序和方法，反映了孙中山的现代化民主政治思想。《孙文学说》是《建国方略》的"心理建设"方案，阐述"知易行难"理念，是现代化建设的观念革新。《实业计划》是《建国方略》的"经济建设"方案，是全面开展现代化经济建设的宏伟纲领，提出了发展中国经济的远景规划，包括建设铁路十多万公里，建设华北、华中、华南三大世界级港口等项目。第一次把经济建设放在首位，第一次提出对外开放、引进外资等思想。

孙中山先生的《建国方略》是20世纪上半叶出现的最系统、最完整、最杰出的现代化构想和建设蓝图，成为中国现代化进程完整的思想、规划、战略的起点，具有不朽的启迪和实际价值，是实现中华民族伟大复兴的宏伟纲领。在中国近现代政治家中，孙中山先生是第一个不仅具有现代化的全局观念，而且身体力行进行具体擘画，在深入考察研究基础上做出切实的战略规划的第一人，为中国现代化呕心沥血，功莫大焉。

(三) 中国现代化的现实起点

在中国现代化的实际启动和推行上，以1954年9月周恩来首提"四个现代化"概念为标志，这是中国现代化建设的现实起点。

1954年9月23日，周恩来在第一届全国人大一次会议作《政府工作报告》，首提"四个现代化"的概念：

---

① 尹保云.什么是现代化——概念与范式的探讨[M].北京：人民出版社，2001：5.

我国的经济原来是很落后的。如果我们不建设起强大的现代化的工业、现代化的农业、现代化的交通运输业和现代化的国防，我们就不能摆脱落后和贫困，我们的革命就不能达到目的。①

其时"四个现代化"，指工业、农业、交通运输业和国防的现代化。后对"四个现代化"的内容做出调整，放入"科学技术现代化"取代"交通运输现代化"。1963年1月29日，周恩来在上海市科学技术工作会议上作《建成社会主义强国，关键在于实现科学技术现代化》的讲话，第一次提出农业现代化、工业现代化、国防现代化、科学技术现代化"四个现代化"的概念：

我们要实现农业现代化、工业现代化、国防现代化和科学技术现代化，把我们祖国建设成为一个社会主义强国，关键在于实现科学技术现代化。

我们的四个现代化，要同时并进，相互促进，不能等工业现代化以后再来进行农业现代化、国防现代化和科学技术现代化。②

1964年12月21日，周恩来在第三届全国人大一次会议上作《政府工作报告》，沿用"四个现代化"概念：

今后发展国民经济的主要任务，总的说来，就是要在不太长的历史时期内，把我国建设成为一个具有现代农业、现代工业、现代国防和现代科学技术的社会主义强国，赶上和超过世界先进水平。③

为了"要在不太长的历史时期内"实现这一目标，周恩来在报告中提出"两步走"战略："实现这个伟大的历史任务，从第三个五年计划开始，我国的国民经济发展，可以按两步来考虑：第一步，建立一个独立的比较完整的工业体系和国民经济体系；第二步，全面实现农业、工业、国防和科学技术的现代化，使我国经济走在世界的前列。"④ 以"一五"为发端的以现代化为取向的经

---

① 周恩来．把我国建设成为强大的社会主义的现代化的工业国家［M］//周恩来选集：下卷．北京：人民出版社，1984：132．
② 周恩来．建成社会主义强国，关键在于实现科学技术现代化［M］//周恩来选集：下卷．北京：人民出版社，1984：412．
③ 周恩来．发展国民经济的主要任务［M］//周恩来选集：下卷．北京：人民出版社，1984：439．
④ 周恩来．发展国民经济的主要任务［M］//周恩来选集：下卷．北京：人民出版社，1984：439．

济建设，经"二五"的基础进一步积累，从"三五"开始正式向现代农业、现代工业、现代国防和现代科学技术的社会主义强国迈进。

1975年1月13日，周恩来在第四届全国人大一次会议上作《政府工作报告》，重申了"四个现代化"目标和"两步走"安排：

> 第一步，用十五年时间，即在一九八〇年以前，建成一个独立的比较完整的工业体系和国民经济体系；第二步，在本世纪内，全面实现农业、工业、国防和科学技术的现代化，使我国国民经济走在世界的前列。①

根据这一安排，第一步用15年，形成基础性的比较完整的工业体系和国民经济体系；第二步用10年，到2000年实现农业、工业、国防和科学技术的现代化，并使"我国国民经济走在世界的前列"。至此"四个现代化"的概念和实施步骤确立。

"四个现代化"这一概念的提出，超越了一般以经济建设为主体的国家建设概念，成为包含民族振兴丰富含义的政治发展概念，表达了全国人民对于改变落后面貌、建设现代化国家的强烈愿望，对于振奋民族精神有着巨大的凝聚力。

二、中国现代化的进程

从"一五"到"十四五"，目标就是"现代化"。中国现代化呈现了内容不断完善、从"两步走"到"三步走"，再到"两个十五年"的历史过程。对于中国现代化发展的擘画，有七个最为重要的历史节点：

（一）20世纪50年代："四个现代化"

1954年9月15日，毛泽东在第一届全国人大一次会议的开幕词中说，准备在几个五年计划之内，将我国"建设成为一个工业化的具有高度现代文化程度的伟大的国家"②。1954年9月23日，周恩来在第一届全国人大一次会议所作《政府工作报告》中首提"四个现代化"概念，这是我国现代化建设的第一个重要节点。1956年9月26日，中共八大通过《中国共产党章程》，把"四个现代化"写进总纲："使中国具有强大的现代化的工业、现代化的农业、现代化的

---

① 周恩来．向四个现代化的宏伟目标前进［M］//周恩来选集：下卷．北京：人民出版社，1984：479．
② 毛泽东．为建设一个伟大的社会主义国家而奋斗［M］//毛泽东文集：第6卷．北京：人民出版社，1999：350．

交通运输业和现代化的国防。"①

1953年1月1日起，我国开始实施第一个五年计划，开始有计划地实施现代化建设。周恩来在《政府工作报告》中提出："第一个五年计划的方针是大家已经知道的，这就是：集中主要力量发展重工业，建立国家工业化和国防现代化的基础；相应地发展交通运输业、轻工业、农业和商业。"② 关于这一点，1979年9月29日，叶剑英在庆祝中华人民共和国成立三十周年大会上谈到："党的八大正确地肯定我国'几千年来的阶级剥削制度的历史已经基本上结束'，提出今后的主要任务是大力发展社会生产力。"③

在中国现代化的思路和指导方针上，以1956年4月25日毛泽东在中央政治局扩大会议作《论十大关系》讲话为标志。1956年初，在生产资料私有制的社会主义改造取得成效的形势下，中央开始把党和国家的工作重点向社会主义现代化建设方面转移。1956年2月后，毛泽东用两个多月时间调研，听取了34个部委的汇报，形成了对国家建设一些基本问题的认知。

之所以把《论十大关系》视为现代化建设的思路和指导方针，是基于：第一，《论十大关系》探讨的"十大关系"，都是国家现代化建设的基本问题，核心目标是调动一切积极因素建设现代化国家。《论十大关系》通篇强调"围绕着一个基本方针，就是要把国内外一切积极因素调动起来，为社会主义事业服务"④，"要调动一切直接的和间接的因素，为把我国建设成为一个强大的社会主义国家而奋斗"⑤，"一定要努力把党内党外、国内国外的一切积极的因素，直接的、间接的积极因素，全部调动起来，把我国建设成为一个强大的社会主义国家"⑥。第二，《论十大关系》提出探索适合我国国情的社会主义现代化国家建设道路问题。提出建设社会主义必须根据本国情况走自己的道路，同时强调学习一切好的东西："一切民族、一切国家的长处都要学，政治、经济、科学、技术、文学、艺术的一切真正好的东西都要学。"⑦ 这是一种现代化建设所

---

① 中国共产党章程 [N]. 人民日报，1956-09-27（02）.
② 周恩来. 把我国建设成为强大的社会主义的现代化的工业国家 [M]//周恩来选集：下卷. 北京：人民出版社，1984：133.
③ 叶剑英. 在庆祝中华人民共和国成立三十周年大会上的讲话 [N]. 人民日报，1979-09-30（02）.
④ 毛泽东. 论十大关系 [M]//毛泽东文集：第7卷. 北京：人民出版社，1999：23.
⑤ 毛泽东. 论十大关系 [M]//毛泽东文集：第7卷. 北京：人民出版社，1999：24.
⑥ 毛泽东. 论十大关系 [M]//毛泽东文集：第7卷. 北京：人民出版社，1999：44.
⑦ 毛泽东. 论十大关系 [M]//毛泽东文集：第7卷. 北京：人民出版社，1999：41.

必须具备的开阔思路。第三,《论十大关系》提出"精简国家机构、减少军政费用的问题"①,反映了国民经济建设的思路。文中指出:"第一个五年计划期间,军政费用占国家预算全部支出的百分之三十。这个比重太大了。第二个五年计划期间,要使它降到百分之二十左右,以便抽出更多的资金,多开些工厂,多造些机器。"②整个讲话反映出的关注点、立足点,是经济建设和国防建设等社会主义现代化建设的核心问题。但是这一历史时期仍处于"以阶段斗争为纲"的境遇中,政治运动接连不断,"四个现代化"没有成为国家建设的主线,受到的干扰极大。

(二) 20世纪70年代末:"全党工作着重点转移"

1978年12月,党的十一届三中全会提出党的工作重点转移,这是我国现代化建设的第二个重要节点。十一届三中全会基于当时"就整体来说,实行全党工作中心转变的条件已经具备"③的总体分析,果断做出"把全党工作的着重点和全国人民的注意力转移到社会主义现代化建设上来"④,"为在本世纪内把我国建设成为社会主义的现代化强国而进行新的长征"⑤的重大决策。这是从近三十年根深蒂固的"以阶级斗争为纲"的运行模式到"以现代化建设为中心"的历史性转型,开启了改革开放新时期现代化建设的热潮。1979年3月30日,邓小平在"党的理论工作务虚会"上讲话对此评价说:

> 政治和经济形势,使全党有可能把工作着重点从今年起转移到社会主义现代化建设上来。这是我国历史上的一个伟大的转折。虽然过去我们已经进行了多年的社会主义建设,但是我们仍然有足够的理由说,这是一个新的历史发展阶段的开端。⑥

邓小平称其为"这是我国历史上的一个伟大的转折""这是一个新的历史发展阶段的开端"⑦。1979年9月29日,叶剑英在庆祝中华人民共和国成立三十周年大会上指出:"党的十一大和五届人大一次会议都提出了在本世纪末实现农

---

① 毛泽东. 论十大关系 [M] //毛泽东文集:第7卷. 北京:人民出版社,1999:27.
② 毛泽东. 论十大关系 [M] //毛泽东文集:第7卷. 北京:人民出版社,1999:27.
③ 中国共产党第十一届中央委员会第三次全体会议公报 [N]. 人民日报,1978-12-24 (01).
④ 中国共产党第十一届中央委员会第三次全体会议公报 [N]. 人民日报,1978-12-24 (01).
⑤ 中国共产党第十一届中央委员会第三次全体会议公报 [N]. 人民日报,1978-12-24 (01).
⑥ 邓小平. 坚持四项基本原则 [M] //邓小平文选:第2卷. 北京:人民出版社,1994:159.
⑦ 邓小平. 坚持四项基本原则 [M] //邓小平文选:第2卷. 北京:人民出版社,1994:159.

业、工业、国防和科学技术现代化的奋斗目标，党的十一届三中全会和五届人大二次会议已经决定从今年起把全党全国的工作着重点转移到社会主义现代化建设上来。现在我们的任务，就是团结全国各族人民，调动一切积极因素，同心同德，鼓足干劲，力争上游，多快好省地建设现代化的社会主义强国。"① 这是一个意义深远的伟大转折，正如邓小平指出的："从十一届三中全会到十二大，我们打开了一条一心一意搞建设的新路。"②

（三）20 世纪 80 年代早期："翻两番""两步走"

1982 年 9 月，党的十二大提出"翻两番"的奋斗目标，成为我国现代化建设的第三个重要节点。"翻两番"即从 1981 年到 20 世纪末的 20 年，力争使全国工农业年总产值翻两番，由 1980 年的 7100 亿元增加到 2000 年的 28000 亿元左右，这是一种扩大经济总量的"增量"视野。

1982 年 9 月 18 日，邓小平在陪同到访的朝鲜劳动党总书记金日成去四川访问途中，进一步阐述了这一"两步走"战略：

> 十二大提出的奋斗目标，是二十年翻两番。二十年是从一九八一年算起，到本世纪末，大体上分两步走，前十年打好基础，后十年高速发展。战略重点，一是农业，二是能源和交通，三是教育和科学。③

这个（10 年+10 年）"两步走"，是指 20 世纪内的"两步走"，即 20 世纪内的"两个十年"方案。

两年后 1984 年 10 月 6 日，邓小平在会见参加中外经济合作问题讨论会全体中外代表时，进一步提出了新的"两步走"战略：

> 我们第一步是实现翻两番，需要二十年，还有第二步，需要三十年到五十年，恐怕是要五十年，接近发达国家的水平。两步加起来，正好五十年至七十年。④

---

① 叶剑英. 在庆祝中华人民共和国成立三十周年大会上的讲话［N］. 人民日报，1979-09-30（03）.
② 邓小平. 一心一意搞建设［M］//邓小平文选：第 3 卷. 北京：人民出版社，1993：11.
③ 邓小平. 一心一意搞建设［M］//邓小平文选：第 3 卷. 北京：人民出版社，1993：9.
④ 邓小平. 我们的宏伟目标和根本政策［M］//邓小平文选：第 3 卷. 北京：人民出版社，1993：79.

邓小平此时提出的这个"两步走",与十二大提出的"两步走"已有不同。第一,在单位时间上,十二大提出的"两步走"是在20世纪内,分为两个10年;第二,在目标内容上,十二大提出的"两步走"是实现"翻两番",与周恩来在第四届全国人大一次会议上提出的"两步走"(15年+10年)都是20世纪内"两步走"。新"两步走",时间上越出了20世纪,规划的视野已延至21世纪中叶。它把十二大提出的"两步走"共20年并为"一步";另"一步"是再花30年至50年的时间。这是一个从20世纪80年代为起点,到21世纪中叶为目标的"两步走",为后来"三步走"发展战略之先声。

(四) 20世纪80年代中期:"三步走"战略

1987年10月,党的十三大系统勾划了现代化"三步走"战略,成为中国现代化建设的第四个重要节点。第一步,实现国民生产总值比一九八〇年翻一番,解决人民的温饱问题。这个任务已经基本实现。第二步,到20世纪末,使国民生产总值再增长一倍,人民生活达到小康水平。第三步,到21世纪中叶,人均国民生产总值达到中等发达国家水平,人民生活比较富裕,基本实现现代化。然后,在这个基础上继续前进。这是把20世纪剩下的时间与21世纪前半叶统筹起来规划,是第一个到21世纪中叶的整体发展规划。

1988年6月3日,邓小平在会见"九十年代的中国与世界"国际会议全体人员时,进一步阐发了"三步走"战略:

> 目标是分三步走发展我们的经济。第一步是达到温饱水平,已经提前实现了。第二步是在本世纪末达到小康水平,还有十二年时间,看来可以实现。第三步是下个世纪再花五十年时间,达到中等发达国家水平,这是很不容易的。关键是本世纪内的最后十年,要为下个世纪前五十年的发展打下基础,创造比较好的条件和环境。①

其中,有两点值得关注。一是邓小平提出到21世纪中叶"达到中等发达国家水平",还不是一个全面实现高水平现代化的概念,并强调"这是很不容易的",充满"实事求是"的务实理性。二是邓小平强调"关键是本世纪内的最后十年"必须发展好,要为21世纪前五十年的发展打下基础、创造条件,是非

---

① 邓小平. 要吸收国际的经验 [M] // 邓小平文选: 第3卷. 北京: 人民出版社, 1993: 266-267.

常有战略眼光的。

从"两步走"到"三步走",展示了推进中国现代化建设不断健全的过程。"三步走"发展战略,立足中国社会主义初级阶段基本国情,充分把握了现代化建设的现实基础远景目标。这当中,把解决人民"温饱"问题作为第一步基础目标,把达到"小康"水平作为第二步发展目标,反映了立足人民生活"以人为本"和"以人民为中心"的理念。

(五) 20 世纪 90 年代:"跨世纪战略"

1997 年 9 月,党的十五大提出"跨世纪战略",成为我国现代化建设的第五个重要节点。经 20 世纪 80 年代的发展,特别是 20 世纪 90 年代后的加速发展,到 1995 年我国经济提前实现原定的 2000 年比 1980 年翻两番的目标。在此基础上,1997 年 9 月 12 日至 18 日召开的十五大,提出"跨世纪战略":

> 展望下世纪,我们的目标是,第一个十年实现国民生产总值比二〇〇〇年翻一番,使人民的小康生活更加宽裕,形成比较完善的社会主义市场经济体制;再经过十年的努力,到建党一百年时,使国民经济更加发展,各项制度更加完善;到世纪中叶建国一百年时,基本实现现代化,建成富强民主文明的社会主义国家。[1]

十五大对发展环境的总体判断是:"和平与发展已成为当今时代的主题,世界格局正在走向多极化,争取较长时期的国际和平环境是可能的。世界范围内科技革命突飞猛进,经济继续增长。这为我们提供了有利的外部条件。"[2] 强调要"牢牢抓住世纪之交的历史机遇,迈出新的步伐"[3]。

十五大的部署是:"从现在起到下世纪的前十年,是我国实现第二步战略目标、向第三步战略目标迈进的关键时期。"[4] 这一时期,"建立比较完善的社会

---

[1] 江泽民. 高举邓小平理论伟大旗帜,把建设有中国特色社会主义事业全面推向二十一世纪[M]//江泽民文选:第 2 卷. 北京:人民出版社,2006:4.
[2] 江泽民. 高举邓小平理论伟大旗帜,把建设有中国特色社会主义事业全面推向二十一世纪[M]//江泽民文选:第 2 卷. 北京:人民出版社,2006:3-4.
[3] 江泽民. 高举邓小平理论伟大旗帜,把建设有中国特色社会主义事业全面推向二十一世纪[M]//江泽民文选:第 2 卷. 北京:人民出版社,2006:3-4.
[4] 江泽民. 高举邓小平理论伟大旗帜,把建设有中国特色社会主义事业全面推向二十一世纪[M]//江泽民文选:第 2 卷. 北京:人民出版社,2006:18.

主义市场经济体制，保持国民经济持续快速健康发展，是必须解决好的两大课题"①。由此十五大突出地强调：

> 要坚持社会主义市场经济的改革方向，使改革在一些重大方面取得新的突破，并在优化经济结构、发展科学技术和提高对外开放水平等方面取得重大进展。②

"跨世纪战略"要求包括产业基础、国民素质、社会体制、领导能力、意识形态等在内的诸多社会历史条件。依据世界发展不平衡原理，一个后发国家，只要吸取早发展国家和迟发展国家的经验教训，战略得当，措施得力，就可以成功地实现跨世纪发展战略。

（六）21世纪初："翻两番"与"更高水平小康"

2002年11月，党的十六大鉴于"胜利实现了现代化建设'三步走'战略的第一步、第二步目标，人民生活总体上达到小康水平"③，进而提出全面建设小康社会、确立国内生产总值到二〇二〇年"力争比二〇〇〇年翻两番"目标，成为中国式现代化第六个重要节点。战略目标包括"综合国力和国际竞争力明显增强；基本实现工业化；建成完善的社会主义市场经济体制和更具活力、更加开放的经济体系④等内容。总的要求，是"根据十五大提出的到二〇一〇年、建党一百年和新中国成立一百年的发展目标，我们要在本世纪头二十年，集中力量，全面建设惠及十几亿人口的更高水平的小康社会。"⑤ 并提出"全面建设小康社会"基本标准：1）人均国内生产总值超过3000美元，这是建成全面小康社会的核心标志；2）城镇居民人均可支配收入1.8万元；3）农村居民家庭人均纯收入8000元；4）恩格尔系数低于40%；5）城镇人均住房建筑面积30

---

① 江泽民．高举邓小平理论伟大旗帜，把建设有中国特色社会主义事业全面推向二十一世纪［M］//江泽民文选：第2卷．北京：人民出版社，2006：18．
② 江泽民．高举邓小平理论伟大旗帜，把建设有中国特色社会主义事业全面推向二十一世纪［M］//江泽民文选：第2卷．北京：人民出版社，2006：18．
③ 江泽民．全面建设小康社会，开创中国特色社会主义事业新局面［M］//江泽民文选：第3卷．北京：人民出版社，2006：542．
④ 江泽民．全面建设小康社会，开创中国特色社会主义事业新局面［M］//江泽民文选：第3卷．北京：人民出版社，2006：543．
⑤ 江泽民．全面建设小康社会，开创中国特色社会主义事业新局面［M］//江泽民文选：第3卷．北京：人民出版社，2006：542-543．

平方米；6）城镇化率达到50%；7）居民家庭计算机普及率20%；8）大学入学率20%；9）每千人医生数2.8人；10）城镇居民最低生活保障率95%以上。关于"小康社会"，更早在1991年国家统计局与计划、财政、卫生、教育等12个部门的研究人员组成了课题组，按照当时"小康社会"的内涵，确定了16个方面的检测内容和临测值，①形成了比较全面的目标体系的评估指标。

2007年10月，党的十七大在十六大确立全面建设小康社会目标基础上，强调"为全面建成惠及十几亿人口的更高水平的小康社会打下更加牢固的基础"②，"确保到二〇二〇年实现全面建成小康社会的奋斗目标。"③三年后2010年我国经济总量超过日本，居世界第二。2011年2月日本内阁府发布数据，2010年日本GDP为54742亿美元，比中国少4044亿美元，排名全球第三。④我国成为全球第二大经济实体，这是中国现代化发展的一个重要进展性标志。

（七）新时代："两个十五年"战略规划

2017年10月，党的十九大综合分析国内外形势和我国发展条件，作出在全面建成小康社会基础上"两个十五年"（2021-2035、2036-2050）的战略安排，进而党的二十大提出"以中国式现代化全面推进中华民族伟大复兴"，成为中国式现代化建设第七个重要节点。十九大关于"两个十五年"的安排是：

> 第一个阶段，从二〇二〇年到二〇三五年，在全面建成小康社会的基础上，再奋斗十五年，基本实现社会主义现代化。⑤

---

① "小康"的16项基本标准是：（1）人均国内生产总值2500元（按1980年的价格和汇率计算，2500元相当于900美元）；（2）城镇人均可支配收入2400元；（3）农民人均纯收入1200元；（4）城镇人均住房面积12平方米；（5）农村钢木结构住房人均使用面积15平方米；（6）人均蛋白质摄入量75克；（7）城市每人拥有铺路面积8平方米；（8）农村通公路行政村比重85%；（9）恩格尔系数50%；（10）成人识字率85%；（11）人均预期寿命70岁；（12）婴儿死亡率31‰；（13）教育娱乐支出比重11%；（14）电视机普及率100%；（15）森林覆盖率15%；（16）农村初级卫生保健基本合格县比重100%。
② 胡锦涛.高举中国特色社会主义伟大旗帜，为夺取全面建设小康社会新胜利而奋斗［M］//胡锦涛文选：第2卷.北京：人民出版社，2016：629.
③ 胡锦涛.高举中国特色社会主义伟大旗帜，为夺取全面建设小康社会新胜利而奋斗［M］//胡锦涛文选：第2卷.北京：人民出版社，2016：627.
④ 日本称2010年GDP首次被中国赶超 退居世界第三［EB/OL］.中国经济网，2011-02-15，http://intl.ce.cn/specials/zxgjzh/201102/15/t20110215_22216298.shtml.
⑤ 习近平.决胜全面建成小康社会，夺取新时代中国特色社会主义伟大胜利［M］//习近平谈治国理政：第3卷.北京：外文出版社，2020：22.

第二个阶段，从二〇三五年到本世纪中叶，在基本实现现代化的基础上，再奋斗十五年，把我国建成富强民主文明和谐美丽的社会主义现代化强国。①

在十九大提出的战略规划基础上，党的二十大进一步强调：

全面建成社会主义现代化强国，总的战略安排是分两步走：从二〇二〇年到二〇三五年基本实现社会主义现代化；从二〇三五年到本世纪中叶把我国建成富强民主文明和谐美丽的社会主义现代化强国。未来五年是全面建设社会主义现代化国家开局起步的关键时期。②

在改革开放后第二代领导集体提出的"中国式的现代化"这一概念基础上，党的二十大进一步对中国共产党领导的"中国式现代化"的特点作出归纳："中国式现代化是人口规模巨大的现代化""中国式现代化是全体人民共同富裕的现代化"③"中国式现代化是物质文明和精神文明相协调的现代化""中国式现代化是人与自然和谐共生的现代化""中国式现代化是走和平发展道路的现代化"④。

在发展层级上，党的二十大强调更高质量的发展："高质量发展是全面建设社会主义现代化国家的首要任务"⑤，并进一步界定了"中国式现代化的本质要求"："坚持中国共产党领导，坚持中国特色社会主义，实现高质量发展，发展全过程人民民主，丰富人民精神世界，实现全体人民共同富裕，促进人与自然和谐共生，推动构建人类命运共同体，创造人类文明新形态。"⑥ 相较于1988年

---

① 习近平. 决胜全面建成小康社会, 夺取新时代中国特色社会主义伟大胜利 [M] // 习近平谈治国理政: 第3卷. 北京: 外文出版社, 2020: 23.
② 习近平. 高举中国特色社会主义伟大旗帜 为全面建设社会主义现代化国家而团结奋斗 [N]. 人民日报, 2022-10-26 (03).
③ 习近平. 高举中国特色社会主义伟大旗帜 为全面建设社会主义现代化国家而团结奋斗 [N]. 人民日报, 2022-10-26 (02).
④ 习近平. 高举中国特色社会主义伟大旗帜 为全面建设社会主义现代化国家而团结奋斗 [N]. 人民日报, 2022-10-26 (03).
⑤ 习近平. 高举中国特色社会主义伟大旗帜 为全面建设社会主义现代化国家而团结奋斗 [N]. 人民日报, 2022-10-26 (03).
⑥ 习近平. 高举中国特色社会主义伟大旗帜 为全面建设社会主义现代化国家而团结奋斗 [N]. 人民日报, 2022-10-26 (03).

邓小平阐述的21世纪中叶"达到中等发达国家水平"现代化战略构想，党的十九大、二十大形成的21世纪中叶建成"富强民主文明和谐美丽的社会主义现代化强国"的战略目标，无论在规模和质量效益方面，还是在国民收入和综合发展方面，都有了更高层级的提升，成为新时代中国式现代化的宏伟蓝图。

党的十九大和二十大"两个十五年"的战略安排，成为现代化新征程的"两步走"，这是一个承前启后的"发展型"现代化图景。

从20世纪50年代提出"四个现代化"，经七个大的节点，到21世纪第二个十年开启现代化建设新征程，中国现代化历史进程是个筚路蓝缕、不断完善、不断扬厉的过程。①

三、中国现代化进程与政治发展

从现代化建设的推进过程看，中国现代化进程可以归纳为"四个现代化"—"三大任务"—"小康社会"—"全面小康"—完成"脱贫攻坚"—"基本实现现代化"—"全面实现现代化"（实现中华民族伟大复兴）这样的历史行程，显现了20世纪中叶到21世纪中叶中国政治发展的演进主路。

（一）"四个现代化"阶段

自1954年9月周恩来在第一届全国人大一次会议首提"四个现代化"概念后，四个现代化就成为贯穿中国政治发展的一条主线。1978年，党的十一届三中全会做出把党和国家工作重点转移到社会主义现代化建设上来的战略决策后，"振兴中华、实现四化"成为整个20世纪80年代的主旋律，成为那个时代的最强音，凝结了全国人民的发展热望。1978年11月12日，陈云在中央工作会议东北组的发言中谈到："四个现代化，是全党全国人民的迫切愿望。"②

1979年12月6日，邓小平在会见日本首相大平正芳时，对"四个现代化"有一个政治发展视角的阐发：

> 四个现代化这个目标是毛主席、周总理在世时确定的。所谓四个现代化，就是要改变中国贫穷落后的面貌，不但使人民生活水平逐步有所提高，也要使中国在国际事务中能够恢复符合自己情况的地位，对人类作出比较

---

① 秦德君. 从"四个现代化"到现代化建设新征程［J］. 决策，2021（6）：8.
② 陈云. 在中央工作会议东北组的发言［M］//中共中央文献研究室. 三中全会以来重要文献选编：上册. 北京：人民出版社，1982：16.

多一点的贡献。①

这里，邓小平指出"四个现代化"不只是经济含义，"不但使人民生活水平逐步有所提高"，更是全局性、政治性的。1980年1月16日，邓小平在中央召集的干部会议上强调，"四个现代化"必须在20世纪80年代"做出决定性成绩"：

> 我们要在本世纪实现四个现代化，从今年元旦起，只有二十年，就是八十年代和九十年代。如果四个现代化不在八十年代做出决定性的成绩，那它就等于遭到了挫折。所以，对于我们的建设事业说来，八十年代是很重要的，是决定性的。②

这个"做出决定性的成绩"，也是站在总的政治高度，来分析"四个现代化"的发展速度和发展进程的。1979年9月29日，叶剑英在庆祝中华人民共和国成立三十周年大会上强调"四个现代化"是"最大的政治"：

> 四个现代化的建设是当前最大的政治。国家的巩固，社会的安定，人民物质文化生活的改善，最终都取决于现代化建设的成功，取决于生产的发展。我们的一切工作，都要围绕现代化建设这个中心，为这个中心服务。全国每个地区、每个部门、每个单位以至个人，他们工作的评价和应得的荣誉，都要以对现代化建设直接间接所作的贡献如何，作为衡量的标准。③

这里提出包括评价标准、贡献、荣誉的评定等一切在内，都要以能否有利于推动"四个现代化"来衡量，因为"四个现代化"的实现程度决定着整个中国特色社会主义事业的全局。这一历史阶段，已真正形成了以现代化建设为核心的工作重心的战略大局。

(二)"三大任务"阶段

20世纪80年代，"三大任务"是这一时期的政治发展的主题词。1980年1

---

① 邓小平.中国本世纪的目标是实现小康[M]//邓小平文选：第2卷.北京：人民出版社，1994：237.
② 邓小平.目前的形势和任务[M]//邓小平文选：第2卷.北京：人民出版社，1994：241.
③ 叶剑英.在庆祝中华人民共和国成立三十周年大会上的讲话[N].人民日报，1979-9-30(3).

月16日，邓小平在中央召集的干部会议上提出："八十年代要做的三件大事"：

> 第一件事，是在国际事务中反对霸权主义，维护世界和平。全世界都估计到，八十年代是个危险的年代。反对霸权主义这个任务，每天都摆在我们的议事日程上。
> 第二件事，是台湾回归祖国，实现祖国统一。我们要力争八十年代达到这个目标。
> 第三件事，要加紧经济建设，就是加紧四个现代化建设。四个现代化，集中起来讲就是经济建设。①

邓小平强调："三件事的核心是现代化建设。这是我们解决国际问题、国内问题的最主要的条件。"② 邓小平之所以认为"（二十世纪）八十年代是个危险的年代，反对霸权主义这个任务，每天都摆在我们的议事日程上"，是因为此前刚刚结束了"对越自卫反击战"（1979年2月17日—3月16日，国际社会也称"中越战争"），20世纪80年代两国军事对抗继续，在罗家坪大山、法卡山、扣林山、老山、者阴山等地区相继爆发边界冲突，时间持续10年，即整个80年代中越一直处于边界冲突状态。到20世纪90年代初中越关系逐步正常，陆地边界也最终划定。而更早在1969年3月中苏爆发珍宝岛冲突，进入70年代后中苏持续处于敌对状态。1982年9月1日，邓小平在中国共产党第十二次全国代表大会开幕词中进一步阐释80年代"三大任务"：

> 八十年代是我们党和国家历史发展上的重要年代。加紧社会主义现代化建设，争取实现包括台湾在内的祖国统一，反对霸权主义、维护世界和平，是我国人民在八十年代的三大任务。这三大任务中，核心是经济建设，它是解决国际国内问题的基础。③

可以看到，这一阶段"四个现代化"概念，已向"社会主义现代化建设"概念演进。"三大任务"的主线是"社会主义现代化建设"。而现代化建设的战略思维和视野，已投射到对整个国际环境的考量。

---

① 邓小平. 目前的形势和任务 [M] //邓小平文选：第2卷. 北京：人民出版社，1994：239-240.
② 邓小平. 目前的形势和任务 [M] //邓小平文选：第2卷. 北京：人民出版社，1994：240.
③ 邓小平. 中国共产党第十二次全国代表大会开幕词 [M] //邓小平文选：第3卷. 北京：人民出版社，1993：3.

（三）"小康社会"阶段

"小康社会"是中国现代化一个覆盖约20多年时段的政治发展标签。最早是在20世纪70年代末80年代初，邓小平在规划中国发展蓝图时提出的战略构想，后来"小康社会"内涵不断丰富扩展，经历了建设小康社会、全面建设小康社会、全面建成小康社会这样三个阶段。

（1）20世纪90年代："建设小康社会"阶段。1990年，全国国内生产总值达18547.9亿元，提前达到温饱水平。1991年，国家统计与计划、财政、卫生、教育等12个部门的研究人员组成了课题组，按照中央、国务院提出的小康社会的内涵确定了16个基本检测和临测值。形成了"小康水平"的16项标准。[①] 1995年，提前实现国内生产总值比1980年翻两番的目标。1997年，提前实现人均国内生产总值比1980年翻两番的目标。2000年，人均国内生产总值超过800美元，全国国内生产总值达到89404亿元，总体达到"小康水平"。

（2）21世纪初："全面建设小康社会"阶段。2000年6月9日，江泽民在全国党校工作会议上发表讲话，首提"全面建设小康社会"概念。"我们要在胜利完成第二步战略目标的基础上，开始实施第三步战略目标，全面建设小康社会并继续向现代化目标迈进。"[②]

其后，2000年10月，十五届五中全会提出"社会主义现代化的新的发展阶段"的概念："从新世纪开始，我国将进入全面建设小康社会，加快推进社会主义现代化的新的发展阶段。"[③] 全面建设小康社会的目标，在党的全会上开始出现。2002年1月14日，江泽民在十六大报告文件起草组会议上指出："明确提出全面建设小康社会的目标，并在科学论证的基础上加以阐述，对凝聚人心、

---

① "小康"的16项基本标准：（1）人均国内生产总值2500元（按1980年的价格和汇率计算，2500元相当于900美元）；（2）城镇人均可支配收入2400元；（3）农民人均纯收入1200元；（4）城镇人均住房面积12平方米；（5）农村钢木结构住房人均使用面积15平方米；（6）人均蛋白质摄入量75克；（7）城市每人拥有铺路面积8平方米；（8）农村通公路行政村比重85%；（9）恩格尔系数50%；（10）成人识字率85%；（11）人均预期寿命70岁；（12）婴儿死亡率31‰；（13）教育娱乐支出比重11%；（14）电视机普及率100%；（15）森林覆盖率15%；（16）农村初级卫生保健基本合格县比重100%。

② 江泽民.在全国党校工作会议上的讲话[M]//论党的建设.北京：中央文献出版社，2001：419.

③ 中共中央文献研究室.中共中央关于制定国民经济和社会发展第十个五年计划的建议[M]//十五大以来重要文献选编：中.北京：人民出版社，2001：1369.

鼓舞斗志，加快推进我国的现代化建设，具有十分重大的意义。"①

相较于已经实现的"低水平、不全面、发展不平衡"的总体小康，"全面建设小康社会"的内涵更为丰富。当初邓小平提出小康的概念，主要是为了纠正过去我们在建设现代化问题上的急于求成的倾向。他所提的"小康"，虽是物质文明和精神文明相统一的社会，但根据20世纪80年代我国的实际情况，主要还是从经济方面着手，解决生存温饱问题。邓小平曾把"小康社会"描绘为"没有太富的人，也没有太穷的人，所以日子普遍好过"②。这种"小康"是以经济发展和生产力水平的提高为主要特征的。

江泽民提出的全面建设小康社会，是要"全面建设惠及十几亿人口的更高水平的小康社会，使经济更加发展、民主更加健全、科教更加进步、文化更加繁荣、社会更加和谐、人民生活更加殷实"③。其最大的特色在于它是惠及十几亿人口的小康，其目标不仅有物质生活方面的要求，还包含了社会主义民主与法制，全民族的思想道德、科学文化素质和健康素质，可持续发展能力，生态环境等方面，是经济、政治、文化、环境协调发展，物质文明、政治文明、精神文明共同发展，谋求人的全面发展和实现社会全面进步的社会状态。

鉴于"胜利实现了现代化建设'三步走'战略的第一步、第二步目标，人民生活总体上达到小康水平"④，2002年11月，十六大提出"全面建设小康社会"的奋斗目标，要求"国内生产总值到二〇二〇年力争比二〇〇〇年翻两番，综合国力和国际竞争力明显增强。基本实现工业化，建成完善的社会主义市场经济体制和更具活力、更加开放的经济体系"⑤。总的要求是"根据十五大提出的到二〇一〇年、建党一百年和新中国成立一百年的发展目标，我们要在本世纪头二十年，集中力量，全面建设惠及十几亿人口的更高水平的小康社会"⑥。

---

① 江泽民. 明确提出全面建设小康社会的目标［M］//江泽民文选：第3卷. 北京：人民出版社，2006：416.
② 邓小平. 争取整个中华民族的大团结［M］//邓小平文选：第3卷. 北京：人民出版社，1993：161-162.
③ 江泽民. 全面建设小康社会，开创中国特色社会主义事业新局面［M］//江泽民文选：第3卷. 北京：人民出版社，2006：543.
④ 江泽民. 全面建设小康社会，开创中国特色社会主义事业新局面［M］//江泽民文选：第3卷. 北京：人民出版社，2006：542.
⑤ 江泽民. 全面建设小康社会，开创中国特色社会主义事业新局面［M］//江泽民文选：第3卷. 北京：人民出版社，2006：543.
⑥ 江泽民. 全面建设小康社会，开创中国特色社会主义事业新局面［M］//江泽民文选：第3卷. 北京：人民出版社，2006：542-543.

并提出了全面建设小康社会的基本标准：一是人均国内生产总值超过3000美元，这是全面建成小康社会的核心标志。二是城镇居民人均可支配收入1.8万元。三是农村居民家庭人均纯收入8000元。四是恩格尔系数低于40%。五是城镇人均住房建筑面积30平方米。六是城镇化率达到50%。七是居民家庭计算机普及率20%。八是大学入学率20%。九是每千人医生数2.8人。十是城镇居民最低生活保障率95%以上。

（3）20世纪10年代："全面建成小康社会"阶段。2007年10月，党的十七大在党的十六大确立的"全面建设小康社会目标"基础上，对我国发展提出新的更高要求，"确保到二〇二〇年实现全面建成小康社会的奋斗目标"①。强调要"为全面建成惠及十几亿人口的更高水平的小康社会打下更加牢固的基础"②。

三年后也就是2010年，我国经济总量超过日本，居世界第二。如前述，2011年2月14日日本内阁府发布的数据显示，2010年日本名义GDP为54742亿美元，比中国少4044亿美元，排名全球第三。③ 我国成为世界第二经济实体，但这只是个"总量概念"，并不反映人均GDP的实际状况。1968年，日本GDP超过1000亿美元，超越西德成为全球第二大经济体，当时日本人均GDP超过1000美元，人均GDP排在世界第20位。2008年日本人均GDP达42480美元。2010年8月商务部新闻发言人姚坚在新闻发布会上宣布，中国人均GDP为3800美元，在全球排名105位。在旧的发展模式下，我们走的基本是工业化国家曾经走过的先污染后治理的老路，是一种拼资源、拼人力、高投入、高消耗、高排放的粗放式发展，不仅透支环境和资源，也透支中国的人力资本和权益资本，与人与自然和谐相处、依靠科技和创新引领经济社会发展的目标还相当远，经济发展模式亟待转型。正基于此，2015年10月，第十八届五中全会首次提出"创新、协调、绿色、开放、共享"五大发展理念，以促进经济发展模式的转型，保障实现全面建成小康社会的目标。

---

① 胡锦涛. 高举中国特色社会主义伟大旗帜，为夺取全面建设小康社会新胜利而奋斗［M］// 胡锦涛文选：第2卷. 北京：人民出版社，2016：627.
② 胡锦涛. 高举中国特色社会主义伟大旗帜，为夺取全面建设小康社会新胜利而奋斗［M］// 胡锦涛文选：第2卷. 北京：人民出版社，2016：629.
③ 李杰. 日本公布2010年GDP数据，被中国赶超退居世界第三［EB/OL］. 环球网，2011-2-14.

（四）"现代化建设新征程"阶段

2021年7月1日，习近平在庆祝中国共产党成立100周年大会上宣告，"经过全党全国各族人民持续奋斗，我们实现了第一个百年奋斗目标，在中华大地上全面建成了小康社会，历史性地解决了绝对贫困问题，正在意气风发向着全面建成社会主义现代化强国的第二个百年奋斗目标迈进"[①]。提出在现代化国家建设新的征程上"以史为鉴、开创未来"，牢记"九个必须"，是面向2035"基本实现现代化"和在21世纪中叶"全面实现现代化"必须遵循的总的原则。以此为标志，中国现代化迈入了现代化国家建设的新的征程。

2022年10月16日，党的二十大报告提出："从现在起，中国共产党的中心任务就是团结带领全国各族人民全面建成社会主义现代化强国、实现第二个百年奋斗目标，以中国式现代化全面推进中华民族伟大复兴。"[②] 并强调中国式现代化"既有各国现代化的共同特征，更有基于自己国情的中国特色"；同时，进一步强调了两个十五年的战略安排："全面建成社会主义现代化强国，总的战略安排是分两步走：从二〇二〇年到二〇三五年基本实现社会主义现代化；从二〇三五年到本世纪中叶把我国建成富强民主文明和谐美丽的社会主义现代化强国。"[③]

[①] 习近平. 在庆祝中国共产党成立100周年大会上的讲话［N］. 人民日报，2021-7-2（2）.
[②] 习近平. 高举中国特色社会主义伟大旗帜，为全面建设社会主义现代化国家而团结奋斗：在中国共产党第二十次全国代表大会上的报告［M］北京：人民出版社，2022：21.
[③] 习近平. 高举中国特色社会主义伟大旗帜，为全面建设社会主义现代化国家而团结奋斗：在中国共产党第二十次全国代表大会上的报告［M］北京：人民出版社，2022：22，24.

第 2 章

从 1978 到面向 2035：改革时代的"思想符号"

"改革开放以来我们取得一切成绩和进步的根本原因，归结起来就是：开辟了中国特色社会主义道路，形成了中国特色社会主义理论体系。"（《中国共产党章程》）

改革开放以来最为系统的马克思主义中国化的理论成果，是包括邓小平理论、"三个代表"重要思想、科学发展观、习近平新时代中国特色社会主义思想在内的中国特色社会主义理论体系。

中国特色社会主义理论体系产生于改革开放新实践，是中国政治发展的理论成果，是今天新实践的思想指引。

把握"思想"与"时代"的关系，是理解理论底蕴和政治发展的关键。

时代的理论，也是改革的理论。"每个时代总有属于它自己的问题"[①]，任何科学理论都产生于一定的历史实践，或者说是对新的历史实践任务所做出的理论供给。"马克思主义诞生以来，一代又一代马克思主义者遵循实践、认识、再实践、再认识的规律，与时俱进，不断研究新情况、解决新问题、创造新经验，从而推动马克思主义在实践中不断开拓新的境界。"[②] 中国特色社会主义理论体系是中国改革开放新实践的思想符号，是中国波澜壮阔改革开放的产物，是中国特色社会主义实践"理论自觉"的产物。实践性是这一理论体系的本质特征。中国特色社会主义理论体系最突出的实践性方位是解说实践、认知实践、撬动实践和创新实践。

[①] 习近平. 问题就是时代的口号[M]//之江新语. 杭州：浙江人民出版社，2007：235.
[②] 胡锦涛. 党的思想政治建设的核心是理论建设[M]//胡锦涛文选：第 1 卷. 北京：人民出版社，2016：455.

第 2 章 从 1978 到面向 2035：改革时代的"思想符号"

一、改革时代的"思想符号"

本质上，一门真正的科学理论不是人为"构建"的，而是在实践过程中孕育而成的，是对新现实、新问题、新实践的回应。列宁在谈到"理论与实践"的关系时，这样论述：

理论在变为实践，理论由实践赋予活力，由实践来修正，由实践来检验。① 马克思主义是以事实，而不是以可能性为依据的。马克思主义者只能以经过严格证明和确凿证明的事实作为自己的政策的前提。②

关于"理论与实践""科学与伪科学"的关系，著名数学哲学家和科学哲学家伊姆雷·拉卡托斯（Imre Lakatos）在《科学研究纲领方法论》一书中谈到：

智慧及知识的诚实性要求人们必须放弃未经证实的说法，即使在思想中也必须尽量缩小推测与业经确立的知识之间的差距。③

拉卡托斯非常强调知识、理论本身所应具备的客观性，以保持"智慧及知识的诚实性"。在中国特色社会主义理论体系中，邓小平理论是对中国改革开放新实践的回应，系统地回答了在中国这样的经济文化比较落后的国家，如何建设社会主义、如何巩固和发展社会主义等一系列基本问题，用新的思想观点诠释、推动了中国改革开放伟大实践，开创了中国特色社会主义。"三个代表"重要思想是对国内外复杂形势的回应。这一理论确立了党的基本纲领、基本经验，确立了社会主义市场经济体制的改革目标和基本框架，确立了社会主义初级阶段的基本经济制度和分配制度。是推进党的建设的新的伟大工程，开创了全面改革开放新局面。科学发展观是进入 21 世纪后，对新形势下遏制 GDP 至上、经济发展一线突进、全面发展社会事业、发展民生这一历史要求的回应。这一理论提出，要坚持"以人为本"，树立全面、协调、可持续的发展观，构建社会主义和谐社会，加快生态文明建设。推进党的执政能力建设和先进性建设。在新

---

① 列宁. 怎样组织竞赛？[M] //列宁选集：第 3 卷. 北京：人民出版社，2012：381.
② 列宁. 致尼·达·基克纳泽 [M] //列宁全集：第 47 卷. 北京：人民出版社，1990：477.
③ [英] 伊·拉卡托斯. 科学研究纲领方法论 [M]. 兰征，译. 上海：上海译文出版社，1986：11.

的历史起点上,科学发展观发展了中国特色社会主义。习近平新时代中国特色社会主义思想,是对新时代中国特色社会主义新的变化、新的要求,当今时代和当代中国发展面临的重大理论和现实问题,尤其是对新时代统筹国内外两个战略大局新的治理要求的理论回应,续写了坚持和发展中国特色社会主义的新篇章。

2015年11月23日,习近平在中共中央政治局第二十八次集体学习时强调:"要坚持对外开放基本国策,善于统筹国内国际两个大局,利用好国际国内两个市场、两种资源,发展更高层次的开放型经济,积极参与全球经济治理,同时坚决维护我国发展利益。"① 在国外大局上,总体上是根据新的全球态势特别是"全球一体化"的历史进程,遵循共商共建共享理念,倡导"一带一路"建设和"人类命运共同体"建设,参与全球治理,扩展中国负责任大国的国际影响力,推动世界和平与发展。在国内大局上,总体上是围绕完善和发展中国特色社会主义制度,推进国家治理体系和治理能力现代化这一全面深化改革的总目标,② 统筹推进"五位一体"总体布局(经济建设、政治建设、文化建设、社会建设、生态文明建设)、协调推进"四个全面"战略布局(全面建成小康社会、全面深化改革、全面依法治国、全面从严治党),抓住重要的战略机遇期,为中华民族谋得新福祉。

习近平新时代中国特色社会主义思想,就产生于国内外两个战略大局这样一种新的历史境遇和实践过程当中,是这一历史过程中面对"时代问题和时代任务有哪些变化"的理论自觉的产物。正如习近平在谈到"理论与时代"关系时说的:

> 恩格斯曾经指出,我们的理论"是一种历史的产物,它在不同的时代具有完全不同的形式,同时具有完全不同的内容"③。面对当今世界的深刻变化,我们要深入思考和研究:二十一世纪与二十世纪、十九世纪有哪些不同,时代问题和时代任务有哪些变化,如何更好运用马克思主义观察时代、解读时代、引领时代。只有真正搞懂面临的时代课题,深刻把握世界

---

① 习近平在中共中央政治局第二十八次集体学习时强调:立足我国国情和我国发展实践,发展当代中国马克思主义政治经济学[N].人民日报,2015-11-25(01).
② 中共中央关于全面深化改革若干重大问题的决定[N].人民日报,2013-11-16(01).
③ 恩格斯.自然辩证法[M]//马克思恩格斯选集:第3卷.北京:人民出版社,2012:873.

历史的脉络和走向，才能科学构造二十一世纪马克思主义的理论形态。①

改革开放新的历史实践和政治发展，是催生中国特色社会主义理论体系产生的母体。新时代包括社会主要矛盾变化在内的社会变革，推动了习近平新时代中国特色社会主义思想的产生。正如恩格斯在《路德维希·费尔巴哈和德国古典哲学的终结》一文中论述的："推动哲学家前进的，决不像他们所想象的那样，只是纯粹思想的力量。恰恰相反，真正推动他们前进的，主要是自然科学和工业的强大而日益迅猛的进步。"②

二、中国特色社会主义理论体系的实践性

马克思在《关于费尔巴哈的提纲》中阐述了马克思主义的实践观。指出："人的思维是否具有客观的真理性，这并不是一个理论的问题，而是一个实践的问题。"③ 马克思还指出，全部社会生活在本质上是实践的。凡是把理论引向神秘主义的神秘东西，都能在人的实践中以及对这种实践的理解中得到合理的解决。④ 哲学家们只是用不同的方式解释世界，而问题在于改变世界。⑤

从人类文明发展的历史过程看，人类早期活动主要是物质性活动，随着生产力的发展和人对大自然认知的提升，人类有了更多的精神活动和理论思维，而系统化的理论思维则催生了更多的理论形态。在林林总总的理论体系中，马克思主义理论独树一帜，它研究和回答现实问题，研究和回答人类的实践活动和改造世界的活动，具有突出的问题导向和实践品格。中国特色社会主义理论体系作为马克思主义中国化的最新成果，实践性也是它最突出的理论品格和生命价值。这种理论品格和生命价值表现在：

---

① 习近平.在十八届中央政治局第四十三次集体学习时的讲话［M］//中共中央党史和文献研究院，中央"不忘初心、牢记使命"主题教育领导小组办公室.习近平关于"不忘初心、牢记使命"论述摘编.北京：中央文献出版社，党建读物出版社，2019：47-48.
② 恩格斯.路德维希·费尔巴哈和德国古典哲学的终结［M］//马克思恩格斯选集：第4卷.北京：人民出版社，2012：233.
③ 马克思.关于费尔巴哈的提纲［M］//马克思恩格斯选集：第1卷.北京：人民出版社，2012：134.
④ 马克思.关于费尔巴哈的提纲［M］//马克思恩格斯选集：第1卷.北京：人民出版社，2012：136.
⑤ 马克思.关于费尔巴哈的提纲［M］//马克思恩格斯选集：第1卷.北京：人民出版社，2012：136.

（一）立足现实的改革实践："剪裁妙处非刀尺"

一个时代有一个时代的思想符号。中国特色社会主义理论体系是中国改革开放历史阶段的思想标识。中国改革开放40多年，国家面貌沧桑巨变，构筑了今天进一步走向繁荣富强的新起点，在推进改革开放进程中，"思想的力量"发挥了巨大引领和凝聚作用，也形成了相当的"理论自觉"。2000年11月12日，胡锦涛在中央党校举办的学习江泽民同志关于"四个如何认识"研究班第二期上海班结业式上发表讲话，明确提出："我们要密切关注我国改革开放和社会主义现代化建设新进展，研究实践中遇到的新问题。"①

中国40多年改革开放呈现了四个历史性的阶段：第一阶段，以设立四大"经济特区"和"开发开放浦东"为标志。1978年，十一届三中全会做出改革开放战略决策后，逐步形成了以经济特区、沿海开放城市、沿海经济开发区进而发展至内陆的多层次对外开放格局。第二阶段，以2001年加入世界贸易组织为标志，包括实施"走出去"等战略，这是我国深化对外开放的体现。第三阶段，以2013年中国首个自贸试验区——中国（上海）自由贸易试验区正式设立为标志，包括提出"一带一路"倡议。现在正步入第四个阶段，以推出和扩大开放一系列新的重大举措为标志，是更高要求、更高质量扩大开放的新阶段。

改革开放之初，我国主要围绕解决"欠发展"问题而展开，以加快发展经济为焦点；随着改革开放和经济发展推进，我国主要围绕解决"科学发展"问题而展开；今天主要围绕"贯彻新发展理念、构建新发展格局"问题而展开。就对外开放来说也面临不同境遇，今天打开开放新局面，是在互利共赢基础上更好地参与全球治理、构建世界新秩序和人类命运共同体这一新的目标上展开的。在对内加大改革的同时，进一步扩大对外开放，才能给国内发展营建新的动力，在本国国民获利的同时，也让其他国家分享红利。而从人类发展看，生产力发展带来了人类交往、各要素流动的加剧，推动了全球多边开放不断前行。正是自由贸易的不断开放发展，造就了第二次世界大战以来全球经济的繁荣。

在现阶段，无论是"五位一体"总体布局还是"四个全面"战略布局；无论是"八个明确"还是"十四个坚持"，都是对当下中国特色社会主义新实践的研究和解答，它既是马克思主义在中国最新的实践成果，又是中国实践产生

---

① 胡锦涛. 党的思想政治建设的核心是理论建设 [M] //胡锦涛文选：第1卷. 北京：人民出版社，2016：456.

的最新的马克思主义理论成果。

(二) 延承已有的理论实践:"天在峰峦缺处明"

当代科学哲学家拉里·劳丹(Larry Laudan)认为,"建立理论的目的就是要对激发探究的经验问题提供连贯和恰当的解决方法"①。而任何科学理论都有一个延承、发展、丰富的过程。改革开放以来,形成了包括邓小平理论、"三个代表"重要思想、科学发展观在内的中国特色社会主义理论体系。邓小平理论主要探索和回答"什么是社会主义、怎样建设社会主义";"三个代表"重要思想主要探索和回答"建设什么样的党、怎样建设党";科学发展观主要探索和回答"实现什么样的发展、怎样发展";习近平新时代中国特色社会主义思想进一步探索和回答"新时代坚持和发展什么样的中国特色社会主义、怎样坚持和发展中国特色社会主义"这些重大的现实问题。这些理论形态凝结了几代人探索、实践的心血。

恩格斯在谈到"思想进程"时认为,"随同人,我们进入了历史"②,"历史从哪里开始,思想进程也应当从哪里开始,而思想进程的进一步发展不过是历史进程在抽象的、理论上前后一贯的形式上的反映;这种反映是经过修正的,然而是按照现实的历史过程本身的规律修正的"③。作为新的马克思主义的理论思维,中国特色社会主义理论体系既立足于已有马克思主义理论的基础上,又对已有理论做出新的丰富发展,是一个与火热实践相偕而行的理论发展、丰富的过程。

(三) 扬弃传统的历史实践:"忽见千帆隐映来"

中国特色社会主义理论体系站立于改革开放新的现实契口,是延承马克思主义理论形态而形成的新的理论探索创新成果;同时,它们也是对中华优秀历史文化的融汇和扬弃。如习近平思想话语的一个形质特征——人民性。人民立场是中国共产党的根本立场,"以人民为中心"是习近平新时代中国特色社会主义思想的核心内容。

---

① [美] 拉里·劳丹. 进步及其问题——科学增长理论刍议 [M]. 方在庆,译. 上海:上海译文出版社,1991:69.
② 恩格斯. 自然辩证法 [M] //马克思恩格斯选集:第3卷. 北京:人民出版社,2012:859.
③ 恩格斯. 卡尔·马克思《政治经济学批判》:第一分册 [M] //马克思恩格斯选集:第2卷. 北京:人民出版社,2012:14.

马克思和恩格斯在《共产党宣言》中谈到："过去的一切运动都是少数人的，或者为少数人谋利益的运动。无产阶级的运动是绝大多数人的，为绝大多数人谋利益的独立的运动。"[1] "为绝大多数人谋利益"，在新时代治国理政中得到充分展现。"中国共产党坚持执政为民，人民对美好生活的向往就是我们的奋斗目标。我们的执政理念，概括起来说就是：为人民服务，担当起该担当的责任。"[2]

"人民"是历史唯物主义的基本概念，人民和群众也是中国传统"民本思想"的重要构成。"以人民为中心"，上得历史唯物主义理论之根基，下涉中国"民本"思想文化传统之渊源。《尚书·皋陶谟》，是记载君臣谋议国事的重要文献，其中有着深厚的民本理念。如：

皋陶曰："都！在知人，在安民。"

禹曰："吁！咸若时，惟帝其难之。知人则哲，能官人。安民则惠，黎民怀之。能哲而惠，何忧乎欢兜？何迁乎有苗？何畏乎巧言令色孔壬？"

强调治政"在安民"，"安民则惠，黎民怀之"，就不用惧怕任何风浪和挑战。再如《管子·形势解》记载了神农、大禹、汤武的"以致民利"：

神农教耕生谷，以致民利。禹身决渎，斩高桥下，以致民利。汤武征伐无道，诛杀暴乱，以致民利。故明王之动作虽异，其利民同也。故曰："万事之任也，异起而同归，古今一也。"

神农氏教民耕作生产粮食，以利人民。大禹亲身疏浚河道，铲高治低，以利人民。商汤王和周武王征伐无道，诛杀暴君，以利人民。他们行动的具体做法有所不同，但都是为了人民。所以说："万事之任也，异起而同归，古今一也。"又如《管子·桓公问》记载的一段桓公与管仲谈治国理政的问答：

齐桓公问管子曰："吾念有而勿失，得而勿忘，为之有道乎？"对曰："勿创勿作，时至而随。毋以私好恶害公正，察民所恶，以自为戒。"

---

[1] 马克思，恩格斯. 共产党宣言［M］//马克思恩格斯选集：第1卷. 北京：人民出版社，2012：411.

[2] 习近平. 改革再难也要向前推进［M］//论坚持全面深化改革. 北京：中央文献出版社，2018：85.

桓公问管仲："我想常有天下而不失，常有得而不亡，有办法做到么？"管仲回答："不急于创始和作新（不玩小聪明），条件成熟再随之行事，不以个人好恶损害公正原则，而要多了解人民所厌恶的各种问题，以便自身引以为戒。"

在中国先秦思想家的学说中，有着深厚的"民本"思想根基。它是几千年中国文化发展不息的流脉。这种"安民则惠，黎民怀之""以利人民""察民所恶，以自为戒"的民本理念，扬弃于"代表中国最广大人民的根本利益"的理论中，扬弃于"利为民所谋"的论述中，扬弃于"以人为本"的理念中，也扬弃于"以人民为中心"的思想中，在中国特色社会主义理论体系各个历史阶段都有突出的显现。

三、中国特色社会主义理论体系与实践性方位

2017年10月25日，习近平在中共十九届一中全会上谈到："一种理论的产生，源泉只能是丰富生动的现实生活，动力只能是解决社会矛盾和问题的现实要求。"[①] 如前述，产生于改革开放历史过程的中国特色社会主义理论体系，本质上是一门"实践科学"。作为改革开放以来最具时代特征的马克思主义中国化理论成果，这一理论体系呈现了突出的实践性功能，也凸显了推进中国特色社会主义事业、推动新时代政治发展的实践方位。

（一）"解说实践"方位

我们知道，人类各个历史时期思想面临的一个任务，就是"解说现实"。即对所处的时代、阶段、特征、性质、面临的主要矛盾、要解决的主要社会问题等，应做出尽可能接近实际的判断，以让"历史的结果和预定的目的就愈加符合"[②]，这是理论、思想使命所在，也是人类之所以需要科学理论、伟大思想的缘由所在。

中国特色社会主义理论体系启始于20世纪80年代中国改革开放中，形成于改革开放各个历史阶段中。每一阶段具有怎样的特点，面临怎样的矛盾和任务，有哪些新的问题和新的挑战，是这一理论体系首先要面对、要回答、要解决的任务。

在中国特色社会主义理论体系中，有大量对于现实问题、现实方位、现实

---

① 习近平. 全面贯彻新时代中国特色社会主义思想和基本方略 [M]//习近平谈治国理政：第3卷. 北京：外文出版社，2020：63.
② 恩格斯. 自然辩证法 [M]//马克思恩格斯选集：第3卷. 北京：人民出版社，2012：859.

性质方面的解说。如"贫穷不是社会主义",①"社会主义的根本任务是发展生产力"②,"改革开放是决定当代中国命运的关键一招"③,"计划经济不等于社会主义,资本主义也有计划;市场经济不等于资本主义,社会主义也有市场"④,"中国特色社会主义进入了新时代,这是我国发展新的历史方位",⑤"我国社会主要矛盾已经转化为人民日益增长的美好生活需要和不平衡不充分的发展之间的矛盾"⑥,"今天,我们比历史上任何时期都更接近、更有信心和能力实现中华民族伟大复兴的目标"⑦。这些基本性、总体性、方向性的判断,对于人们把握所处时代和历史阶段,具有非常重要的指导价值。这是理论"解说力"的首要体现。

(二)"认知实践"方位

社会生活不断抽出新芽,结出新果,历史的四季也并非单一色彩。"实践"本身是复杂多变的,有时是不自觉、不确定的。一种堪称为科学的理论,必须具有认知实践的功能。列宁非常重视理论的这一特性。他在《论策略书》中谈到:

> 现在必须弄清一个不容置辩的真理,这就是马克思主义者必须考虑生动的实际生活,必须考虑现实的确切事实,而不应当抱住昨天的理论不放,……"我的朋友,理论是灰色的,而生活之树是常青的。"⑧

卡尔·波普(Karl Raimund Popper)认为:"本质上,认识事物的活动等同

---

① 邓小平. 社会主义必须摆脱贫穷[M]//邓小平文选:第3卷. 北京:人民出版社,1993:225.
② 邓小平. 思想更解放一些,改革的步子更快一些[M]//邓小平文选:第3卷. 北京:人民出版社,1993:264.
③ 邓小平. 总结经验,使用人才[M]//邓小平文选:第3卷. 北京:人民出版社,1993:3.
④ 邓小平. 在武昌、深圳、珠海、上海等地的谈话要点[M]//邓小平文选:第3卷. 北京:人民出版社,1993:373.
⑤ 习近平. 决胜全面建成小康社会,夺取新时代中国特色社会主义伟大胜利[M]//习近平谈治国理政:第3卷. 北京:外文出版社,2020:8.
⑥ 习近平. 决胜全面建成小康社会,夺取新时代中国特色社会主义伟大胜利[M]//习近平谈治国理政:第3卷. 北京:外文出版社,2020:9.
⑦ 习近平. 决胜全面建成小康社会,夺取新时代中国特色社会主义伟大胜利[M]//习近平谈治国理政:第3卷. 北京:外文出版社,2020:12.
⑧ 列宁. 论策略书[M]//列宁选集:第3卷. 北京:人民出版社,2012:26-27.

第2章 从1978到面向2035：改革时代的"思想符号"

于所有的解决问题的活动。"① 理论和思想之所以必要，就是因为实践本身，需要思辨、需要抽象、需要整理，让人能从纷然杂呈的物事和现象中洞悉条缕、把握方向。在实践性上，马克思主义科学理论更是如此。1978年12月13日，邓小平在中央工作会议闭幕会上发表讲话：

> 实事求是，是无产阶级世界观的基础，是马克思主义的思想基础。过去我们搞革命所取得的一切胜利，是靠实事求是；现在我们要实现四个现代化，同样要靠实事求是。不但中央、省委、地委、县委、公社党委，就是一个工厂、一个机关、一个学校、一个商店、一个生产队，也都要实事求是，都要解放思想，开动脑筋想问题、办事情。②

实事求是，解放思想，开动脑筋想问题，办事情，就是秉承实践精神。"我们正在从事的中国特色社会主义事业是伟大而波澜壮阔的，是前人没有做过的。因此，我们的学习应该是全面的、系统的、富有探索精神的，……既要向书本学习，也要向实践学习；既要向人民群众学习，向专家学者学习，也要向国外有益经验学习。学习有理论知识的学习，也有实践知识的学习。"③

中国特色社会主义理论体系的实践性功能，在尊重实践、认知实践、把握实践方面体现了辽阔场景，大量论述针对不同阶段、不断发展着的生动实践而发，充分"接地气"而使"生活之树"郁郁葱葱。这使中国特色社会主义理论体系凸显注重实践的理论品格，为在急遽的社会变革中认知实践提供了思想指导。

（三）"撬动实践"方位

理论的全部价值在于推动实践。从世界范围看，我们进入了全球化时代，经济一体化的本质是资源流动和资源配置的全球化。一种技术产品并不限于只在一个主权国家内完成，而时常跨区域甚至"全球化"地完成。全球化时代，技术产品生产和知识产权愈加具有国际意义。而全球化背景下的国家竞争，文

---

① [美]拉里·劳丹. 进步及其问题——科学增长理论刍议[M]. 方在庆, 译. 上海：上海译文出版社, 1991: 2.
② 邓小平. 解放思想, 实事求是, 团结一致向前看[M]//邓小平文选：第2卷. 北京：人民出版社, 1994: 143.
③ 习近平. 依靠学习走向未来[M]//习近平谈治国理政：第1卷. 北京：外文出版社, 2018: 404.

化软实力尤显重要。从国内看，中国特色社会主义进入了新时代，经济形态和政治发展都面临诸多新的特点。

从大的宏观界面看，世界向何处去、中国下一步如何走，是国内外最大的"实践问题"。"历史是不断向前的，要达到理想的彼岸，就要沿着我们确定的道路不断前进。"① 中国特色社会主义理论体系不仅是对现实的解说和认知，其价值功能更在于推动中国改革开放事业不断向前，并且助力参与全球治理，为世界和平与发展贡献中国力量。

现实实践中容易出现沉淀、停滞、固化、板结的态势，这种对于实践的"撬动"是思想的力量。重要的是，它不是对具体实践制定清规戒律或画地为牢。实践如何走，由实践本身的历史逻辑来选择和决定，这是中国特色社会主义理论体系很重要的精神本质。关于这一点，列宁在《政论家札记》中曾指出：

> 我们并不苛求马克思或马克思主义者知道走向社会主义的道路上的一切具体情况。这是痴想。我们只知道这条道路的方向，我们只知道引导走这条道路的是什么样的阶级力量；至于在实践中具体如何走，那只能在千百万人开始行动以后由千百万人的经验来表明。②

世界每时每刻都在发生变化，中国也每时每刻都在发生变化，理论创新是对现实的映漾和理论写照。理论的根本性任务就在于推动实践，实践没有止境，理论创新也没有止境。我们必须在理论上跟上时代，通过时代的理论和思想的力量不断撬动实践创新前行，推动在实践中不断认识和体悟文明的本质力量和社会发展规律。

（四）"创新实践"方位

创新是一个民族进步永恒的命题，也是人类文明拾级而上的动力。现代国家体系中综合国力之比，归根结底是创新能力的较量。而一种科学理论的基本功能，是能激荡促发个体和集体的创新；促进从个人的创新到国家的创新的发散；促进理论创新、实践创新、制度创新、文化创新以及其他各方面创新的强健。

---

① 习近平. 弘扬伟大长征精神，走好今天的长征路 [M] //中共中央文献研究室. 十八大以来重要文献选编：下. 北京：中央文献出版社，2018：396.

② 列宁. 政论家札记 [M] //列宁全集：第32卷. 北京：人民出版社，1985：111.

第 2 章 从 1978 到面向 2035：改革时代的"思想符号"

20 世纪 80 年代，英国经济学家克里斯托弗·弗里曼（Chirstopher Freeman）和美国经济学家理查德·R·纳尔逊（Richard R. Nelson）提出著名的"国家创新体系"（National Innovation System，简称 NIS）理论。20 世纪 90 年代后全球性创新从微观走向宏观，创新成果大幅度向生产力转化，"创新思维"对提升综合国力，功莫大焉。中国特色社会主义理论体系的一个重要功能方位，是对于国家创新的阐发和推动，内容涵盖理论、制度、实践以及管理、治理、法治、科技、教育、人才、文艺等方面，强调"创新是一个民族进步的灵魂，是一个国家兴旺发达的不竭动力，也是一个政党永葆生机的源泉"①，强调坚持把发展基点放在创新上，强调重大科技创新成果是国之重器、国之利器，强调要在我国发展新的历史起点上把科技创新摆在更加重要的位置，等等。进入新时代以来，从"社会主要矛盾论"到新的"社会主要矛盾论"；从"以人为本"理念到"以人民为中心"思想；从"发展是硬道理""科学发展观"到"新发展理念"；从"四个现代化"构想到现代化"两大阶段"战略安排；从"以经济建设为中心"到"五位一体"总体布局；从"建设社会主义法治国家"到法治中国"三位一体"建设；从"加强社会管理"到"创新社会治理"；从"建设社会主义新农村"到"实施乡村振兴战略"；从"一靠教育，二靠制度"到"把权力关进制度的笼子"；从"三个自信"到文化彰显的"四个自信"；从"参与全球治理"到"构建人类命运共同体"；从"党要管党""从严治党"到"全面从严治党"，是一个理论不断创新发展的历史过程，印证了理论创新在中国实践中的丰富含义。②

今天中国社会面临大量需进一步革故鼎新的创新命题。一方面以确立社会主义市场经济体制为核心，推动市场对资源配置起决定性作用的 40 多年改革不断深化，使深化结构性、体制性的"啃硬骨头"改革成为必要，而事实上，近年以市场为导向的结构性改革疲软甚至停滞；另一方面历史发展规律和文明发展方向昭示中国，以更大力度推进包括原创性创新、颠覆性创新在内的各方面的深度创新，是创新实践的题中之义，这正如恩格斯曾谈到的："甚至随着自然

---

① 江泽民. 全面建设小康社会，开创中国特色社会主义事业新局面 [M] //江泽民文选：第 3 卷. 北京：人民出版社，2006：537.
② 秦德君. 党的建设与国家治理：新时代中国特色社会主义创新主线——党的十八大以来政治创新的结构、逻辑与空间 [J]. 理论与改革，2019（5）：23-35.

科学领域中每一个划时代的发现,唯物主义也必然要改变自己的形式。"①

四、理论与实践:创新性实践的维度

"科学本质上是解决问题的活动。"② 一门科学思想的价值,在于它能立足于坚实的实践大地上,回应现实问题和解决现实问题。实践性是中国特色社会主义理论体系的精髓和灵魂,而应用于实践,则是马克思主义中国化理论体系的根本性价值所在。

马克思主义科学理论是用来指导实践、发展实践的,并且它自身也是在实践中不断发展的。1886年12月28日,《恩格斯致弗洛伦斯·凯利-威士涅威茨基》的信中指出,不能把理论"变成一种'唯一能救世的教条'"③,"我们的理论不是教条,而是对包含着一连串互相衔接的阶段的发展过程的阐明"④。1887年1月27日,《恩格斯致弗洛伦斯·凯利-威士涅威茨基》的信中又进一步指出:"我们的理论是发展着的理论,而不是必须背得烂熟并机械地加以重复的教条。"⑤ 关于这一点,1899年列宁在为《工人报》撰写的《我们的纲领》一文中也曾指出:

> 我们决不把马克思的理论看作某种一成不变的和神圣不可侵犯的东西;恰恰相反,我们深信:它只是给一种科学奠定了基础,社会党人如果不愿落后于实际生活,就应当在各方面把这门科学推向前进。⑥

同样,中国特色社会主义理论体系不是机械的思想教条,而在实践中表现为丰富形态的不断发展的活的理论体系。中国特色社会主义实践本身是个动态过程,它是鲜活的,不断融汇着新内容、新元素、新气息,理论也不只是一种形态,它是应运而生、动态发展的。

---

① 恩格斯. 马克思和《新莱茵报》[M]//马克思恩格斯选集:第4卷. 北京:人民出版社,2012:234.
② [美]拉里·劳丹. 进步及其问题——科学增长理论刍议[M]. 方在庆,译. 上海:上海译文出版社,1991:3.
③ 恩格斯. 恩格斯致弗洛伦斯·凯利-威士涅威茨基[M]//马克思恩格斯选集:第4卷. 北京:人民出版社,2012:586.
④ 恩格斯. 恩格斯致弗洛伦斯·凯利-威士涅威茨基[M]//马克思恩格斯选集:第4卷. 北京:人民出版社,2012:586.
⑤ 恩格斯. 恩格斯致弗洛伦斯·凯利-威士涅威茨基[M]//马克思恩格斯选集:第4卷. 北京:人民出版社,2012:588.
⑥ 列宁. 我们的纲领[M]//列宁选集:第1卷. 北京:人民出版社,2012:274.

第 2 章　从 1978 到面向 2035：改革时代的"思想符号"

"科学是人的智力发展中的最后一步，并且可以被看成是人类文化最高最独特的成就。"① 对科学思想，首先要建立一种科学态度，在实践中科学地把握和运用科学思想。中国特色社会主义理论体系作为马克思主义中国化最新理论成果，要多从实践视角、以实践思维来理解、把握和践行，尤其要在推动当下社会文明进步的一些重要维度上，运用好这一思想体系。

（一）推动创新性思维实践

思维创新是一切创新的先导。我国正处于 21 世纪第三个新十年开始之际、"十四五"开局之际、中国现代化"两个十五年"开始之际这样一个历史的关口，如何形成全社会更激励创新的体制建构和精神氛围极为重要。一个民族的创新情商高，发展就快、福祉就多，反之亦然。1936 年 10 月 15 日，爱因斯坦在美国高等教育 300 周年纪念大会上谈到，没有个人独创性和个人志愿的人所组成的社会，将是一个没有发展可能的不幸的社会。创新又是一个持续的过程，"不是一劳永逸、一蹴而就的，必须持续升级、不断扩容"②。但创新并不容易。1851 年，马克思在《路易·波拿巴的雾月十八日》中谈到："一切已死的先辈们的传统，像梦魇一样纠缠着活人的头脑。"③ 1978 年 12 月 13 日，邓小平在中共中央工作会议闭幕会上做的《解放思想，实事求是，团结一致向前看》的著名讲话中指出：

> 一个党，一个国家，一个民族，如果一切从本本出发，思想僵化，迷信盛行，那它就不能前进，它的生机就停止了，就要亡党亡国。④

当时正是开展了包括"实践是检验真理的唯一标准"这样波澜壮阔的思想解放运动在内的思想大解放，才有了 40 多年云蒸霞蔚的中国改革开放。

被认为是"20 世纪最重要的政治哲学家"的迈克尔·欧克肖特（Michael Oakeshott）谈到，"知识"有两种，第一种是"技术知识或技术的知识"，第二

---

① ［德］恩斯特·卡西尔. 人论［M］. 甘阳，译. 上海：上海译文出版社，1985：263.
② 习近平. 推进党的建设新的伟大工程要一以贯之［M］//中共中央党史和文献研究院，中央"不忘初心、牢记使命"主题教育领导小组办公室. 习近平关于"不忘初心、牢记使命"论述摘编. 北京：中央文献出版社，党建读物出版社，2019：221.
③ 马克思. 路易·波拿巴的雾月十八日［M］//马克思恩格斯选集：第 1 卷. 北京：人民出版社，2012：669.
④ 邓小平. 解放思想，实事求是，团结一致向前看［M］//邓小平文选：第 2 卷. 北京：人民出版社，1994：143.

种是"实践的知识,因为它只存在于运用中"。① 创新性思维实践,就是要以思想解放引领各方面的创新。如前述,创新是一个民族进步发展的灵魂,而一个国家一个民族的创新,本质上是思维和观念的创新。"尘劳迥脱事非常,紧把绳头做一场。不经一番寒彻骨,怎得梅花扑鼻香?"不打破种种僵化的观念,就难有真正意义上的创新实践。"不少同志的思想还很不解放,脑筋还没有开动起来,也可以说,还处在僵化或半僵化状态。"② 如果说改革开放之前,解放思想主要是突破来自意识形态教条的束缚的话,那么新时代思想再解放,更需要对历史方向的高度自信和不畏艰难的现实韧性。③

创新的本质是突破。所谓"创,始也"(《广雅》),创新是"始造",而非"后造"。英语中"Innovation"一指更新,即对原有东西的替换;二指创造出新的东西,即原来没有的东西;三指改变,即对原有的物事进行发展和改造。任何挂着"改革""创新"名义的逆改革、伪创新,都有害于社会进步。中国经历了漫长计划经济时代,"创新"遭遇的社会性磨损很大。今天一方面是"创新"话语的铺天盖地,另一方面是真正有价值创制的实际稀缺,更使真正的创新成为紧要。

今天推动创新性思维实践就要进一步解放思想、坚持实事求是,一切从实际出发。中国特色社会主义理论体系,特别是以习近平新时代中国特色社会主义思想为指导,来推动创新性思维的实践不断深入,减少耽误干正事的无谓争论,遏制官僚主义、形式主义,进一步破除各种条条框框,敢试敢闯,敢为天下先,回到马克思主义、历史唯物主义和辩证唯物主义的思维方式上来。

(二) 推动创新性生产实践

推动创新性生产实践,对在经历新冠肺炎疫情后我国全面复工复产和推进可持续发展尤为重要。所谓创新性生产实践,就是对经济、生态、发展问题在新发展理念下,实现新的技术革命。1912 年,美籍奥地利经济学家约瑟夫·熊彼特(Joseph Alois Schumpeter)在《经济发展理论》一书中提出"创新理论"(Innovation Theory),他指出"创新"就是把一种新的生产要素和生产条件"新

---

① [英] 迈克尔·欧克肖特. 政治中的理性主义 [M]. 张汝伦,译. 上海:上海译文出版社,2003:7-8.
② 邓小平. 解放思想,实事求是,团结一致向前看 [M] // 邓小平文选:第2卷. 北京:人民出版社,1994:141.
③ 焦丽萍. 体悟解放思想的方法论智慧 [N]. 学习时报,2018-12-26 (05).

组合"引入生产体系。他界定了"创新"的五种情况：开发新产品，引入新的生产方法，开辟新市场，获得原材料或半成品新的来源，实现新的组织形式和管理模式。中国改革开放的过程，某种程度上诠释和验证了熊彼特的创新理论，特别是通过大量引入外资、技术和管理，促进了生产力要素的新组合和社会财富的增长，成为全球第二大经济体。

但在发展模式上我们还是粗放型，主要依靠拼资源、拼人力，高投入、高消耗、高排放，透支了环境和资源，还透支了人力资本和权益资本。我们是世界第二大经济体，但我们的人均 GDP 还很低。目前全球面临经济下滑压力，受新冠肺炎疫情重创后经济低迷，在一边抓疫情防控、一边加快复工复产推动经济发展、促进内外双循环的特殊时期，进一步推动创新性生产实践，才能满足人们对于美好生活的追求，才能在发展模式上贯彻好新发展理念，实现协调可持续的发展。推动创新性生产实践，一方面，要保护好生态，践行"绿水青山就是金山银山"[1]的发展理念，实现人与自然和谐相处，贯彻好"五大发展"理念，走依靠科技和创新引领经济社会发展的路子；另一方面，要加快发展经济，工作重心回到经济建设上来，包括扶持小微企业、民营企业，建立公平竞争环境，大力改善营商环境，在新冠肺炎疫情后着力转"危"为"机"。尤其是要通过深化"放管服"改革，实现市场对资源配置发挥的决定性作用，促进经济增长、促进就业和社会财富的进一步增长。

"必须认识到，我国社会主要矛盾的变化，没有改变我们对我国社会主义所处历史阶段的判断，我国仍处于并将长期处于社会主义初级阶段的基本国情没有变，我国是世界最大发展中国家的国际地位没有变。"[2] 经济建设依然是党和国家的中心工作，是全局工作中的重中之重。在突出经济建设这一主线、搞好经济发展上，要"不为浮云遮望眼"。

（三）推动创新性治理实践

无论全球治理还是区域治理；无论国家治理还是地方治理，创新性治理已成为世界各国普遍的取向。创新性治理实践，就是以创新性思维推进公共治理

---

[1] 时任浙江省委书记习近平于 2005 年 8 月在浙江湖州安吉考察时提出的观点。2017 年 10 月 18 日，习近平在十九大报告中指出：坚持人与自然和谐共生。必须树立和践行"绿水青山就是金山银山"的理念，坚持节约资源和保护环境的基本国策。

[2] 习近平.决胜全面建成小康社会，夺取新时代中国特色社会主义伟大胜利［M］//习近平谈治国理政：第 3 卷.北京：外文出版社，2020：10.

的变革和升级。就我国来看，从过去传统型的管制管理，到2013年11月十八届三中全会鲜明提出推进"国家治理体系和治理能力现代化"，这是历史性进步。现阶段我国在公共治理上面临的创新变革压力，可概括为三大实践方法论命题：

一是在空间上，如何实现从"点"到"面"的展开。无论是"自贸区"的建立，还是"长三角一体化"的布局；无论是"长江经济带战略"的实施，还是推进"营商环境"的进一步改善，本质上都是通过"点"的突破示范，带动全局。从2013年我国首个"自贸区"——上海自由贸易试验区挂牌至今，全国自由贸易试验区已增至近21个。空间上已在不同区域形成了多点试验。"试验"的价值在于把"先行先试"取得的可复制或可推广的经验普遍化，实现"由点到面"的全局性展开。

二是在模式上，如何实现从行政性管控到社会性治理的转型。无论国家治理还是地方治理；无论是城市治理还是乡村治理，除了要更多运用大数据、云计算、区块链、人工智能等前沿技术、推行"一网通办""一网统管"，推动管理更新外，更要推动治理理念的革新。行政力量包揽一切、统管一切的模式已难以为继。2015年1月13日，习近平在第十八届中央纪律检查委员会第五次全体会议上指出："最大限度减少对微观事务的管理，推行权力清单制度，公开审批流程，强化内部流程控制，防止权力滥用。"[1] 要扩大社会有序的治理参与，从以政府为主角的管控向以社会为主体的多元化、柔性化、公众参与型治理转型，是新时代的必然选择。在推进国家治理体系和治理能力现代化上，还要支持一切有价值的创新探索，不搞一刀切，倡导"格物致知"而不搞"格物致律"。

三是在价值目标上，如何实现从效益导向向满足人们对于美好生活追求导向的转型。中国特色社会主义进入新时代，我国社会主要矛盾已经转化为人民日益增长的美好生活需要和不平衡不充分的发展之间的矛盾。"我们的人民热爱生活，期盼有更好的教育、更稳定的工作、更满意的收入、更可靠的社会保障、更高水平的医疗卫生服务、更舒适的居住条件、更优美的环境，期盼孩子们能成长得更好、工作得更好、生活得更好。人民对美好生活的向往，就是我们的奋斗目标。"[2] 一切改革、发展、政策、举措、创新，都应求真求实，以是否真

---

[1] 习近平在十八届中央纪委五次全会上发表重要讲话强调：深化改革巩固成果积极拓展，不断把反腐败斗争引向深入［N］.人民日报，2015-1-14（1）.

[2] 习近平.人民对美好生活的向往，就是我们的奋斗目标［M］//习近平谈治国理政：第1卷.北京：外文出版社，2018：4.

正为人们带来"美好生活"、是否真正增进人们实际福祉来衡量。正如习近平强调的:"以人民为中心的发展思想,不是一个抽象的、玄奥的概念,不能只停留在口头上、止步于思想环节,而要体现在经济社会发展各个环节。"① 我国人均基本公共服务水平还比较低,养老、医疗、教育、就业、城市化等各方面发展水平相对比较低。马克思曾谈到:"工资水平的普遍提高,在市场价格暂时混乱之后,只会引起利润率的普遍下降,不会引起商品价格任何长期的变动。"② 在新冠肺炎疫情后经济下行压力大,更要维护好人民群众的收入权益,最大限度保障好人民群众的生活。要切实提升劳动者的实际收入水准,让人们分享改革发展的成果,有真正的"获得感"。

(四)推动创新性体制实践

小智治事,大智治制。体制创新是一种以创新性思维推动体制优化的实践,它注重从体制上解决突出问题。

1886年12月28日,恩格斯在致弗·凯利-威士涅威茨基夫人的信中谈到:"最好的道路就是从本身的错误中学习,'吃一堑,长一智'。"③ 1893年10月17日,恩格斯在致尼古拉·弗兰策维奇·丹尼尔逊的信中指出,"像你们的民族那样的伟大民族,是经得起任何危机的。没有哪一次巨大的历史灾难不是以历史的进步为补偿的"④。钱穆先生在《中国历代政治得失》一书中,批评人们以现实"来迁就制度"的现象,指出"每一制度,必须针对现实,时时刻刻求其能变动适应"⑤,"制度须不断生长,又定须在现实环境现实要求下生长"⑥。

正视新冠肺炎疫情中暴露出来的问题,尤其是暴露出来的制度性、体制性、结构性问题,全面完善社会治理的制度、体制机制,提升科学化的能力和等级,是汲取疫情给予我们教育最为重要的事情。在这方面要正视问题,要有切实的行动,迈出切实的步伐,要有全局性的谋篇布局,正如马克思名言说的:"一步

---

① 中共中央文献研究室.习近平关于全面建成小康社会论述摘编[M].北京:中央文献出版社,2016:158.
② 马克思.工资、价格和利润[M]//马克思恩格斯选集:第2卷.北京:人民出版社,2012:23.
③ 恩格斯.恩格斯致弗洛伦斯·凯利-威士涅威茨基[M]//马克思恩格斯选集:第4卷.北京:人民出版社,2012:586.
④ 恩格斯.恩格斯致尼古拉·弗兰策维奇·丹尼尔逊[M]//马克思恩格斯文集:第10卷.北京:人民出版社,2009:664-665.
⑤ 钱穆.中国历代政治得失[M].北京:生活·读书·新知三联书店,2001:54.
⑥ 钱穆.中国历代政治得失[M].北京:生活·读书·新知三联书店,2001:53.

实际运行比一打纲领更重要。"①

（五）推动创新性教育实践

教育是一个民族和国家的未来，更是21世纪中叶实现中华民族伟大复兴这一历史性目标最为重要的基础。创新性教育实践，就是注重教育的历史责任，以创新性思维推动教育的结构性创新。要着眼于中华民族的伟大复兴，推动教育体系改革创新，改革教育评价制度，从根本上克服唯分数、唯升学、唯文凭、唯论文、唯帽子的痼疾，切实扭转教育功利化、产业化倾向。

教育是用来点亮人的灵性的，好的教育具有开发性、启迪性，善于点亮人灵性的光芒。这一点在人类的各个历史时期都得到了充分的验证。2018年9月10日，习近平在全国教育大会上提出，"着重培养创新型、复合型、应用型人才"②，强调要在增强综合素质上下功夫，教育引导学生培养综合能力，培养创新思维。我国现有各级各类学校53.71万所，各级各类学历教育在校生2.89亿人，专任教师1792.97万人。③ 全国高等学校共计3005所（其中普通高等学校2740所，成人高等学校265所，本名单未包含港澳台地区高等学校）。④ 推动包括教育体系改革、教育评价制度改革、扭转教育功利化、短视化倾向等在内的创新性教育实践，尤其要从五个方面实现结构性的突破。

第一，要按照国务院印发的《统筹推进世界一流大学和一流学科建设总体方案》和教育部等三部委印发的《统筹推进世界一流大学和一流学科建设实施办法（暂行）》，推进高校学科建设发展。第二，要按照中共中央办公厅、国务院办公厅印发的《关于深化新时代学校思想政治理论课改革创新的若干意见》，调整创新思政课程体系，加大理论性资源供给，建强马克思主义理论学科，深入研究中国特色社会主义的重大理论和实践问题。第三，按照中共中央国务院印发的《关于全面加强新时代大中小学劳动教育的意见》，强化劳动观念、劳动

---

① 马克思. 给威廉·白拉克的信［M］//马克思恩格斯选集：第3卷. 北京：人民出版社，2012：355.
② 习近平. 坚决破除制约教育事业发展的体制机制障碍［M］//习近平谈治国理政：第3卷. 北京：外文出版社，2020：350.
③ 2020年全国教育事业发展统计公报［EB/OL］. 中华人民共和国教育部，2021-09-27.
④ 数据截至2020年6月30日（不含港澳台地区高等学校）。数据来源：全国高等学校名单［EB/OL］. 中国政府网，2020-07-09.

技能和劳动品质的系统培育;① 第四,要加快科技体制机制改革,构建教育系统现代科技创新治理体系。2018 年 5 月 28 日,习近平在中国科学院、中国工程院两院院士大会上指出,进入 21 世纪以来,全球科技创新进入空前密集活跃的时期,新一轮科技革命和产业变革正在重构全球创新版图、重塑全球经济结构。② 20 世纪 60 年代,美国经济学家、发展经济学先驱华尔特·罗斯托(Walt Whitman Rostow)已将"技术创新"提升到创新的主导地位。高校应成为科技创新强有力的引擎和基地,发挥科技创新第一梯队的作用,聚焦攻克关键核心技术。在推动创新性教育的实践中,要加大基础性研发投入,为创新性教育赋能,厚植创新发展土壤。第五,要健全财政教育投入稳定增长的长效机制,提高社会教育投入占教育投入的比例。③ 要进一步激活社会力量,鼓励更多社会性创新实验,实现有效率的创制性突破和公共产出的最大化。

---

① 陈宝生. 全面贯彻党的教育方针,大力加强新时代劳动教育[N]. 人民日报,2020-03-30(12).
② 习近平. 努力成为世界主要科学中心和创新商地[M]//习近平谈治国理政:第 3 卷. 北京:外文出版社,2020:245.
③ 陈宝生. 推进教育治理体系和治理能力现代化[J]. 旗帜,2019(11):17-18.

第 3 章

国家治理与党的建设：中国特色社会主义创新主线

2012 年为发端的"新时代"，十三个主要方面的演进发展，构成了政治发展的考察维度。

从结构功能视角分析，结构性的演进发展构成了中国特色社会主义最为显性的政治发展理论形态。反映出推进国家治理体系与治理能力现代化的实际步伐和实际进展，也成为构成"新时代"最显性的社会内容。

"闲云潭影日悠悠，物换星移几度秋。"十三个方面的演进变革，凸显了公共治理的战略主线，也是国家治理和政治发展中最为突出的政治创新。

中国共产党是创新型政党。井冈山时期最突出的政治创新，是"工农武装割据"理论与实践形态的形成[1]，可以说这是中国革命的真正起点。延安时期最突出的政治创新，是把马列主义与中国革命具体实际相结合，这成为马克思主义中国化的真正起点。中华人民共和国成立后最重要的政治的创新，是以人民代表大会为代表的国家制度和以多党合作制为代表的政党制度的确立。1978年启始的改革开放本身，就是一次巨大的理论与实践的创新，创造了中国巨大进步和社会生产力的增长。十八大以来构成中国"新时代"的社会内容是多方面的。国家治理与党的建设上的一系列演进和突破，成为最为重要的特征。从结构功能视角分析，诸多结构性变化和政治发展，构成了新时代中国特色社会主义最为显性的变革形态。

---

[1] 1928 年 10 月 5 日毛泽东写的《中国的红色政权为什么能够存在?》，同年 11 月 25 日他写给中共中央的报告即《井冈山的斗争》以及 1930 年 1 月写的《星星之火，可以燎原》等著作，分析了中国社会的特点，对工农武装割据问题进行论述，总结中国共产党领导武装起义和开辟农村革命根据地的经验，成为"工农武装割据"的理论形态。

第3章　国家治理与党的建设：中国特色社会主义创新主线

一、从"邓小平理论"到"习近平新时代中国特色社会主义思想"

十九大对习近平新时代中国特色社会主义思想做出论述和概括，成为马克思主义中国化的最新成果。最核心的内容是"八个明确"和"十四个坚持"。马克思在《〈黑格尔法哲学批判〉导言》中谈到："理论只要说服人，就能掌握群众；而理论只要彻底，就能说服人。所谓彻底，就是抓住事物的根本。"① 习近平新时代中国特色社会主义思想的"彻底性"，在于它抓住了中国特色社会主义事业新实践这一"根本"。

而从"邓小平理论"的提出到"习近平新时代中国特色社会主义思想"的形成，呈现了中国特色社会主义理论创新体系的发展过程，扩展了中国特色社会主义理论体系的阵容。1997年9月，十五大对邓小平理论的历史地位和指导意义做出论述；2002年11月，十六大对"三个代表"重要思想的历史地位和指导意义做出概括和论述；2007年10月，十七大对科学发展观的历史地位和指导意义作出概括和论述。十七大对中国特色社会主义理论体系作出表述，指出这一理论体系"就是包括邓小平理论、'三个代表'重要思想以及科学发展观等重大战略思想在内的科学理论体系"②。

"一个民族要想站在科学的最高峰，就一刻也不能没有理论思维。"③ 习近平新时代中国特色社会主义思想，是改革开放后继邓小平理论、"三个代表"重要思想、科学发展观后又一个理论形态，也是治国理政的理论指导。习近平新时代中国特色社会主义思想的理论特色，根源于对新时代社会变革和实践的回应，包涵了实现中华民族伟大复兴等历史内容在内的新的历史使命。

二、从"社会主要矛盾论"到新的"社会主要矛盾论"

所谓"社会主要矛盾"，是社会要解决的主要问题。准确把握社会主要矛盾，是党和国家全部工作的基础。1949年到1952年底，我国社会的主要矛盾是人民大众与帝国主义、封建主义、官僚资本主义的矛盾。1953年到1956年底，我国社会主要矛盾是无产阶级与资产阶级的矛盾。1956年底，随着三大改造的

---

① 马克思.《黑格尔法哲学批判》导言[M]//马克思恩格斯选集：第1卷.北京：人民出版社，2012：9-10.
② 胡锦涛.高举中国特色社会主义伟大旗帜，为夺取全面建设小康社会新胜利而奋斗[M]//胡锦涛文选：第2卷.北京：人民出版社，2016：621.
③ 恩格斯.自然辩证法[M]//马克思恩格斯选集：第3卷.北京：人民出版社，2012：875.

完成，我国社会主要矛盾已由无产阶级与资产阶级的矛盾，变成人民对于建立先进的工业国的要求同落后的农业国的现实之间的矛盾。1978年12月，十一届三中全会召开，提出我国社会主要矛盾是"人民日益增长的物质文化需求与落后的社会生产之间的矛盾"，由此形成了"以经济建设为中心"的重大战略决策。

2012年11月，十八大强调："我国经济总量从世界第六位跃升到第二位"[1]，但"人民日益增长的物质文化需要同落后的社会生产之间的矛盾这一社会主要矛盾没有变"[2]，强调"以经济建设为中心是兴国之要，发展仍是解决我国所有问题的关键"[3]，要求必须始终坚持以经济建设为中心，不断解放和发展社会生产力。十九大在对历史方位做出判断的基础上，提出新的社会主要矛盾论，"中国特色社会主义进入新时代，我国社会主要矛盾已经转化为人民日益增长的美好生活需要和不平衡不充分的发展之间的矛盾"；"必须认识到，我国社会主要矛盾的变化是关系全局的历史性变化，对党和国家工作提出了许多新要求"[4]。

2017年10月，十九大对中国所处历史阶段的分析和提出的新的"社会主要矛盾论"，作为一种新的理论概括，对于把握现阶段中国社会发展现状和党和国家的工作重心，具有重要指导价值。把握新的社会主要矛盾，满足人民群众新的社会需求，成为新时代党和国家全部工作的重点，这就是"在继续推动发展的基础上，着力解决好发展不平衡不充分问题，大力提升发展质量和效益，更好满足人民在经济、政治、文化、社会、生态等方面日益增长的需要，更好推动人的全面发展、社会全面进步"[5]。

三、从"发展是硬道理""科学发展观"到"新发展理念"

发展是一个社会进步的基础，对于一个欠发展的发展中国家来说更是如此。

---

[1] 胡锦涛. 坚定不移沿着中国特色社会主义道路前进，为全面建成小康社会而奋斗 [M] //胡锦涛文选：第3卷. 北京：人民出版社，2016：617.

[2] 胡锦涛. 坚定不移沿着中国特色社会主义道路前进，为全面建成小康社会而奋斗 [M] //胡锦涛文选：第3卷. 北京：人民出版社，2016：624-625.

[3] 胡锦涛. 坚定不移沿着中国特色社会主义道路前进，为全面建成小康社会而奋斗 [M] //胡锦涛文选：第3卷. 北京：人民出版社，2016：628.

[4] 习近平. 决胜全面建成小康社会，夺取新时代中国特色社会主义伟大胜利 [M] //习近平谈治国理政：第3卷. 北京：外文出版社，2020：9.

[5] 习近平. 决胜全面建成小康社会，夺取新时代中国特色社会主义伟大胜利 [M] //习近平谈治国理政：第3卷. 北京：外文出版社，2020：9.

加快发展，就抓住了所有问题的要害。1992年1月，邓小平在南方谈话中提出"发展才是硬道理"，自此"发展"和"加快发展"，成为新时期中国政治发展的核心概念。

1978年，十一届三中全会把党和国家的工作重心转移到现代化建设上来，发展问题成为党和国家工作的一条主线。1988年5月25日，邓小平在会见捷克斯洛伐克共产党中央总书记雅克什时谈到："'文化大革命'耽误了十年。如果加上从一九五七年开始的'左'的错误所耽误的时间，总的算起来应该是二十年。"① 他强调："中国解决所有问题的关键是要靠自己的发展。"② 1990年12月24日，邓小平在与几位中央负责同志的谈话中提出："要善于把握时机来解决我们的发展问题。"③ 1992年1月，邓小平在南方谈话中提出：

抓住时机，发展自己，关键是发展经济。现在，周边一些国家和地区经济发展比我们快，如果我们不发展或发展得太慢，老百姓一比较就有问题了。所以，能发展就不要阻挡，有条件的地方要尽可能搞快点，只要是讲效益，讲质量，搞外向型经济，就没有什么可以担心的。低速度就等于停步，甚至等于后退。④

这里，邓小平把发展不只是视为经济领域的事，更是站在"民心"和"制度比较"的政治合法性的高度，来看待分析发展问题。非常强调"我国的经济发展，总要力争隔几年上一个台阶。当然，不是鼓励不切实际的高速度，还是要扎扎实实，讲求效益，稳步协调地发展"⑤。"发展才是硬道理"，是个非常深刻的人类学命题，具有普遍性的真理价值。它是在总结了我国近半个世纪以来建设经验后得出的结论，是建设中国特色社会主义的立足之本。

2015年9月，联合国开发计划署（UNDP）发布《变革我们的世界：2030年可持续发展议程》，提出的17个可持续发展目标中，消除贫困是第一目标，

---

① 邓小平. 思想更解放一些，改革的步子更快一些 [M] //邓小平文选：第3卷. 北京：人民出版社，1993：264.
② 邓小平. 思想更解放一些，改革的步子更快一些 [M] //邓小平文选：第3卷. 北京：人民出版社，1993：265.
③ 邓小平. 善于利用时机解决发展问题 [M] //邓小平文选：第3卷. 北京：人民出版社，1993：365.
④ 邓小平. 在武昌、深圳、珠海、上海等地的谈话要点 [M] //邓小平文选：第3卷. 北京：人民出版社，1993：375.
⑤ 邓小平. 在武昌、深圳、珠海、上海等地的谈话要点 [M] //邓小平文选：第3卷. 北京：人民出版社，1993：375.

其中最大的问题是资金缺口。据统计，全球160多个国家要实现2030议程，每年的资金缺口约为2.5万亿美元。贫困一直是困扰人类的顽疾，只有加快发展，才是破解这一难题的根本之道。我国在2019年10月发布《中国落实2030年可持续发展议程进展报告（2019）》，对落实联合国开发计划署发布的发展议程做出安排。正是在"发展才是硬道理"这一理念下，我们才有了社会经济的高增长，才跃升为世界第二大经济实体。

2002年11月，十六大以后，以胡锦涛为总书记的党中央"坚持用发展的办法解决前进中的问题"①，总结改革开放以来发展实践特别是抗击非典的经验教训，借鉴国外发展经验，提出了"科学发展观"的重大战略思想。2003年7月28日，胡锦涛在全国防治非典工作会议上重点强调"全面发展"："这里的发展绝不只是指经济增长，而是要坚持以经济建设为中心，在经济发展的基础上实现社会全面发展，更加自觉地坚持全面发展、协调发展、可持续发展的发展观。"② 这是"科学发展观"的发端。

2003年10月14日，胡锦涛在中共十六届三中全会第二次全体会议上指出："树立和落实全面发展、协调发展、可持续发展的科学发展观，是二十多年改革开放实践的经验总结，是战胜非典疫情给我们的重要启示。"③ 强调"增长并不是简单等同于发展，如果单纯扩大数量，单纯追求速度，而不重视质量和效益，不重视经济、政治、文化协调发展，不重视人与自然的和谐，就会出现增长失调，从而最终制约发展局面"④。2007年10月，十七大报告列专章阐述"科学发展观"：

> 科学发展观，第一要义是发展，核心是以人为本，基本要求是全面协调可持续，根本方法是统筹兼顾。⑤

2015年10月29日，习近平在党的十八届五中全会第二次全体会议上提出

---

① 胡锦涛. 党的思想政治建设的核心是理论建设 [M] // 胡锦涛文选：第1卷. 北京：人民出版社，2016：457.
② 胡锦涛. 把促进经济社会协调发展摆到更加突出的位置 [M] // 胡锦涛文选：第2卷. 北京：人民出版社，2016：67.
③ 胡锦涛. 树立和落实科学发展观 [M] // 胡锦涛文选：第2卷. 北京：人民出版社，2016：104.
④ 胡锦涛. 树立和落实科学发展观 [M] // 胡锦涛文选：第2卷. 北京：人民出版社，2016：105.
⑤ 胡锦涛. 高举中国特色社会主义伟大旗帜，为夺取全面建设小康社会新胜利而奋斗 [M] // 胡锦涛文选：第2卷. 北京：人民出版社，2016：623.

第 3 章　国家治理与党的建设：中国特色社会主义创新主线

"创新、协调、绿色、开放、共享"的"新发展理念"。"这五大发展理念不是凭空得来的，是我们在深刻总结国内外发展经验教训的基础上形成的，……集中反映了我们党对经济社会发展规律认识的深化，也是针对我国发展中的突出矛盾和问题提出来的。"①2019 年后，基于全球疫情，贸易保护主义泛起，同时内需对经济增长的贡献率权重提升这一现实情况，提出构建以国内大循环为主体、国内国际双循环相互促进的新发展格局。

从"发展才是硬道理"到"科学发展观"，再到"创新、协调、绿色、开放、共享"的新发展理念，标志着对破解发展难题、增强发展动力、厚植发展优势认识的不断提升完善，构成政治发展的重要方面。

四、从"四个现代化"到"两个十五年"战略安排

近现代中国的全部社会问题，都可以归纳为中国现代化道路问题，乃系近代以来无数志士仁人不断探索的问题。中国是"外源式"现代化，规划性、政府主导性强。1949 年中华人民共和国成立后，第一代领导集体提出到 20 世纪末实现"四个现代化"的目标。②1978 年改革开放后，第二代领导集体提出了"小康社会"建设目标和"三步走"战略构想。党的十一届三中全会贯彻"实事求是"的思想路线，基于当时"就整体来说，实行全党工作中心转变的条件已经具备"③的总体分析，果断做出"把全党工作的着重点和全国人民的注意力转移到社会主义现代化建设上来"④，"为在本世纪内把我国建设成为社会主义的现代化强国而进行新的长征"⑤的重大决策。开启了改革开放新时期社会主义现代化建设高潮。

1997 年，第三代领导集体在党的十五大上提出了"跨世纪战略"和"两个

---

① 习近平. 以新的发展理念引领发展 [M] //习近平谈治国理政：第 2 卷. 北京：外文出版社，2017：197.

② 1964 年 12 月 21 日—1965 年 1 月 4 日，第三届全国人民代表大会第一次会议在京召开。周恩来总理在《政府工作报告》中宣布：调整国民经济的任务已经基本完成，整个国民经济已经全面好转。今后发展国民经济的主要任务"就是要在不太长的历史时期内，把我国建设成为一个具有现代农业、现代工业、现代国防和现代科学技术的社会主义强国，赶上和超过世界先进水平"。从第三个五年计划开始，"第一步，建立一个独立的比较完整的工业体系和国民经济体系；第二步，全面实现农业、工业、国防和科学技术的现代化，使我国经济走在世界的前列"。1975 年 1 月，周恩来在第四届全国人民代表大会第一次会议上，重申了"四个现代化"的目标和"两步走"设想。

③ 中国共产党第十一届中央委员会第三次全体会议公报 [N]. 人民日报，1978-12-24（01）.

④ 中国共产党第十一届中央委员会第三次全体会议公报 [N]. 人民日报，1978-12-24（01）.

⑤ 中国共产党第十一届中央委员会第三次全体会议公报 [N]. 人民日报，1978-12-24（01）.

一百年"构想。党的十八届五中全会提出了到2020年"确保如期全面建成小康社会，为实现第二个百年奋斗目标、实现中华民族伟大复兴奠定更加坚实的基础"①的战略目标，并提出了全面建成小康社会新的目标要求。

2017年我国综合分析国际国内形势和我国发展条件。在党的十九大上对中国现代化做出了更为具体的"两个十五年"的战略安排，即把从2020年小康社会实现后到21世纪中叶划分为两大阶段："第一个阶段，从2020年到2035年，在全面建成小康社会的基础上，再奋斗15年，基本实现社会主义现代化。"②"第二个阶段，从2035年到本世纪中叶，在基本实现现代化的基础上，再奋斗15年，把我国建成富强民主文明和谐美丽的社会主义现代化强国。"③ 这是个很重要的突破，使中国现代化的蓝图和中华民族伟大复兴的目标更为具体清晰，阶段性目标和实现路径操作性更强。2022年10月党的二十大进一步强调："全面建成社会主义现代化强国，总的战略安排是分两步走：从二〇二〇年到二〇三五年基本实现社会主义现代化；从二〇三五年到本世纪中叶把我国建成富强民主文明和谐美丽的社会主义现代化强国。"④

五、从"以人为本"理念到"以人民为中心"思想

"以人为本"理念的形成，是改革开放以来中国社会进步的重要表征。人是社会的中心，人民是我们一切事业的出发点。党的十八大对"以人为本"和人民"三最"问题（最关心、最直接、最现实利益）的相关表述，达至一个新高度，强调"以人为本、执政为民是检验党一切执政活动的最高标准"⑤，要着力

---

① 党的十八届五中全会提出"全面建成小康社会"新的目标要求："经济保持中高速增长，在提高发展平衡性、包容性、可持续性的基础上，到二〇二〇年国内生产总值和城乡居民人均收入比二〇一〇年翻一番，产业迈向中高端水平，消费对经济增长贡献明显加大，户籍人口城镇化率加快提高。农业现代化取得明显进展，人民生活水平和质量普遍提高，我国现行标准下农村贫困人口实现脱贫，贫困县全部摘帽，解决区域性整体贫困。国民素质和社会文明程度显著提高。生态环境质量总体改善，各方面制度更加成熟更加定型，国家治理体系和治理能力现代化取得重大进展。"
② 习近平.决胜全面建成小康社会，夺取新时代中国特色社会主义伟大胜利[M]//习近平谈治国理政：第3卷.北京：外文出版社，2020：22.
③ 习近平.决胜全面建成小康社会，夺取新时代中国特色社会主义伟大胜利[M]//习近平谈治国理政：第3卷.北京：外文出版社，2020：23.
④ 习近平.高举中国特色社会主义伟大旗帜，为全面建设社会主义现代化国家而团结奋斗：在中国共产党第二十次全国代表大会上的报告[M].北京：人民出版社，2022：24.
⑤ 胡锦涛.坚定不移沿着中国特色社会主义道路前进，为全面建成小康社会而奋斗[M]//胡锦涛文选：第3卷.北京：人民出版社，2016：654.

"解决好人民最关心最直接最现实的利益问题"①。人民利益和人民的主体地位,是通过"以人为本"来表达的。而此前,2007年10月,十七大报告对"必须坚持以人为本"②做出专门阐述,强调科学发展观的核心,就是"以人为本"。

2017年10月党的十九大进一步提出"坚持以人民为中心"③,"必须坚持人民主体地位,坚持立党为公、执政为民,践行全心全意为人民服务的根本宗旨"④,并把它作为十四条"基本方略"的第二条;2022年党的二十大进一步强调"坚持以人民为中心的发展思想"。⑤十九大报告中"人民"出现203次;2012年11月15日新一届中常委记者见面会上,习近平19次提到"人民"一词。二十大报告中"人民"出现了177次。

"以人民为中心"与"以人为本"是一脉相承的,在坚持人民主体地位上是一致的。但是从"以人为本"到"以人民为中心"是一种扩展,更加突出人民利益的整体性、法理性。总体上,"以人为本"多立足于"民生的视角",重点是要"保障和改善民生",解决好人们"最关心最直接最现实的利益问题";"以人民为中心"更立足于"民主的视角",重点是要强化"人民的主体地位",实现"人民根本利益"。"以人民为中心"的思想强调以最广大人民根本利益为"最高标准","把党的群众路线贯彻到治国理政全部活动之中,把人民对美好生活的向往作为奋斗目标",这是一种更高界面的理论和思维提升。"以人民为中心的发展思想,不是一个抽象的、玄奥的概念,不能只停留在口头上、止步于思想环节,而要体现在经济社会发展各个环节。"⑥

---

① 胡锦涛. 坚定不移沿着中国特色社会主义道路前进,为全面建成小康社会而奋斗[M]//胡锦涛文选:第3卷. 北京:人民出版社,2016:640.
② "必须坚持以人为本。全心全意为人民服务是党的根本宗旨,党的一切奋斗和工作都是为了造福人民。要始终把实现好、维护好、发展好最广大人民的根本利益作为党和国家一切工作的出发点和落脚点,尊重人民主体地位,发挥人民首创精神,保障人民各项权益,走共同富裕道路,促进人的全面发展,做到发展为了人民、发展依靠人民、发展成果由人民共享。"(胡锦涛. 高举中国特色社会主义伟大旗帜,为夺取全面建设小康社会新胜利而奋斗[M]//胡锦涛文选:第2卷. 北京:人民出版社,2016:624.)
③ 习近平. 决胜全面建成小康社会,夺取新时代中国特色社会主义伟大胜利[M]//习近平谈治国理政:第3卷. 北京:外文出版社,2020:16.
④ 习近平. 决胜全面建成小康社会,夺取新时代中国特色社会主义伟大胜利[M]//习近平谈治国理政:第3卷. 北京:外文出版社,2020:16-17.
⑤ 习近平. 高举中国特色社会主义伟大旗帜,为全面建设社会主义现代化国家而团结奋斗:在中国共产党第二十次全国代表大会上的报告[M]. 北京:人民出版社,2022:27.
⑥ 中共中央文献研究室. 习近平关于全面建成小康社会论述摘编[M]. 北京:中央文献出版社,2016:158.

六、从"以经济建设为中心"到"五位一体"总体布局

国家大,事情多,确定怎样的总体布局,是国家治理的基本问题。而最有绩效的国家治理,是一种整体性结构治理。十三大确立了"一个中心、两个基本点"的基本路线,把经济建设放在全部工作的中心地位。十七大提出了"四大建设"构成的基本纲领:"坚持中国特色社会主义经济建设、政治建设、文化建设、社会建设的基本目标和基本政策构成的基本纲领。"① 十八大提出了"五位一体"总体布局概念,"全面落实经济建设、政治建设、文化建设、社会建设、生态文明建设五位一体总体布局"②,并把它确立为中国特色社会主义的"总依据、总布局、总任务","建设中国特色社会主义,总依据是社会主义初级阶段,总布局是五位一体,总任务是实现社会主义现代化和中华民族伟大复兴"③。十九大报告在此基础上提出:明确中国特色社会主义事业总体布局是"五位一体"、战略布局是"四个全面",并把它作为"八个明确"内容之一。④

从"以经济建设为中心"到"五位一体"总体布局,是个扩展式、全局式的发展,反映了国家治理"由点到面"、由"中心"到"全局"的发展逻辑。从十七大提出的"四大建设",到十八大提出"五位一体"总体布局,再到十九大进一步强调"五位一体总体布局",国家治理思路更加健全。经济建设仍处于中心地位,具有国家发展的决定性因素,但"五位一体"总体布局的形成,使国家治理的整体性更强,协调推进的互动性更为突出。它不仅是实践发展的结果,也是治国理政理论创新上的重要突破。

七、从"依法治国"方略到"法治国家、法治政府、法治社会"建设

法治是人类国家治理的必然选择。1997年9月,十五大提出"依法治国,建设社会主义法治国家"并将其确立为治国方略,开启了国家治理的法治化进程,成为历史性的突破。十六大、十七大都强调"全面落实依法治国基本方略,

---

① 胡锦涛. 高举中国特色社会主义伟大旗帜,为夺取全面建设小康社会新胜利而奋斗 [M] // 胡锦涛文选:第2卷. 北京:人民出版社,2016:627.
② 胡锦涛. 坚定不移沿着中国特色社会主义道路前进,为全面建成小康社会而奋斗 [M] // 胡锦涛文选:第3卷. 北京:人民出版社,2016:619.
③ 胡锦涛. 坚定不移沿着中国特色社会主义道路前进,为全面建成小康社会而奋斗 [M] // 胡锦涛文选:第3卷. 北京:人民出版社,2016:622.
④ 习近平. 决胜全面建成小康社会,夺取新时代中国特色社会主义伟大胜利 [M] // 习近平谈治国理政:第3卷. 北京:外文出版社,2020:15.

加快建设社会主义法治国家"。

2011年3月10日,时任全国人大常委会委员长的吴邦国在向十一届全国人大四次会议做全国人大常委会工作报告时说:"中国特色社会主义法律体系已经建成","总体上解决了有法可依的问题"。① 2011年10月,国务院新闻办公室发布《中国特色社会主义法律体系》白皮书,记述了中国法律体系建设的历程。

康德(Immanuel Kant)在谈到"国家"时认为,所谓国家,就是一群人联合在法律之下。但推进社会主义法治国家不仅要有完备的法律体系,解决好"有法可依、有法必依、执法必严、违法必究"的问题,更要实现党的领导、人民当家作主、依法治国的三者统一。从先秦时代起,中国法制基础就相当完备了,但缺少现代法治的文化基础。法制是法治的基础和条件,但不能代替法治。② 十八大宣告"中国特色社会主义法律体系形成"③,2013年11月十八届三中全会进一步提出"建设法治中国"的重大命题,并提出法治国家、法治政府、法治社会"三位一体"建设构想。关于三者的关系,2018年8月24日,习近平在中央全面依法治国委员会第一次会议上谈到:"法治国家是法治建设的目标,法治政府是建设法治国家的主体,法治社会是构筑法治国家的基础。"④

2014年10月,十八届四中全会审议通过了《中共中央关于全面推进依法治国若干重大问题的决定》,且提出"建设中国特色社会主义法治体系""完善以宪法为核心的中国特色社会主义法律体系"和"加快建设法治政府""推进法治社会建设"等任务,把"依法治国"推进到"依宪治国",将每年的12月4日定为"国家宪法日",我国开始迈出从"法制之治"(rule by law)到"法治之治"(rule of law)更切实的步伐。

二十大提出"坚持依法治国、依法执政、依法行政共同推进,坚持法治国家、法治政府、法治社会一体建设"⑤,呈现了我国从"法律体系"到"法治体系"、从"法制之治"到"法治之治"、从"工具理性"到"价值理性"、从

---

① 2011年8月底数据,我国制定宪法和有效法律240部、行政法规706部、地方性法规8600多部。各个法律部门中基本的主要的法律已制定,相应的行政法规和地方性法规比较完备,由此,宣布中国特色社会主义法律体系已经建成。
② 法制可以成为法治推进的有利因素,也可以成为法治推进的阻碍因素。
③ 胡锦涛.坚定不移沿着中国特色社会主义道路前进,为全面建成小康社会而奋斗[M]//胡锦涛文选:第3卷.北京:人民出版社,2016:614.
④ 习近平.坚持以全面依法治国新理念新思想新战略为指导,坚定不移走中国特色社会主义法治道路[M]//习近平谈治国理政:第3卷.北京:外文出版社,2000:285.
⑤ 习近平.高举中国特色社会主义伟大旗帜,为全面建设社会主义现代化国家而团结奋斗:在中国共产党第二十次全国代表大会上的报告[M].北京:人民出版社,2022:40.

"依法治国"到"依宪治国"的建设路向。

八、从强化"社会管理"到创新"社会治理"

改革开放后,我国"社会"和"社会管理"理念的逐步形成,是一个进步。十五大虽提出"建设有中国特色社会主义的经济、政治、文化",但没有提出相应的"社会"概念。十六大提出全面建设"小康社会"四个方面,但仍作为"中国特色社会主义经济、政治、文化"建设框架中的内容,尚未形成独立的"社会建设"理念。2006年10月,十六届六中全会审议通过《中共中央关于构建社会主义和谐社会若干重大问题的决定》,且提出"完善社会管理"概念。

2007年10月,十七大首提"推进以改善民生为重点的社会建设"[①],并提出"经济建设、政治建设、文化建设、社会建设"基本目标,即由原来"三个建设"发展为"四个建设"。

2011年2月19日,中央举办省部级主要领导干部社会管理及其创新专题研讨班,"着重研究加强和创新社会管理,做好新形势下群众工作的思路和举措"[②]。2011年5月30日,中央政治局召开会议,研究加强和创新社会管理问题。2012年11月,十八大进一步提出"加强和创新社会管理"的概念[③]。2014年10月,十八届四中全会审议通过的《中共中央关于全面推进依法治国若干重大问题的决定》首提"社会治理"概念:

> 推进多层次多领域依法治理。坚持系统治理、依法治理、综合治理、源头治理,提高社会治理法治化水平。[④]

这成为一个突破。因为改革开放后形成的"社会管理"理念,基本上是从强化社会管控角度提出的,而"社会治理"理念则是在如何激活社会活力和

---

① 十七大报告强调:"必须在经济发展的基础上,更加注重社会建设,着力保障和改善民生,推进社会体制改革,扩大公共服务,完善社会管理,促进社会公平正义,努力使全体人民学有所教、劳有所得、病有所医、老有所养、住有所居,推动建设和谐社会。"(胡锦涛.高举中国特色社会主义伟大旗帜,为夺取全面建设小康社会新胜利而奋斗[M]//胡锦涛文选:第2卷.北京:人民出版社,2016:642.)

② 胡锦涛.论加强和创新社会管理[M]//胡锦涛文选:第3卷.北京:人民出版社,2016:488.

③ 胡锦涛.坚定不移沿着中国特色社会主义道路前进,为全面建成小康社会而奋斗[M]//胡锦涛文选:第3卷.北京:人民出版社,2016:614.

④ 中共中央关于全面推进依法治国若干重大问题的决定[N].人民日报,2014-10-29(01).

创造力、如何实现多维的社会参与的角度形成和提出的，成为一个实质性的推进。

2017年10月，十九大进一步提出打造"共建共治共享的社会治理格局""加强社会治理制度建设"。① 在"社会体制"表述上，由十八大提出的"党委领导、政府负责、社会协同、公众参与、法治保障的社会管理体制"②，表述为"党委领导、政府负责、社会协同、公众参与、法治保障的社会治理体制"③。一字之变，意义重大，呈现出从"管"到"治"的价值取向和从"加强社会管理"到"创新社会治理"的新目标取向。2022年10月，二十大提出"健全共建共治共享的社会治理制度，提升社会治理效能。""建设人人有责、人人尽责、人人享有的社会治理共同体。"④ 从社会管理（体制）到社会治理（体制）理念的形成，是个伴随实践探索和理论创新的漫长过程。

九、从"建设社会主义新农村"到"实施乡村振兴战略"

"三农"问题，是中国现代化的基础性问题。加快广袤农村的发展，是中国现代化的重中之重。"乡村振兴"是中华民族伟大复兴的有机构成。

2002年11月，十六大提出"全面繁荣农村经济，加快城镇化进程"⑤，"加大对农业的投入和支持，加快农业科技进步和农村基础设施建设"⑥。2005年10月，十六届五中全会通过了《中共中央关于制定国民经济和社会发展第十一个五年规划的建议》，其中"建设社会主义新农村"部分，强调建设社会主义新农村是我国现代化建设进程中的重大历史任务，要求"从各地实际出发，尊重农民意愿，扎实稳步推进新农村建设"⑦，并提出"生产发展、生活宽裕、乡风文

---

① 习近平. 决胜全面建成小康社会，夺取新时代中国特色社会主义伟大胜利［M］//习近平谈治国理政：第3卷. 北京：外文出版社，2020：38.
② 胡锦涛. 坚定不移沿着中国特色社会主义道路前进，为全面建成小康社会而奋斗［M］//胡锦涛文选：第3卷. 北京：人民出版社，2016：640.
③ 习近平. 决胜全面建成小康社会，夺取新时代中国特色社会主义伟大胜利［M］//习近平谈治国理政：第3卷. 北京：外文出版社，2020：38.
④ 习近平. 高举中国特色社会主义伟大旗帜，为全面建设社会主义现代化国家而团结奋斗：在中国共产党第二十次全国代表大会上的报告［M］. 北京：人民出版社，2022：54.
⑤ 江泽民. 全面建设小康社会，开创中国特色社会主义事业新局面［M］//江泽民文选：第3卷. 北京：人民出版社，2006：546.
⑥ 江泽民. 全面建设小康社会，开创中国特色社会主义事业新局面［M］//江泽民文选：第3卷. 北京：人民出版社，2006：546-547.
⑦ 中共中央关于制定国民经济和社会发展第十一个五年规划的建议［N］. 人民日报，2005-10-19（01）.

明、村容整洁、管理民主"20字总体目标。十七大在论述"社会主义新农村建设"时强调"解决好农业、农村、农民问题，事关全面建设小康社会大局"。①十八大提出："深入推进新农村建设和扶贫开发，全面改善农村生产生活条件。着力促进农民增收，保持农民收入持续较快增长。"②

十九大提出"实施乡村振兴战略"和"乡村治理体系"概念，并提出"产业兴旺、生态宜居、乡风文明、治理有效、生活富裕"新20字总要求。2018年1月2日，《中共中央 国务院关于实施乡村振兴战略的意见》（2018年一号文件）颁发，要求按照20字总要求，建立健全城乡融合发展体制机制和政策体系，统筹推进农村经济建设、政治建设、文化建设、社会建设、生态文明建设和党的建设，加快推进乡村治理体系和治理能力现代化，加快推进农业农村现代化。

"乡村振兴战略"是"新农村建设"的逻辑延伸，但更是一种质的提升。"新农村建设"的目标是基础性的，主要解决"生产发展、生活宽裕"等基础性问题；"乡村振兴战略"的目标则是提升性的，拓展到"产业兴旺、生态宜居"等新的层级。"新农村建设"提出实现"管理民主"，"乡村振兴战略"则提出实现"治理有效"的更高目标。③

从"社会主义新农村建设"发展到"实施乡村振兴战略"，反映出解决我国"三农"问题的历史进程和创新思路，对于推进城乡统筹、缩小城乡差距，意义重大。"乡村振兴"成为实现中华民族伟大复兴的基础性工程。在2020年12月召开的中央农村工作会议上，习近平强调"脱贫攻坚取得胜利后，要全面推进乡村振兴，这是'三农'工作重心的历史性转移"④。

十、从"一靠教育，二靠制度"到"把权力关进制度的笼子"

反腐败问题是随着改革开放、经济发展而逐渐显现的。1978年改革开放后，最早谈及反腐败问题的是1987年10月召开的十三大。十三大报告指出："在改革开放的过程中，党内反对腐败的斗争是不可避免的。如果容忍腐败分子留在

---

① 胡锦涛.高举中国特色社会主义伟大旗帜，为夺取全面建设小康社会新胜利而奋斗［M］.胡锦涛文选：第2卷.北京：人民出版社，2016：630.
② 胡锦涛.坚定不移沿着中国特色社会主义道路前进，为全面建成小康社会而奋斗［M］//胡锦涛文选：第3卷.北京：人民出版社，2016：631.
③ 秦德君.迈向2035，一张蓝图干到底［N］.文汇报，2018-01-22（05）.
④ 习近平：民族要复兴，乡村必振兴［N］.新华每日电讯，2020-12-30（01）.

第3章　国家治理与党的建设：中国特色社会主义创新主线

党内，就会使整个党衰败。"①虽鲜明提出了"反腐败"这一命题，但基本上是伦理本位，把"廉洁自律"放在重要位置。②

1992年10月，十四大提出"廉政建设要靠教育，更要靠法制"。③1993年8月，中纪委第二次全体会议首提反腐败斗争"三项工作格局"（领导干部廉洁自律、集中力量查处大案要案、纠正行业不正之风）。1997年9月，十五大提出"教育是基础，法制是保证，监督是关键"，强调"加强对各级干部特别是领导干部的监督，防止滥用权力"。④2002年11月，十六大提出"加强对权力的制约和监督"，强调"一靠教育，二靠制度，正确开展批评与自我批评，着力解决党的思想作风、学风、工作作风、领导作风和干部生活作风方面的突出问题"，⑤把"教育"放在重要位置。

2012年11月，十八大提出"坚持用制度管权管事管人"⑥，"制度理性"进一步强化。十八大后随着反腐败高压态势的形成，"把权力关进笼子"成为取向。十九大明确提出"让权力在阳光下运行，把权力关进制度的笼子。强化自上而下的组织监督，改进自下而上的民主监督，发挥同级相互监督作用，加强对党员领导干部的日常管理监督"⑦；并提出"推进反腐败国家立法，建设覆盖纪检监察系统的检举举报平台"⑧；"组建国家、省、市、县监察委员会，……实现对所有行使公权力的公职人员监察全覆盖"⑨，把"制度"放在更重要的位

---

① 赵紫阳. 沿着有中国特色的社会主义道路前进——在中国共产党第十三次全国代表大会上的报告［N］. 人民日报，1987-11-4（04）.
② 秦德君. 租金、创租、寻租与腐败机理［N］. 深圳特区报，2019-05-28（C03）.
③ 江泽民. 加快改革开放和现代化建设步伐，夺取有中国特色社会主义事业的更大胜利［M］//江泽民文选：第2卷，北京：人民出版社，2006：249.
④ 江泽民. 高举邓小平理论伟大旗帜，把建设有中国特色社会主义事业全面推向二十一世纪［M］//江泽民文选：第2卷. 北京：人民出版社，2006：32.
⑤ 江泽民. 全面建设小康社会，开创中国特色社会主义事业新局面［M］//江泽民文选：第3卷. 北京：人民出版社，2006：573.
⑥ 胡锦涛. 坚定不移沿着中国特色社会主义道路前进，为全面建成小康社会而奋斗［M］//胡锦涛文选：第3卷. 北京：人民出版社，2016：635.
⑦ 习近平. 决胜全面建成小康社会，夺取新时代中国特色社会主义伟大胜利［M］//习近平谈治国理政：第3. 北京：外文出版社，2020：52-53.
⑧ 习近平. 决胜全面建成小康社会，夺取新时代中国特色社会主义伟大胜利［M］//习近平谈治国理政：第3. 北京：外文出版社，2020：52.
⑨ 习近平. 决胜全面建成小康社会，夺取新时代中国特色社会主义伟大胜利［M］//习近平谈治国理政：第3. 北京：外文出版社，2020：53.

置。二十大强调"完善党的自我革命制度规范体系""以党的自我革命引领社会革命"①。

"权力"和"权力制约"问题是现代政治文明的基本问题。② 对于遏制腐败特别是如何对权力实现有效的制约，是从"伦理本位"到"制度本位"不断演进的过程。从"一靠教育，二靠制度"到"用制度管权管事管人"，再到"把权力关进制度的笼子"，构成了中国反腐败理论创新和实践突破的主线，是一个制度理性不断得到强化的过程。③

十一、从"三个自信"到强调文化的"四个自信"

中国改革开放 40 多年带来了翻天覆地巨大变化，成功实现了从高度集中的计划经济体制到充满活力的社会主义市场经济体制、从封闭半封闭到全方位开放的伟大转折。经济总量跃至世界第二位，人均 GDP 从 40 年前的第 120 多位提升到现在的 60 多位。中国城镇化率 63.89%，基本完成从农村社会向城市社会的转型。改革开放以来的社会进步是"自信"最坚实的基础。而且这种"自信"（self-confidence），是包含了"自省"（self-introspection）在内的一种基础理性。④

十八大报告提出"道路、理论、制度"三个自信。"道路自信"源于道路探索和比较后获得的确定意识；"理论自信"源于对现实的透彻解说和理论自觉；"制度自信"是基于对制度型构、制度内质、制度功能特别是制度效率的理性认知和制度比较所获得的制度信念。

在庆祝中国共产党成立 95 周年大会上，习近平提出"四个自信"，即"中国特色社会主义道路自信、理论自信、制度自信、文化自信"，并指出："文化自信，是更基础、更广泛、更深厚的自信。在 5000 多年文明发展中孕育的中华优秀传统文化，在党和人民伟大斗争中孕育的革命文化和社会主义先进文化，积淀着中华民族最深层的精神追求，代表着中华民族独特的精神标识。"⑤ 这一论述，拓展了十八大提出的"三个自信"，凸显了文化的重要位置。社会学家帕

---

① 习近平. 高举中国特色社会主义伟大旗帜，为全面建设社会主义现代化国家而团结奋斗：在中国共产党第二十次全国代表大会上的报告 [M]. 北京：人民出版社，2022：64-65.
② 王邦佐，秦德君. 政治学研究亟须关注的四个问题 [N]. 人民日报，2016-05-09 (16).
③ 秦德君. 推进国家制度体系更加成熟 [N]. 解放日报，2018-08-07 (09).
④ 秦德君. 中国国家制度成熟与定型的基础是什么 [EB/OL]. 上观新闻，2018-08-17.
⑤ 习近平. 在庆祝中国共产党成立 95 周年大会上的讲话 [EB/OL]. 人民网，2016-07-02.

森斯（Talcott Parsons）的"文化系统"理论把"意义"或"符号系统"作为分析单位，当社会价值观被社会成员所内化，就产生了"社会化"，这是一种维持社会控制和保证社会团结的文化聚合力。

从"三个自信"到"四个自信"，标志着中国特色社会主义达到了更高的"自信"层级。任何"自信"，都在于它有着坚实的不同于其他同类"型构特质"和相应的社会方位。[①]"四个自信"容涵了丰富的"中国特质"，经历史风雨洗练而形成，有其内生逻辑。它与中华民族伟大复兴的"中国梦""四个全面"战略布局、"五大发展理念"等一系列新战略一道，构成具有总体性的理论建构。

"小楼一夜听春雨，深巷明朝卖杏花。"可以说，一个民族有了文化意识和文化自觉，才是民族精神真正觉醒的开始。但它并不是终点，正如习近平总书记在论及制度时指出的："应该看到，中国特色社会主义制度是特色鲜明、富有效率的，但还不是尽善尽美、成熟定型的。中国特色社会主义事业不断发展，中国特色社会主义制度也需要不断完善。"[②]

十二、从"参与全球治理"到"构建人类命运共同体"

2008年国际金融危机后，在"和平与发展"主题下，全球治理进入一个转变时期。中国全方位参与全球治理，立足共同面临的问题在各领域开展务实合作。二十国集团与金砖国家合作机制逐步成为中国和全球主要国家开展务实合作的重要平台。[③] 国际金融危机发生10年后，世界经济再次来到十字路口，2019年6月28日，在日本大阪举行的二十国集团领导人第十四次峰会上，习近平提出："二十国集团有责任在关键时刻为世界经济和全球治理把准航向，为市场增强信心，给人民带来希望。"[④]

十八大报告强调，"合作共赢，就是要倡导人类命运共同体意识，在追求本

---

① 秦德君.中国国家制度型构与"更加成熟、更加定型"基础[J].理论与改革，2020（5）：130-142.
② 习近平.紧紧围绕坚持和发展中国特色社会主义学习宣传贯彻党的十八大精神[M]//中共中央文献研究室.十八大以来重要文献选编：上册.北京：中央文献出版社，2014：75.
③ 总的来看这两个机制均无固定的组织章程，也未设立秘书处和固定办公场所。历次峰会主题由东道国拟定，峰会议程延续性得不到应有保障，形成的共识也难以得到有效执行。中国多次呼吁强化全球治理新平台建设，实现这些平台建设的制度化。
④ 习近平出席二十国集团领导人第十四次峰会并发表重要讲话[N].人民日报，2019-06-29（01）.

国利益时兼顾他国合理关切,在谋求本国发展中促进各国共同发展,建立更加平等均衡的新型全球发展伙伴关系"①。十八大后我国积极建设新型大国关系,发展友好睦邻周边关系,推进"一带一路"建设,成为世界和平的建设者、全球发展的贡献者、国际秩序的维护者。十九大报告提出:"我们呼吁,各国人民同心协力,构建人类命运共同体,建设持久和平、普遍安全、共同繁荣、开放包容、清洁美丽的世界。"②

2013年,习近平提出"构建人类命运共同体"的倡议,此后有大量论述。2015年3月,习近平在博鳌亚洲论坛年会上提出,"通过迈向亚洲命运共同体,推动建设人类命运共同体"③。2015年9月,习近平在第七十届联合国大会上呼吁国际社会"携手构建合作共赢新伙伴,同心打造人类命运共同体"④。2018年11月5日,首届中国国际进口博览会在上海开幕,开幕式上习近平强调,"推动构建人类命运共同体的脚步不会停滞"⑤。2019年6月28日,在日本大阪举行的二十国集团领导人第十四次峰会上,习近平表示中国"同世界各国和平共处、合作共赢,共建人类命运共同体,为创造世界经济更加美好的明天不懈努力"⑥。

"构建人类命运共同体"在国际社会得到广泛接受。2017年2月10日,联合国将其写入联合国决议,2017年3月17日又将其载入安理会决议,同年3月23日载入联合国人权理事会决议。从"参与全球治理"到提出"构建人类命运共同体"并得到国际社会广泛认可,不仅彰显了中国的国际地位,而且也是在全球发展呈现不确定性态势下对于国际秩序提供的一种政治创新。

"构建人类命运共同体"的倡导成为中国参与世界的关键词,是典型的"中国主张"和中国国际形象标识。可以说,中国在全球事务中不仅是参与者、建设者和贡献者,更成为全球治理改革的重要推动力量。构建人类命运共同体的时代价值和历史价值将是永恒的。

---

① 胡锦涛.坚定不移沿着中国特色社会主义道路前进,为全面建成小康社会而奋斗[M]//胡锦涛文选:第3卷.北京:人民出版社,2016:651.
② 习近平.决胜全面建成小康社会,夺取新时代中国特色社会主义伟大胜利[M]//习近平谈治国理政:第3卷.北京:外文出版社,2020:46.
③ 习近平出席鳌亚洲论坛2015年年会开幕式并发表主旨演讲[N].人民日报,2015-03-29(01).
④ 习近平在第七十届联合国大会一般性辩论时的讲话[N].人民日报,2015-09-29(02).
⑤ 习近平出席首届中国国际进口博览会开幕式并发表主旨演讲[N].人民日报,20108-11-06(01).
⑥ 习近平出席二十国集团领导人第十四次峰会并发表重要讲话[N].人民日报,2019-06-29(01).

十三、从"党要管党""从严治党"到"全面从严治党"

中华人民共和国成立以来特别是改革开放以来，党的建设经历了"党要管党""从严治党"再到"全面从严治党"这样一个历史过程，党的建设理论不断得到拓展创新。"党要管党"的理念，最早是在 20 世纪 60 年代初提出的。1962 年 11 月 29 日，邓小平在接见组织工作会议和全国监察工作会议代表时说："党要管党，一管党员，二管干部。"① 1963 年 1 月 21 日，中共中央在《全国组织工作会议纪要》的批示中提出："党要管党。……党不管党，党的路线和方针政策就不可能贯彻实现，党的组织就有蜕化变质的危险。"② 当时"党要管党"的侧重点，是强调"管"住党员和干部，"管理党员和管理干部，是党的建设中两项主要工作。其中，管好干部，对于党的建设，关系尤为重大"③。"对执政党来说，党要管党，最关键的是干部问题，因为许多党员都在当大大小小的干部。"④

1985 年 11 月 24 日，中共中央整党工作委员会在《关于农村整党工作部署的通知》中，首提"从严治党"。1987 年 10 月召开的十三大是个重要节点，提出"必须从严治党，严肃执行党的纪律"，从"党要管党"推进到"从严治党"。1992 年 10 月，十四大提出"坚持从严治党"，并把"从严治党"写进党章，成为党的建设的总体方针。2002 年 11 月，十六大确立"从严治党"的目标任务，"着力解决党的思想作风、学风、工作作风、领导作风和干部生活作风方面的突出问题"⑤。2004 年 9 月，十六届四中全会审议通过《中共中央关于加强党的执政能力建设的决定》，把"从严治党"聚焦于"执政能力建设"这一主题上。

2014 年 10 月 8 日，在"党的群众路线教育实践活动"总结大会上，习近平提出"全面推进从严治党"并提出八点要求。2014 年 12 月，习近平在江苏调研时首提"四个全面"概念，"全面从严治党"成为"四个全面"战略布局的组成部分。

---

① 邓小平. 执政党的干部问题 [M] //邓小平文选：第 1 卷. 北京：人民出版社，1994：328.
② 中共中央文献研究室. 建国以来重要文献选编：第 16 册 [M]. 北京：中央文献出版社，1997：92.
③ 中共中央文献研究室. 建国以来重要文献选编：第 16 册 [M]. 北京：中央文献出版社，1997：92.
④ 邓小平. 执政党的干部问题 [M] //邓小平文选：第 1 卷. 北京：人民出版社，1994：328.
⑤ 江泽民. 全面建设小康社会，开创中国特色社会主义事业新局面 [M] //江泽民文选：第 3 卷. 北京：人民出版社，2006：573.

2017年10月，十九大强调"全面从严治党永远在路上"，并提出"把党的政治建设摆在首位"，[1] 使政治建设成为"全面从严治党"的重要方面。二十大强调"党的自我革命永远在路上，决不能有松劲歇脚、疲劳厌战的情绪，必须持之以恒推进全面从严治党"[2]。

党的建设是一个从"党要管党"到"从严治党"再到"全面从严治党"不断演进的逻辑过程。"管党"和"治党"是个关联性很强的结构。从治理方式看，"管党"主要做"减法"，即以消除党内不良消极现象为目标，如整治腐败、反对形式主义、官僚主义等；"治党"则重在增强党的肌体、机能和功能，重在体制、机制上的完善，是一种"加法性"功能建设。从治理层级看，"治党"比"管党"要求更严，内容更丰富，方式更多样，且更趋于制度化、体制性治理。[3]

从党的建设历程看，"从严治党"是"党要管党"的升级版，"全面从严治党"又是"从严治党"的深化版、拓展版。从"党要管党"到"从严治党"再到"全面从严治党"，其理论和实践得到不断完善和发展，是党的建设领域的创新形态，也呈现了党的建设新的伟大工程的历史流程。

上述十三个主要方面，构成了新时代以来党的建设与国家治理领域最重要的结构性政治发展、政治创新过程，也成为新时代中国特色社会主义最有代表性的主要理论创新内容。它们既是理论形态的创新，又是实践模式的突破，反映出党的建设和国家治理上的实际步伐，也为新时代继往开来、进一步开创新的战略大局奠定了基础，成为中国特色社会主义最突出的创新主线。

---

[1] 习近平. 决胜全面建成小康社会，夺取新时代中国特色社会主义伟大胜利［M］//习近平谈治国理政：第3卷. 北京：外文出版社，2020：48.
[2] 习近平. 高举中国特色社会主义伟大旗帜，为全面建设社会主义现代化国家而团结奋斗：在中国共产党第二十次全国代表大会上的报告［M］. 北京：人民出版社，2022：64.
[3] 秦德君. 新的伟大工程如何实现新跨越［N］. 解放日报，2017-10-24（09）.

第 4 章

"新中国""新时期""新时代"：中国政治发展的结构和阶段

"新中国"（1949 年），"新时期"（1978 年），"新时代"（2012 年），是理解政治发展的语汇，也是三个大的结构性政治发展阶段。

1954 年 9 月，周恩来在《政府工作报告》中首提"四个现代化"。1978 年 12 月，十一届三中全会做出"把全党工作的着重点和全国人民的注意力转移到社会主义现代化建设上来"的战略决策。2017 年 10 月，十九大、二十大做出"两个十五年"现代化建设安排。

1940 年 1 月，毛泽东提出"我们要建立一个新中国"，标定中国革命的历史目标。1982 年 9 月，邓小平提出"建设有中国特色的社会主义"，为中国政治发展拨正航向，为今天发展奠定了坚实基础。2017 年 10 月，习近平提出"中国特色社会主义进入了新时代"，要满足人民追求美好生活的需求，21 世纪中叶全面实现现代化，这是中国发展新的历史方位。

中国共产党百年奋斗历史和现实活动，构成了中国现代政治发展的主旋律。"洋务运动"的技术图强、"戊戌变法"的局部改良、"辛亥革命"的不彻底民主革命，是中国近现代史的沉痛教训，昭示了开辟新的中国革命道路的必然逻辑，这一任务历史性地落到中国共产党人身上。毛泽东提出"我们要建立一个新中国"，标定了中国革命的目标，包含了诸多结构性变革内容。邓小平提出"建设有中国特色的社会主义"是划时代的创举，世界大势、客观现实是其坚实基础。新时代统揽"四个伟大"是践行初心使命的伟大实践。在百年奋斗的基础上创造新的辉煌，更好地坚持中国道路、弘扬中国精神、凝聚中国力量，是使命型政党的历史责任。

一、"为中华民族谋复兴"：历史使命的形成和提出

中国共产党是马克思主义使命型政党。这种"使命型"不是指政党有着一套自身的价值系统，这个世界上其他政党也有，而是指这个政党承担着一个政党自身利益之外的目标体系，承担着一种历史性责任和担当。这种历史性使命和担当，就是为苦难深重的中国人民谋幸福，为中华民族谋复兴。中国共产党的使命领导力，就是基于民族复兴大业的历史责任感、使命感的政治领导力，它是一种高瞻远瞩的时代领导力。

1925年12月5日，毛泽东在《政治周报》发刊词中说："为什么要革命？为了使中华民族得到解放，为了实现人民的统治，为了使人民得到经济的幸福。"[①] 1945年4月，毛泽东指出："每个共产党员入党的时候，心目中就悬着为现在的新民主主义革命而奋斗和为将来的社会主义和共产主义而奋斗这样两个明确的目标。"[②] 这个初心和使命，是激励一代代中国共产党人前仆后继、不断前行的根本动力，也是中国共产党人使命领导力的核心动力。

马克思和恩格斯在《共产党宣言》中指出："过去的一切运动都是少数人的，或者为少数人谋利益的运动。无产阶级的运动是绝大多数人的，为绝大多数人谋利益的独立的运动。"[③] "在实践方面，共产党人是各国工人政党中最坚决的、始终起推动作用的部分；在理论方面，他们胜过其余无产阶级群众的地方在于他们了解无产阶级运动的条件、进程和一般结果。"[④] 中国共产党就是"为绝大多数人谋利益""最坚决的、始终推动运动前进"的政党，担当起了实现中华民族伟大复兴这一历史使命。"中国共产党一经成立，就把实现共产主义作为党的最高理想和最终目标，义无反顾肩负起实现中华民族伟大复兴的历史使命，团结带领人民进行了艰苦卓绝的斗争，谱写了气吞山河的壮丽史诗。"[⑤]

实现中华民族伟大复兴，是近代以来中华民族最伟大的梦想。但是从洋务

---

① 毛泽东.《政治周报》发刊理由［M］//毛泽东文集：第1卷.北京：人民出版社，1993：21.
② 毛泽东.论联合政府［M］//毛泽东选集：第3卷.北京：人民出版社，1991：1059.
③ 马克思，恩格斯.共产党宣言［M］//马克思恩格斯选集：第1卷.北京：人民出版社，2012：411.
④ 马克思，恩格斯.共产党宣言［M］//马克思恩格斯选集：第1卷.北京：人民出版社，2012：413.
⑤ 习近平.决胜全面建成小康社会，夺取新时代中国特色社会主义伟大胜利［M］//习近平谈治国理政：第3卷.北京：外文出版社，2020：11.

第4章 "新中国""新时期""新时代":中国政治发展的结构和阶段

运动、戊戌变法到辛亥革命,无数志士仁人的一次次探索都以失败告终了。从1840年到1905年(光绪三十一年)①,中国笼罩于资本主义、帝国主义列强侵华的硝烟当中。其时清廷对世界大势茫然不知,却仍自诩"天朝上国",视其他国家为"夷狄蛮貊",视西方先进科技为"奇技淫巧"。统治阶级的虚骄傲慢、冥顽不化,导致整个经济、政治、军事、文化加速滞后,至19世纪30年代至50年代衰败愈益加深。"四万万人齐下泪,天涯何处是神州?"谭嗣同的诗句,喊出了多少人的悲愤和无奈。

19世纪60年代至90年代的"洋务运动",正是在这种内忧外患压力下发生的一场以引进西方军事装备、机器生产和科学技术为特征的晚清自救运动。经历两次鸦片战争和太平天国起义,清廷一部分人看到了"坚船利炮"的威力。魏源在《海国图志》中主张"师夷长技以制夷";冯桂芬在《校邠庐抗议》②中提出一系列改革方案,主张"以中国之伦常名教为原本,辅以诸国富强之术",即通过学习西方长技抵制西方的入侵。洋务运动的基础理念是"自强""求富"和"师夷制夷""中体西用"。1894年,中日甲午战争中北洋海军全军覆没,成为30多年洋务运动以失败告终的标志。它深刻表明,只从"技"(技术)的层面而不是从根本性的"道"(道路)的层面来思考和解决中国积贫积弱的问题,绝非救国图强之道,其破产具有必然性。

甲午战争后列强掀起瓜分中国的狂潮,民族危机进一步加深,"戊戌变法"③成为又一场爱国救亡的维新图存运动。变法的首要目标,是政治上,允许官民上书言事;经济上,奖励农工商业的发展,兴办商会、农会等民间团体,推行财政改革,编制预算决算;文化教育上,设立中小学堂,京师大学堂,允许设报馆,奖励科学著作和发明;军事上,精练陆军,扩建海军。维新派为救亡图存奔走呼号,要求实行有利于发展资本主义的政策,实行君主立宪制。这场变法,无疑是中国近代史上重要的资产阶级改良运动,也是近代中国第一场思想解放运动,促使了人们思想的觉醒。但这场变法的改良蓝图有极大的历史局限性,其资产阶级的改良主张,在半殖民地半封建社会的中国是根本行不通

---

① 光绪三十一年(公元1905年),孙中山在日本成立中国同盟会,提出"驱逐鞑虏,恢复中华,建立民国,平均地权"的纲领。其时清廷立宪派兴起立宪运动。
② 书共收入政论47篇,大部分作于亡命上海期间,少数为旧作。
③ 戊戌变法从1898年6月11日开始实施。1898年9月21日慈禧太后发动戊戌政变,光绪帝被囚,康有为、梁启超分别逃往法国、日本,谭嗣同等戊戌六君子被杀,历时103天的变法失败。

的，是注定是要失败的。

辛亥革命是20世纪初发生的一场中国历史性巨变，打开了社会进步的闸门，是比较完全意义上的反帝反封建民族民主革命，对中国封建专制统治产生了巨大冲击，使反动统治秩序再也无法稳定下来。它不仅推翻了清王朝统治，结束了中国几千年君主专制制度，更促使民主共和理念广泛流传，促发了"新文化运动""五四运动"，也为中国共产党诞生并走上历史舞台提供了先机。但这场革命，缺乏完整彻底的反帝反封建政治纲领，没有一个能领导这场革命的政党。①"无量头颅无量血，可怜购得假共和"，正如孙中山先生在《制定建国大纲宣言》（1924年4月12日）中谈到的："辛亥之役，数月以内，即推倒四千余年之君主专制政体"，但是：

> 自辛亥革命以至于今日，所获得者，仅中华民国之名。国家利益方面，既未能使中国进于国际平等地位；国民利益方面，则政治经济荦荦诸端，无所进步；而分崩离析之祸，且与日俱深。②

当时中华民族面临两大历史任务，求得民族独立和人民解放、实现国家的繁荣富强，一项也没有解决，"而分崩离析之祸，且与日俱深"。从鸦片战争开始，中国人民反抗斗争、探索民族复兴的努力从未停止过。19世纪60年代至90年代各地的反洋教斗争接连不断。从锐意变法的资产阶级维新运动，到立志推翻清王朝的资产阶级革命，无数志士仁人前仆后继，在中华民族革命史上写下悲壮篇章。正如马克思在《中国记事》中谈到的："看起来很奇怪的是，鸦片没有起催眠作用，反而起了惊醒作用。"③ 但无论是历次反对外国侵略的战争，还是太平天国农民战争，无论是鼓吹爱国救亡和变法图强的戊戌维新，还是号召"扶清灭洋"的义和团运动，均以惨败告终。面对"数千年未有之变局"，人们终于认识到，"没有一个由共产党领导的新式的资产阶级性质的彻底的民主革命，要想在殖民地半殖民地半封建的废墟上建立起社会主义社会来，那只是完全的空想"④。须另觅救国救民之道。林伯渠后来回忆说："辛亥革命前觉得只要把帝制推翻便可以天下太平，革命以后经过多少挫折，自己所追求的民主还

---

① 中共中央党史研究室. 中国共产党历史：第1卷 [M]. 北京：中共党史出版社，2002：16. 辛亥革命后中国呈现的景象是袁世凯称帝、张勋复辟、思想界尊孔读经等逆流。
② 孙中山. 制定建国大纲宣言 [M] //建国方略. 北京：中国长安出版社，2011：321.
③ 马克思. 中国记事 [M] //马克思恩格斯全集：第15卷. 北京：人民出版社，1963：545.
④ 毛泽东. 论联合政府 [M] //毛泽东选集：第3卷. 北京：人民出版社，1991：1060.

第4章 "新中国""新时期""新时代"：中国政治发展的结构和阶段

是那样遥远，于是慢慢地从痛苦经验中，发现了此路不通，终于走上了共产主义的道路。"①

从辛亥革命爆发到中国共产党成立，只相隔10年。早期的中国共产党人大多参加过辛亥革命，或受到这场革命的深刻影响。中国共产党诞生于20世纪20年代，是近代产业工人壮大、中国社会及人民斗争发展之必然结果。② 开辟新的中国革命道路、实现中华民族伟大复兴的任务，历史地落到了中国共产党人的身上。"人间正道是沧桑"，中国共产党开始了探索中国特色社会主义、为中国人民谋幸福、为中华民族谋复兴的漫漫奋斗之路。

1984年6月30日，邓小平在会见第二次中日民间人士会议日方委员会代表团时谈到，"人们提出这样一个问题，如果中国不搞社会主义，而走资本主义道路，中国人民是不是也能站起来，中国是不是也能翻身？让我们看看历史吧。国民党搞了二十几年，中国还是半殖民地半封建社会"③，"如果走资本主义道路，可以使中国百分之几的人富裕起来，但是绝对解决不了百分之九十几的人生活富裕的问题"④。一代代中国共产党人正是立足中华民族的历史和现状，从中国实际出发不断探索和实践，在长期的探索实践中形成了中国特色社会主义的道路、理论、制度，把民族复兴大业不断推向前进。正如马克思和恩格斯指出的："共产党人的理论原理，绝不是以这个或那个世界改革家所发明或发现的思想、原则为根据的。"⑤

为中国人民谋幸福，为中华民族谋复兴的初心，激励一代代共产党人上下求索、不懈奋斗。"在中国，从来没有任何一个政治组织像我们党这样集中了那么多先进分子，组织得那么严密和广泛，为中华民族作出了那么多牺牲，同人民保持着密切的联系，在前进中善于总结经验、郑重对待自己的失误，以形成

---

① 中共中央党史研究室. 中国共产党历史：第1卷［M］. 北京：中共党史出版社，2002：17.
② 1894年甲午战争前，中国产业工人约有10万人。甲午战争到第一次世界大战前的1918年，中国产业工人发展到约100万人。到1919年五四运动前夕产业工人已达200万左右。它同先进的经济形式相联系，是中国先进生产力的代表，是中国共产党登上历史舞台的现实基础。
③ 邓小平. 建设有中国特色的社会主义［M］//邓小平文选：第3卷. 北京：人民出版社，1993：62.
④ 邓小平. 建设有中国特色的社会主义［M］//邓小平文选：第3卷. 北京：人民出版社，1993：64.
⑤ 马克思，恩格斯. 共产党宣言［M］//马克思恩格斯选集：第1卷. 北京：人民出版社，2012：413.

并坚持正确的理论和路线。"① "改革开放之后，我们党对我国社会主义现代化建设作出战略安排，提出'三步走'战略目标。解决人民温饱问题、人民生活总体上达到小康水平这两个目标已提前实现。在这个基础上，我们党提出，到建党一百年时建成经济更加发展、民主更加健全、科教更加进步、文化更加繁荣、社会更加和谐、人民生活更加殷实的小康社会，然后再奋斗三十年，到新中国成立一百年时，基本实现现代化，把我国建成社会主义现代化国家。"②

波澜壮阔的社会主义运动史印证了一件事：中国特色社会主义是辩证唯物主义、历史唯物主义理论逻辑与中国社会发展历史逻辑的统一。中国特色社会主义道路，是实现民族进步与社会繁荣、创造美好生活的必由之路；中国特色社会主义制度，是当代中国发展进步的根本保障；中国特色社会主义理论体系，是引领人民实现中华民族伟大复兴的科学理论。今天全党不忘初心、牢记使命，坚定不移为中国人民谋幸福、为中华民族谋复兴，正在全面贯彻落实新发展理念、构建新发展格局，全面开启现代化国家建设的新征程，这种初心、使命、责任、担当，成为新时代建设美好新生活的使命领导力的强大精神力量之所在。

二、新中国："建设一个中华民族的新社会和新国家"

中国向何处去？这是中华民族历史目标选择的重大问题，也是如何实现中华民族伟大复兴、如何赢得中华民族福祉的历史性问题。

早在1935年12月27日，毛泽东在陕北瓦窑堡党的活动分子会议上做《论反对日本帝国主义的策略》的报告，就提出建设"人民共和国"的问题，这个"人民共和国的政府以工农为主体，同时容纳其他反帝国主义反封建势力的阶级"③。当时为什么要把"工农共和国"改变为"人民共和国"呢？毛泽东解释说，因为"我们的政府不但是代表工农的，而且是代表民族的"④。关于这个"人民共和国"的性质，毛泽东指出：

---

① 江泽民. 高举邓小平理论伟大旗帜，把建设有中国特色社会主义事业全面推向二十一世纪[M]//江泽民文选：第2卷. 北京：人民出版社，2006：42.
② 习近平. 决胜全面建成小康社会，夺取新时代中国特色社会主义伟大胜利[M]//习近平谈治国理政：第3卷. 北京：外文出版社，2020：21.
③ 毛泽东. 论反对日本帝国主义的策略[M]//毛泽东选集：第1卷. 北京：人民出版社，1991：159.
④ 毛泽东. 论反对日本帝国主义的策略[M]//毛泽东选集：第1卷. 北京：人民出版社，1991：158.

第4章 "新中国""新时期""新时代":中国政治发展的结构和阶段

这和蒋介石的"中华民国国民政府",仅仅代表最大的富翁,并不代表老百姓,并不把老百姓放在所谓"国民"之列,是一样的。中国百分之八十至九十的人口是工人和农民,所以人民共和国应当首先代表工人和农民的利益。但是人民共和国去掉帝国主义的压迫,使中国自由独立,去掉地主的压迫,使中国离开半封建制度,这些事情就不但使工农得了利益,也使其他人民得了利益。总括工农及其他人民的全部利益,就构成了中华民族的利益。①

由此毛泽东强调:"我们有权利称我们自己是代表全民族的。"② 1940年1月,毛泽东在著名的《新民主主义论》一文中进一步提出,"我们要建立一个新中国"③,给中国革命和发展标定了历史方向,为中华民族谋复兴标定了现实目标。

关于"中国向何处去"的问题,毛泽东提出要以实事求是的态度来进行研究。"我们民族的灾难深重极了,唯有科学的态度和负责的精神,能够引导我们民族到解放之路。真理只有一个,而究竟谁发现了真理,不依靠主观的夸张,而依靠客观的实践。只有千百万人民的革命实践,才是检验真理的尺度。"④ 正是基于这种科学态度和负责精神,毛泽东认为:

> 在一定历史时期中所采取的国家形式,只能是第三种形式,这就是所谓新民主主义共和国。⑤

毛泽东明确提出"我们要建立一个新中国",并论述说"我们共产党人,多年以来,不但为中国的政治革命和经济革命而奋斗,而且为中国的文化革命而奋斗;一切这些的目的,在于建设一个中华民族的新社会和新国家"。⑥ 这个"中华民族的新社会和新国家",具有什么样的形貌特点?毛泽东描述:

> 这种新民主主义共和国,一方面和旧形式的、欧美式的、资产阶级专

---

① 毛泽东. 论反对日本帝国主义的策略[M]//毛泽东选集:第1卷. 北京:人民出版社,1991:158-159.
② 毛泽东. 论反对日本帝国主义的策略[M]//毛泽东选集:第1卷. 北京:人民出版社,1991:159.
③ 毛泽东. 新民主主义论[M]//毛泽东选集:第2卷. 北京:人民出版社,1991:663.
④ 毛泽东. 新民主主义论[M]//毛泽东选集:第2卷. 北京:人民出版社,1991:663.
⑤ 毛泽东. 新民主主义论[M]//毛泽东选集:第2卷. 北京:人民出版社,1991:675.
⑥ 毛泽东. 新民主主义论[M]//毛泽东选集:第2卷. 北京:人民出版社,1991:663.

政的、资本主义的共和国相区别,那是旧民主主义的共和国,那种共和国已经过时了;另一方面,也和苏联式的、无产阶级专政的、社会主义的共和国相区别。①

毛泽东认为苏联式的、无产阶级专政的、社会主义的"那种共和国,在一定的历史时期中,还不适用于殖民地半殖民地国家的革命"②。这就涉及如何构建国体和政体的问题。毛泽东认为,国体问题,从清末起,闹了几十年还没有闹清楚,国体"只是指的一个问题,就是社会各阶级在国家中的地位"③。政体"是指的政权构成的形式问题,指的一定的社会阶级取何种形式去组织那反对敌人保护自己的政权机关"④。毛泽东强调:

> 中国现在可以采取全国人民代表大会、省人民代表大会、县人民代表大会、区人民代表大会直到乡人民代表大会的系统,并由各级代表大会选举政府。但必须实行无男女、信仰、财产、教育等差别的真正普遍平等的选举制,才能适合于各革命阶级在国家中的地位,适合于表现民意和指挥革命斗争,适合于新民主主义的精神。⑤

1945年4月,毛泽东在中共七大所做的政治报告《论联合政府》中也指出:"新民主主义的政权组织,应该采取民主集中制,由各级人民代表大会决定大政方针,选举政府。它是民主的,又是集中的,就是说,在民主基础上的集中,在集中指导下的民主。只有这个制度,才既能表现广泛的民主,使各级人民代表大会有高度的权力;又能集中处理国事,使各级政府能集中地处理被各级人民代表大会所委托的一切事务,并保障人民的一切必要的民主活动。"⑥

毛泽东这一政治设计和政治蓝图,立足于中国国情而充满中国特色。只有这样的国体和政体才切合中国国情,才能为中国人民谋幸福。⑦"在这个新社会和新国家中,不但有新政治、新经济,而且有新文化。这就是说,我们不但要把一个政治上受压迫、经济上受剥削的中国,变为一个政治上自由和经济上繁

---

① 毛泽东. 新民主主义论 [M] //毛泽东选集:第2卷. 北京:人民出版社,1991:675.
② 毛泽东. 新民主主义论 [M] //毛泽东选集:第2卷. 北京:人民出版社,1991:675.
③ 毛泽东. 新民主主义论 [M] //毛泽东选集:第2卷. 北京:人民出版社,1991:676.
④ 毛泽东. 新民主主义论 [M] //毛泽东选集:第2卷. 北京:人民出版社,1991:677.
⑤ 毛泽东. 新民主主义论 [M] //毛泽东选集:第2卷. 北京:人民出版社,1991:677.
⑥ 毛泽东. 论联合政府 [M] //毛泽东选集:第3卷. 北京:人民出版社,1991:1057.
⑦ 秦德君. 政治设计研究 [M]. 上海:上海社会科学院出版社,2000:337.

第4章 "新中国""新时期""新时代"：中国政治发展的结构和阶段

荣的中国，而且要把一个被旧文化统治因而愚昧落后的中国，变为一个被新文化统治因而文明先进的中国。一句话，我们要建立一个新中国。"① 在这样一个翻天覆地的伟大建设目标中，包含了诸多结构性的社会变革内容。

其一，提出"新政治、新经济、新文化"三位一体建设。这是一个新型社会结构性的建设。毛泽东指出："所谓中华民族的新政治，就是新民主主义的政治；所谓中华民族的新经济，就是新民主主义的经济；所谓中华民族的新文化，就是新民主主义的文化。"② 今天我们提出"五位一体"总体布局（经济建设、政治建设、文化建设、社会建设、生态文明建设），五位连动，事实上在毛泽东的《新民主主义论》③ 中已有滥觞。也可以看到今天"五位一体"这一总体布局，是对新民主主义"新政治、新经济、新文化"建设的一种历史性延续。

其二，提出了"政治上自由"和"经济上繁荣"这一双位性的历史目标。它在中国特色社会主义实践中也得到延承和不断发展。1985年4月15日，邓小平会见坦桑尼亚联合共和国副总统姆维尼，在谈到什么是社会主义和如何建设社会主义问题时，邓小平指出："就国内政策而言，最重大的有两条，一条是政治上发展民主，一条是经济上进行改革，同时相应地进行社会其他领域的改革。"④ 强调一是"政治上发展民主"，二是"经济上实行改革"。1980年8月18日至23日，中共中央政治局扩大会议在北京召开，邓小平在会上做题为《党和国家领导制度的改革》的讲话，邓小平详尽分析了政治上发展民主、经济上进行改革的紧迫性。这两个方面，与毛泽东《新民主主义论》中提出的"政治上自由"和"经济上繁荣"两个方面一脉相承，反映了中国共产党人在国家建设上的基本思路和基本理念。

其三，提出把旧文化统治下的"愚昧落后的中国"，变为新文化统治的"文明先进的中国"。这是我党最早系统地提出在政治、经济变革的同时，进行文化变革和文化建设的主张。毛泽东在《新民主主义论》中深刻指出政治、经济、文化三者联动变革的内在关系和一体性："问题是很清楚的，我们要革除的那种

---

① 毛泽东. 新民主主义论［M］//毛泽东选集：第2卷. 北京：人民出版社，1991：663.
② 毛泽东. 新民主主义论［M］//毛泽东选集：第2卷. 北京：人民出版社，1991：665.
③ 这是毛泽东1940年1月9日在陕甘宁边区文化协会第一次代表大会上的讲演，原题为《新民主主义的政治与新民主主义的文化》，载于1940年2月15日在延安出版的《中国文化》创刊号。当年2月20日在延安出版的《解放》第九十八、九十九期合刊登载时题目改为《新民主主义论》。
④ 邓小平. 政治上发展民主，经济上实行改革［M］//邓小平文选：第3卷. 北京：人民出版社，1993：116.

中华民族旧文化中的反动成分，它是不能离开中华民族的旧政治和旧经济的；而我们要建立的这种中华民族的新文化，它也不能离开中华民族的新政治和新经济。中华民族的旧政治和旧经济，乃是中华民族的旧文化的根据；而中华民族的新政治和新经济，乃是中华民族的新文化的根据。"① 毛泽东提出的这一文化建设主张，是我们后来推进经济、政治、文化、社会"四位一体"② 战略布局的历史先导。

上述三大方面，构成了"我们要建立一个新中国"的基本方案，是为中国人民谋幸福、为中华民族谋复兴的宏伟蓝图。至于它的实现过程，毛泽东强调两大步骤的循序渐进："必须分为两个步骤。第一步，改变这个殖民地、半殖民地、半封建的社会形态，使之变成一个独立的民主主义的社会。第二步，使革命向前发展，建立一个社会主义的社会。中国现时的革命，是在走第一步。"③

马克思在《法兰西内战》中说："全新的历史创举都要遭到被误解的命运，即只要这种创举与旧的、甚至已经死亡的社会生活形式可能有某些相似之处，它就会被误认为是那些社会生活形式的翻版。"④ 毛泽东在《新民主主义论》《论联合政府》等著作中回答了"中国向何处去"的大问题，完整提出了新民主主义的政治建设、经济建设、文化建设纲领，提出了旨在为中国人民谋幸福、为中华民族谋复兴、建立新民主主义共和国的政治设计和建国方案，这被后来的历史证明，它是一个伟大的政治创举。

三、新时期："走自己的路，建设有中国特色的社会主义"

"以党的十一届三中全会为标志，我国进入了社会主义事业发展的新时期。在长期社会主义建设的基础上，我们总结国内国际的历史经验，经过艰辛探索，实行了改革开放的新政策，确立了党在社会主义初级阶段的基本理论、基本路

---

① 毛泽东. 新民主主义论 [M] //毛泽东选集：第2卷. 北京：人民出版社，1991：664.
② 2005年胡锦涛在省部级主要领导干部专题研讨班的讲话中，首次明确提出按社会主义经济建设、政治建设、文化建设与社会建设"四位一体"布局的要求。推进我国社会主义现代化建设就要坚持以经济建设为中心，全面推进政治建设、文化建设、社会建设，促进生产力与生产关系、经济基础与上层建筑相互协调，促进社会主义物质文明、政治文明、精神文明建设与和谐社会建设共同发展。这一战略思想的形成，是中国共产党关于社会主义建设布局长期探索的结果。
③ 毛泽东. 新民主主义论 [M] //毛泽东选集：第2卷. 北京：人民出版社，1991：666.
④ 马克思. 法兰西内战 [M] //马克思恩格斯选集：第3卷. 北京：人民出版社，2012：100.

第4章 "新中国""新时期""新时代":中国政治发展的结构和阶段

线、基本纲领。"① "新时期最鲜明的特点是改革开放。"②

在完成拨乱反正和启动改革开放历史进程的基础上,1982年9月1日至11日召开了党的第十二次全国代表大会。邓小平在开幕词中提出:

> 我们的现代化建设,必须从中国的实际出发。无论是革命还是建设,都要注意学习和借鉴外国经验。但是,照抄照搬别国经验、别国模式,从来不能得到成功。这方面我们有过不少教训。把马克思主义的普遍真理同我国的具体实际结合起来,走自己的道路,建设有中国特色的社会主义,这就是我们总结长期历史经验得出的基本结论。③

这里,明确提出了"走自己的路,建设有中国特色的社会主义",从此,"建设有中国特色的社会主义"成为凝聚全国各族人民力量,进行改革开放和现代化建设,实现中华民族伟大复兴的旗帜。

"建设有中国特色的社会主义"是划时代的。它是在"和平与发展"的时代主题下,在总结社会主义的历史经验并借鉴其他国家社会主义兴衰成败历史经验基础上得出的历史结论。而"解放思想、实事求是,是建设有中国特色的社会主义理论的精髓"④。"走自己的道路,建设有中国特色的社会主义"包含的理论内容主要是:

在社会主义的发展道路问题上,强调走自己的路,不把书本当教条,不照搬外国模式,以马克思主义为指导,以实践作为检验真理的唯一标准,解放思想,实事求是,尊重群众的首创精神,建设有中国特色的社会主义。

在社会主义的根本任务问题上,指出社会主义的本质是解放生产力,发展生产力,消灭剥削,消除两极分化,最终达到共同富裕。强调当时我国社会的主要矛盾是人民日益增长的物质文化需要同落后的社会生产之间的矛盾,必须把发展生产力摆在首要位置,以经济建设为中心,推动社会全面进步。判断各方面工作的是非得失,归根到底,要以是否有利于发展社会主义社会的生产力,

---

① 江泽民. 在庆祝中国共产党成立八十周年大会上的讲话[M]//江泽民文选:第3卷. 北京:人民出版社,2006:267.
② 胡锦涛. 高举中国特色社会主义伟大旗帜,为夺取全面建设小康社会新胜利而奋斗[M]//胡锦涛文选:第2卷. 北京:人民出版社,2016:618.
③ 邓小平. 中国共产党第十二次全国代表大会开幕词[M]//邓小平文选:第3卷. 北京:人民出版社,1993:2-3.
④ 江泽民. 加快改革开放和现代化建设步伐,夺取中国特色社会主义事业的伟大胜利[M]//江泽民文选:第1卷. 北京:人民出版社,2006:246.

是否有利于增强社会主义国家的综合国力，是否有利于提高人民的生活水平为标准。①

在社会主义的发展阶段问题上，做出了我国处在社会主义初级阶段的科学论断，这是一个至少上百年的很长历史阶段。制定一切方针政策都必须以这个基本国情为依据，不能脱离实际，超越历史阶段。在社会主义建设的战略步骤问题上，提出基本实现现代化分三步走。在现代化建设的过程中要抓住时机，争取出现若干个发展速度比较快、效益又比较好的阶段，每隔几年上一个台阶。贫穷不是社会主义，同步富裕又是不可能的，必须允许和鼓励一部分地区一部分人先富起来，以带动越来越多的地区和人们逐步达到共同富裕。

在祖国统一的问题上，提出"一个国家，两种制度"的创造性构想。在一个中国的前提下，国家的主体坚持社会主义制度，香港、澳门、台湾保持原有的资本主义制度长期不变，按照这个原则来推进祖国和平统一大业的完成。②

"走自己的道路，建设有中国特色的社会主义"有两个基点：

第一，它是社会主义，是遵循马克思主义基本理论的社会主义，也是与时俱进、不断熔铸新的时代精神的社会主义。邓小平指出："我们搞改革开放，把工作重心放在经济建设上，没有丢马克思，没有丢列宁，也没有丢毛泽东。"③

第二，它是中国特色的社会主义，具有鲜明的中国特色。这种"特色"包含了中国国情、发展阶段、发展道路、政治方式等历史内容，包含了"要把什么叫社会主义搞清楚，把怎么样建设和发展社会主义搞清楚"的求真务实精神和马克思主义实事求是的科学态度。

"老祖宗"没有丢，最重要的是遵循马克思主义基本原理，坚持辩证唯物主义和历史唯物主义的立场、观点、方法；"搞清楚"最重要的是要澄清被搞乱的理论是非，结合社会主义建设新的实践经验和新的时代要求探索新路，开拓创新，这样才能真正为中国人民谋幸福、为中华民族谋复兴。"总的来说，这条道

---

① 在社会主义发展动力问题上，强调改革是一场革命，是中国现代化的必由之路，僵化停滞是没有出路的。经济体制改革的目标，是在坚持以公有制和按劳分配为主体、其他经济成分和分配方式为补充的基础上，建立和完善社会主义市场经济体制。在社会主义建设的外部条件问题上，指出和平与发展是当代世界两大主题，必须坚持独立自主的和平外交政策，为我国现代化建设争取有利的国际环境。应当吸收和利用世界各国包括资本主义发达国家所创造的一切先进文明成果来发展社会主义，封闭只能导致落后。
② 江泽民. 加快改革开放和现代化建设步伐，夺取有中国特色社会主义事业的伟大胜利[M]//江泽民文选：第1卷. 北京：人民出版社，2006：221.
③ 邓小平. 总结经验，使用人才[M]//邓小平文选：第3卷. 北京：人民出版社，1993：369.

路叫作建设有中国特色的社会主义的道路。"①

自18世纪工业革命以来，发展中国家与发达国家之间"势能差距"拉大。面对以国家为单位的全球性竞争，多数国家采取了经济和科技的"追赶"战略，以在国民生产总值和国民收入高增长率上赶超世界先进水平，人们称之为"高投资增长"或"增长"战略。20世纪50年代至60年代一些发展中国家实施"追赶"战略后，经济发展有所加快，工业规模得以扩展，但并未实现"赶超"目标。相反人均国民生产总值与发达国家差距进一步拉大，民众贫困状态并未真正改变，有些还进一步加剧两极分化。② 这种"势能差距"拉大，不仅仅表现为发展中国家与发达国家之间在科技水平、发展基础和发展能力上落差过大，更表现为发达国家凭借强势的综合国力推行霸权，主导国际政治经济秩序，控制他国经济、政治，压缩发展中国家的发展空间，让后发国家陷于劣势陷阱而难以实现突破。

邓小平正是在这一新的历史条件下放眼全球、审时度势，"吹响走自己的路、建设中国特色社会主义的时代号角"③，指引全党全国各族人民在改革开放谋复兴的征程上迈出新步伐。历史经验、世界大势、客观现实，是邓小平提出"走自己的道路，建设有中国特色的社会主义"的理论基础。1983年1月12日，邓小平在同国家计委、国家经委和农业部门负责同志的谈话中进一步提出："各项工作都要有助于建设有中国特色的社会主义，都要以是否有助于人民的富裕幸福，是否有助于国家的兴旺发达，作为衡量做得对或不对的标准。"④ 这一中国特色的理论、道路、制度，把继承、坚持同发展、创新辩证地统一起来，使科学社会主义和马克思主义在当代中国步入新境界，迈到新高度。

四、新时代："共圆中华民族伟大复兴的中国梦"

2012年，党的十八大前后，中国特色社会主义进入了新时代。我国社会主要矛盾转化为人民日益增长的美好生活需要与不平衡不充分发展之间的矛盾，

---

① 邓小平. 建设有中国特色的社会主义[M]//邓小平文选：第3卷. 北京：人民出版社，1993：65.
② 林德宏，陈文林. 现代科学技术革命与马克思主义[M]. 南京：南京大学出版社，1994：389-390.
③ 胡锦涛. 高举中国特色社会主义伟大旗帜，为夺取全面建设小康社会新胜利而奋斗[M]//胡锦涛文选：第2卷. 北京：人民出版社，2016：618.
④ 邓小平. 各项工作都要有助于建设有中国特色的社会主义[M]//邓小平文选：第3卷. 北京：人民出版社，1993：23.

这是经济社会发展到一定历史阶段发生的历史性飞跃。"我们比历史上任何时期都更接近、更有信心和能力实现中华民族伟大复兴的目标。"[1] 2014年2月18日，习近平在会见中国国民党荣誉主席连战一行时提出，中华民族携手同心，"共圆中华民族伟大复兴的中国梦"[2]。

清代文学家、史学家赵翼在诗中说："预支五百年新意，到了千年又觉陈。"人类社会的进步发展，就是在不断的实践探索中前行的。统揽"四个伟大"并开启中国现代化国家建设新征程，就成为新时代政治发展的一条主线。

一是通过进行伟大斗争，践行初心和使命。新时代面临复杂多变的国际形势与国内环境，面临各种可以预见和难以预见的困难与风险。"我们党要团结带领人民有效应对重大挑战、抵御重大风险、克服重大阻力、解决重大矛盾，必须进行具有许多新的历史特点的伟大斗争，任何贪图享受、消极懈怠、回避矛盾的思想和行为都是错误的。"[3] 新形势下世情国情不断变化，可谓"一日千里"，要涉过深水区、啃下硬骨头，就要坚持伟大斗争，全覆盖、无禁区、零容忍地"打虎""拍蝇""猎狐"，标本兼治地推进反腐败斗争。正是通过不断直面问题，刮骨疗毒，清除一切侵蚀党的健康肌体的病毒，强化党员干部的宗旨意识和群众观念，增强政治领导力、思想引领力、社会号召力，才战胜了一系列政治、经济、文化、社会领域的各种困难和挑战。不管风吹浪打，无论逆境险境，都坚守初心和使命，不断提升为中国人民谋幸福、为中华民族谋复兴的责任感和自觉性。

二是通过建设伟大工程，践行初心和使命。1939年10月，毛泽东在《〈共产党人〉发刊词》中，第一次把党的建设称为"伟大的工程"，党的建设成为一种理论上的自觉。曾经的先进不等于永远的先进，曾经走在时代前列不等于永远走在时代前列，由此勇于自我革命、坚持真理、修正错误成为党的建设永恒的主题。党的十八大以来，我们把"党要管党""从严治党"推进到"全面从严治党"，并纳入"四个全面"战略布局，把党的建设新的伟大工程作为统揽"四个伟大"的关键。"从严治党"是"党要管党"的升级版，"全面从严治党"

---

[1] 习近平. 决胜全面建成小康社会，夺取新时代中国特色社会主义伟大胜利 [M] //习近平谈治国理政：第3卷. 北京：外文出版社，2020：12.
[2] 习近平. 共圆中华民族伟大复兴的中国梦 [M] //习近平谈治国理政：第1卷. 北京：外文出版社，2018：240.
[3] 习近平. 决胜全面建成小康社会，夺取新时代中国特色社会主义伟大胜利 [M] //习近平谈治国理政：第3卷. 北京：外文出版社，2020：12.

又是"从严治党"的拓展版。新时代正是通过全面从严治党，确保党始终是时代先锋、民族脊梁，来践行党的初心和使命。从"党要管党"到"从严治党"再到"全面从严治党"，构成了党的建设新的伟大工程的流程，涵盖了更为丰富的思想、理论、制度内容，把党的建设新的伟大工程推进到新阶段。要实现"两个一百年"奋斗目标，就必须不断建设伟大工程。

三是通过推进伟大事业，践行初心和使命。这个伟大事业，就是中国特色社会主义，它是改革开放新时期以来党全部的理论和实践主题。"中国特色社会主义事业要从第一个百年奋斗目标迈向第二个百年奋斗目标，全面建成小康社会、加快推进社会主义现代化、实现中华民族伟大复兴既面临更为光明的前景，也需要我们付出更为艰巨的努力。"①"十四五"时期是我国加快推进高质量发展，进一步贯彻新发展理念、构建新发展格局，全面开启现代化国家新征程的重要阶段。《中华人民共和国国民经济和社会发展十四个五年规划和2035年远景目标纲要》全面规划了以创新驱动发展、依托国内经济循环体系形成对全球要素资源的强大引力场，以国际循环提升国内大循环效率和水平，实现国内国际双循环互促共进的新发展蓝图。推进中国特色社会主义事业，必须坚定不移推进改革，破除制约发展的制度障碍；必须坚定不移扩大开放，拓展制度型开放，依托国内经济循环体系形成对全球要素资源的强大引力场。②

四是通过实现伟大梦想，践行初心和使命。实现中华民族伟大复兴，凝聚了中国人的夙愿。尽管我们实现了从"站起来、富起来到强起来"的伟大飞跃，但中国仍然是发展中国家，我们仍处于社会主义初级阶段，发展的不平衡不充分还制约着人们生活质量的提升和人的全面发展。马克思在《1844年经济学哲学手稿》中谈到："个人是社会存在物。因此，他的生命表现，即使它采取共同的、同其他人一起完成的生命表现这种直接形式也是社会生活的表现和确证。"③海德格尔认为，世界成为图像和人成为主体这两大进程，决定了"现代"之本质，"个体就是世界的存在。只有人类具有意识到其存在的能力。人类通过世界的存在而存在，世界是由于人类的存在而存在"④。实现伟大梦想，就

---

① 习近平. 全面把握中国特色社会主义进入新时代的新要求 [M] // 习近平谈治国理政：第3卷. 北京：外文出版社，2020：61.
② 中华人民共和国国民经济和社会发展第十四个五年规划和2035年远景目标纲要 [N]. 人民日报，2021-03-13（01）.
③ 马克思. 1844年经济学哲学手稿 [M] // 马克思恩格斯全集：第42卷. 北京：人民出版社，1979：122-123.
④ 丹明子. 海德格尔谈诗意地栖居 [M]. 北京：中国工人出版社，2011：3.

要抓住人民群众最关心最直接最现实的利益问题，建设美好生活。在更高水平上实现幼有所育、学有所教、劳有所得、病有所医、老有所养、住有所居、弱有所扶，为人的生存发展和全面发展，提供更好的境遇和更为合理的制度环境，让人民群众有更多获得感、幸福感。

五、结语："使命引领未来"

"我们的目标很宏伟，但也很朴素，归根结底就是让全体中国人都过上更好的日子。我们有充分的信心实现我们的目标。"① 从新中国，到新时期，再到新时代，为中国人民谋幸福、为中华民族谋复兴，是中国共产党百年探索奋斗的一条主线，也是中国共产党取得各个历史时期辉煌成就的灵魂。

在政治发展中，"所有的行动体系，归根结底都是由单位行动'组成'的"②。从2020年全面建成小康社会，到2035年基本实现社会主义现代化，再到21世纪中叶全面建成富强民主文明和谐美丽的社会主义现代化强国，注定是一场新的接力和长跑。"使命呼唤担当，使命引领未来。"③ 中国共产党的使命领导力一是彰显了民族立场，二是体现了世界担当。

在民族立场上，中国共产党是民族利益的捍卫者，是民族复兴的引领者；在世界担当上，中国共产党立足和平与发展，坚持多边主义和共商共建共享原则，积极落实联合国2030年可持续发展议程，维护以联合国为核心的国际体系和以国际法为基础的国际秩序，倡导构建人类命运共同体和推进"一带一路"建设，积极贡献中国智慧和中国方案，做坚定的世界和平的建设者、世界进步和国际新秩序的推动者。

中国特色社会主义再造辉煌，就要更好地坚持中国道路、弘扬中国精神、凝聚中国力量。"中国道路"就是中国特色社会主义道路。它是在改革开放40多年、中华人民共和国成立70多年、中国共产党成立100多年、近代以来中华民族探索中走出来的，也是在5000多年悠久文明的传承中发展起来的。"中国道路"是中国历史上划时代的探索成果。

---

① 习近平. 我们的目标就是让全体中国人都过上更好的日子 [M]//习近平谈治国理政：第3卷. 北京：外文出版社，2020：134.
② [美] 塔尔科特·帕森斯. 社会行动的结构 [M]. 张明德，夏翼南，彭刚，译. 南京：译林出版社，2003：834.
③ 习近平. 决胜全面建成小康社会，夺取新时代中国特色社会主义伟大胜利 [M]//习近平谈治国理政：第3卷. 北京：外文出版社，2020：14.

第 4 章　"新中国""新时期""新时代"：中国政治发展的结构和阶段

　　"中国精神"是以中华文明文化为基础的民族气质、民族精神和以改革、开放、创新为特征的时代精神的统一。它融汇了中华民族 5000 多年、中华人民共和国成立 70 多年、改革开放 40 多年积累的文明心、进取心，是对中华民族泱泱文明的薪火相传。

　　"中国力量"是各民族凝成一股绳，心往一处想、劲往一处使，历经艰难险阻不断创造奇迹所透出来的深沉"历史之力"。凝聚中国力量，就要凝聚起整个中华民族"全力量"，构筑基于共同精神纽带的发展"全动力"。

　　马克思在《资本论》中把"自由人联合体"作为历史运动的最高目标："让我们换一个方面，设想有一个自由人联合体，他们用公共的生产资料进行劳动，并且自觉地把他们许多个人劳动力当作一个社会劳动力来使用。"[①] 56 个民族融汇于"自由人联合体"和中华民族的命运共同体，才能共同谱写出人民美好生活和中华民族伟大复兴的历史新篇章。

[①] 马克思. 资本论：第 1 卷 [M] //马克思恩格斯选集：第 2 卷. 北京：人民出版社，2012：126.

第 5 章

新时代治国理政框架与治理进程

  新时代政治发展的重大方面，是治国理政总体框架的完善和调整。

  治国理政总体框架是：(1)"八个明确"和"十四个坚持"；(2)"五位一体"总体布局和"四个全面"战略布局；(3)"一带一路"倡议和"构建人类命运共同体"建设；(4)"城市治理"和"乡村振兴"；(5)贯彻"新发展理念"和构建"新发展格局"。

  治国理政进程主线是：在全面建成小康社会后，以"十四五"为起点、以2035为远景目标，开启全面建设现代化国家新征程；分两个十五年（第一阶段2021年—2035年，第二阶段2036年—2050年）全面实现社会主义现代化。

进入新时代以来，在全面深化改革和夺取全面建成小康社会、开启全面建设现代化国家新征程中，无论是"八个明确"，还是"十四个坚持"；无论是"五位一体"总体布局，还是"四个全面"战略布局；无论是确立"新发展理念"，还是构建"新发展格局"；无论是推进"一带一路"建设，还是倡导"人类命运共同体"；无论是治国理政总体框架方面的实践，还是治国理政重大治理事项的实践，都是对当下中国特色社会主义新实践的探索和回应。"我们正在从事的中国特色社会主义事业是伟大而波澜壮阔的，是前人没有做过的。因此，我们的学习应该是全面的、系统的、富有探索精神的，……既要向书本学习，也要向实践学习；既要向人民群众学习，向专家学者学习，也要向国外有益经验学习。学习有理论知识的学习，也有实践知识的学习。"[1]

任何一种真正的理论，都会在社会生活的实践中显现它的思想的力量。马

---

[1] 习近平. 依靠学习走向未来 [M] // 习近平谈治国理政：第1卷. 北京：外文出版社，2018：404.

克思在著名的《关于费尔巴哈的提纲》中，深刻阐述了理论的实践观。马克思指出："人的思维是否具有客观的真理性，这不是一个理论的问题，而是一个实践的问题。"① 马克思进一步指出："全部社会生活在本质上是实践的。凡是把理论引向神秘主义的神秘东西，都能在人的实践中以及对这种实践的理解中得到合理的解决。"② 关于理论与实践的关系，马克思强调："哲学家们只是用不同的方式解释世界，问题在于改变世界。"③ 理论总是在不断"解释"世界，而问题在于如何"改变"世界，"改变世界"是一种理论特别是科学理论的使命。

在马克思看来，"只是用不同的方式解释世界"是没有意义的，只有能改变世界的理论才是真正的理论。新时代以来的实践进程可以分为两个结构分析层面，第一层面，表现为治国理政的总体框架方面；第二层面，表现为重大事项治理成效、成就方面。

一、"八个明确"和"十四个坚持"

"八个明确"和"十四个坚持"是习近平新时代中国特色社会主义思想的核心内容，是中国特色社会主义长期实践获得的宝贵经验，反映了对中国特色社会主义规律性认识的深化、升华。"八个明确"与"十四个坚持"有机融合、有机统一，凝结着规律性的认识，是实践论、认识论和方法论的相统一。二十大指出：十九大、十九届六中全会提出的"十个明确"、"十四个坚持"、"十三个方面成就"概括了这一思想的主要内容，必须长期坚持并不断丰富发展。④

（一）"八个明确"与实践行程

"八个明确"是新时代中国特色社会主义思想的四梁八柱。"八个明确"围绕坚持和发展中国特色社会主义这一鲜明主题，形成了一系列新理念新战略，构成一个系统完整、逻辑严密的理论体系。"八个明确"体现了中国特色社会主

---

① 马克思. 关于费尔巴哈的提纲 [M] //马克思恩格斯选集：第1卷. 北京：人民出版社，2012：134.
② 马克思. 关于费尔巴哈的提纲 [M] //马克思恩格斯选集：第1卷. 北京：人民出版社，2012：135-136.
③ 马克思. 关于费尔巴哈的提纲 [M] //马克思恩格斯选集：第1卷. 北京：人民出版社，2012：136.
④ 习近平. 高举中国特色社会主义伟大旗帜，为全面建设社会主义现代化国家而团结奋斗：在中国共产党第二十次全国代表大会上的报告 [M]. 北京：人民出版社，2022：17.

义实践的本质内容。

1. 明确坚持和发展中国特色社会主义，总任务是实现社会主义现代化和中华民族伟大复兴，在全面建成小康社会的基础上，分两步走在21世纪中叶建成富强民主文明和谐美丽的社会主义现代化强国。[①] 这一"明确"，论述了新时代坚持和发展中国特色社会主义的总任务及其实现途径。

2. 明确新时代我国社会主要矛盾是人民日益增长的美好生活需要和不平衡不充分的发展之间的矛盾，必须坚持以人民为中心的发展思想，不断促进人的全面发展、全体人民共同富裕。[②] 这一"明确"，界定了新时代我国社会主要矛盾的转化及其解决途径。

3. 明确中国特色社会主义事业总体布局是"五位一体"、战略布局是"四个全面"，强调坚定道路自信、理论自信、制度自信、文化自信。[③] 这一"明确"，确定中国特色社会主义事业总体布局是"五位一体"、战略布局是"四个全面"，强调坚定道路自信、理论自信、制度自信、文化自信。

4. 明确全面深化改革总目标是完善和发展中国特色社会主义制度、推进国家治理体系和治理能力现代化。[④] 这一"明确"，确定全面深化改革的总目标。

5. 明确全面推进依法治国总目标是建设中国特色社会主义法治体系、建设社会主义法治国家。[⑤] 这一"明确"，确定全面推进依法治国的总目标。

6. 明确党在新时代的强军目标是建设一支听党指挥、能打胜仗、作风优良的人民军队，把人民军队建设成为世界一流军队。[⑥] 这一"明确"，确定党在新时代围绕三个核心性质的强军目标。

7. 明确中国特色大国外交要推动构建新型国际关系，推动构建人类命运共

---

① 习近平. 决胜全面建成小康社会，夺取新时代中国特色社会主义伟大胜利［M］//习近平谈治国理政：第3卷. 北京：外文出版社，2020：15.
② 习近平. 决胜全面建成小康社会，夺取新时代中国特色社会主义伟大胜利［M］//习近平谈治国理政：第3卷. 北京：外文出版社，2020：15.
③ 习近平. 决胜全面建成小康社会，夺取新时代中国特色社会主义伟大胜利［M］//习近平谈治国理政：第3卷. 北京：外文出版社，2020：15.
④ 习近平. 决胜全面建成小康社会，夺取新时代中国特色社会主义伟大胜利［M］//习近平谈治国理政：第3卷. 北京：外文出版社，2020：15.
⑤ 习近平. 决胜全面建成小康社会，夺取新时代中国特色社会主义伟大胜利［M］//习近平谈治国理政：第3卷. 北京：外文出版社，2020：15.
⑥ 习近平. 决胜全面建成小康社会，夺取新时代中国特色社会主义伟大胜利［M］//习近平谈治国理政：第3卷. 北京：外文出版社，2020：15-16.

同体。① 这一"明确",论述中国特色大国外交的两大目标任务,推动构建新型国际关系、推动构建人类命运共同体是中国外交的着力点,是"友好型"外交。

8. 明确中国特色社会主义最本质的特征是中国共产党领导,中国特色社会主义制度的最大优势是中国共产党领导,党是最高政治领导力量,提出新时代党的建设总要求,突出政治建设在党的建设中的重要地位。② 第八个"明确",强调加强党的全面领导的重要性,提出新时代党的建设总要求,突出政治建设在党的建设中的重要地位。

什么是"明确"?所谓"明确",就是对在实践中已有的探索、理论、原则或做法进行进一步的提炼,使它从理论和实践上更为凸显;对尚未明确或有待明确的做出进一步的确定,使思想、实践和执行的方位更为明白和确定。

(二)"十四个坚持"与实践行程

"十四个坚持"是构成新时代坚持和发展中国特色社会主义的基本方略,③也是"在各项工作中全面准确贯彻落实"④习近平新时代中国特色社会主义思想的总则、总体要求。"十四个坚持"内容是:

①坚持党对一切工作的领导;②坚持以人民为中心;③坚持全面深化改革;④坚持新发展理念;⑤坚持人民当家作主;⑥坚持全面依法治国;⑦坚持社会主义核心价值体系;⑧坚持在发展中保障和改善民生;⑨坚持人与自然和谐共生;⑩坚持总体国家安全观;⑪坚持党对人民军队的绝对领导;⑫坚持"一国两制"和推进祖国统一;⑬坚持推动构建人类命运共同体;⑭坚持全面从严治党。⑤

什么是"坚持"?所谓"坚持",不是"从无到有",而是对已在实践中实行的理论、做法等,进一步推进、执行、贯彻,体现一种长期性、一贯性的定力和韧劲。正如清代郑板桥的《竹石》诗,就形象表达了"坚持":"咬定青山

---

① 习近平. 决胜全面建成小康社会,夺取新时代中国特色社会主义伟大胜利[M]//习近平谈治国理政:第3卷. 北京:外文出版社,2020:16.
② 习近平. 决胜全面建成小康社会,夺取新时代中国特色社会主义伟大胜利[M]//习近平谈治国理政:第3卷. 北京:外文出版社,2020:16.
③ 习近平. 决胜全面建成小康社会,夺取新时代中国特色社会主义伟大胜利[M]//习近平谈治国理政:第3卷. 北京:外文出版社,2020:21.
④ 习近平. 决胜全面建成小康社会,夺取新时代中国特色社会主义伟大胜利[M]//习近平谈治国理政:第3卷. 北京:外文出版社,2020:16.
⑤ 习近平. 决胜全面建成小康社会,夺取新时代中国特色社会主义伟大胜利[M]//习近平谈治国理政:第3卷. 北京:外文出版社,2020:16-20.

不放松,立根原在破岩中。千磨万击还坚劲,任尔东西南北风。"思想是时代的声音。如果说"八个明确"着重从理论上回答要坚持和发展的是什么样的社会主义,回答了"是什么"的问题;那么"十四个坚持"则从实践层面,回答了"怎么办"、如何在已有实践成效基础上取得更好的成效的问题。

"八个明确"和"十四个坚持"是对日新月异的社会实践的回应,分别从进一步明确和进一步坚持的层面,提出了中国特色社会主义的理论框架和新时代坚持和发展中国特色社会主义的基本方略,是中国特色社会主义实践和治国理政的生动产物。"八个明确"和"十四个坚持"涉及治国理政的方方面面,形成了相辅相成的关系。

二、"五位一体"总体布局和"四个全面"战略布局

2012年,党的十八大确立了"五位一体"总体布局,即经济建设、政治建设、文化建设、社会建设、生态文明建设五方面,它们构成了中国特色社会主义建设的总体布局。新时代以来,明确要统筹推进"五位一体"总体布局和协调推进"四个全面"战略布局,这是一个总体性的治国理政战略框架,具有相对稳定性。

(一)"五位一体"总体布局与实践行程

2007年10月,党的十七大提出了"四个建设"构成的基本纲领:"坚持中国特色社会主义经济建设、政治建设、文化建设、社会建设的基本目标和基本政策构成的基本纲领。"[①] 2012年11月,党的十八大进一步提出"五位一体"总体布局概念:"全面落实经济建设、政治建设、文化建设、社会建设、生态文明建设五位一体总体布局,促进现代化建设各方面相协调。"[②]

1. 经济建设。经济发展是党和国家的中心工作。1978年12月召开的党的十一届三中全会重新确立了解放思想、实事求是的思想路线,做出了把党和国家工作重点转移到社会主义现代化建设和实行改革开放上来。这是一个历史性的重大战略决策。党的十三大确立了"一个中心、两个基本点"的基本路线,把经济建设放在全部工作的中心地位。改革开放40多年取得的所有发展成就,

---

① 胡锦涛. 高举中国特色社会主义伟大旗帜,为夺取全面建设小康社会新胜利而奋斗 [M] // 胡锦涛文选:第2卷. 北京:人民出版社,2016:627.
② 胡锦涛. 坚定不移沿着中国特色社会主义道路前进,为全面建成小康社会而奋斗 [M] // 胡锦涛文选:第3卷. 北京:人民出版社,2016:619.

我国经济总量从世界第六位跃升到第二位,与这一重大战略决策、与始终把握这项"中心工作"密切相关。党的十八大强调"以经济建设为中心是兴国之要,发展仍是解决我国所有问题的关键"①。党的十九大在对历史方位做出判断的基础上,提出新的社会主要矛盾论,同时指出,"必须认识到,我国社会主要矛盾的变化是关系全局的历史性变化,对党和国家工作提出了许多新要求"②。在"五位一体"总体布局中,经济建设处于中心地位,任何时候都必须以经济建设为中心,它是其他一切发展的基础和前提。

2. 政治建设。发展社会主义民主政治是我们的奋斗目标。从实践成效看,"五位一体"总体布局中的政治建设,主要重点在于:一是发展社会主义民主与法治,实现人民民主的制度化和法律化;二是确保人民群众依法通过各种途径和形式管理国家事务、管理社会事务,调动人民群众的积极性,形成生动活泼、安定团结的政治局面,使社会有活力;三是巩固党的执政地位,实现党的领导与人民当家作主、依法治国有机统一;四是坚持党的基本路线不动摇,通过政治建设为发展经济提供良好的政治、法律框架和社会环境。

3. 文化建设。文化建设是提升国家软实力的建设,基本任务是用当代最新科学技术成就提高人民群众的知识水平,通过体现时代精神的文学艺术和生动活泼的文化活动丰富人们精神生活,陶冶情操。早期的文化建设开展精神文明创建活动,培养"有理想、有道德、有文化、有纪律"的公民。2006年3月提出"八荣八耻"社会主义荣辱观。2006年10月,十六届六中全会首次提出"建设社会主义核心价值体系"重大命题,并提出社会主义核心价值体系的内容。2007年10月,党的十七大进一步提出"社会主义核心价值体系是社会主义意识形态的本质体现"。2012年11月,党的十八大提出"三个倡导":"倡导富强、民主、文明、和谐,倡导自由、平等、公正、法治,倡导爱国、敬业、诚信、友善,积极培育和践行社会主义核心价值观。"2013年12月,中共中央办公厅印发《关于培育和践行社会主义核心价值观的意见》,提出"富强、民主、文明、和谐是国家层面的价值目标,自由、平等、公正、法治是社会层面的价值取向,爱国、敬业、诚信、友善是公民个人层面的价值准则,这24个字是社会主义核心价值观的基本内容,为培育和践行社会主义核心价值观提供了基本

---

① 胡锦涛. 坚定不移沿着中国特色社会主义道路前进,为全面建成小康社会而奋斗[M]//胡锦涛文选:第3卷. 北京:人民出版社,2016:628.
② 习近平. 决胜全面建成小康社会,夺取新时代中国特色社会主义伟大胜利[M]//习近平谈治国理政:第3卷. 北京:外文出版社,2020:9.

遵循"。2017年10月，党的十九大提出，要培育和践行社会主义核心价值观，把社会主义核心价值观融入社会发展各个方面，转化为人们的情感认同和行为习惯。2018年3月11日，第十三届全国人民代表大会第一次会议通过《中华人民共和国宪法修正案》，将"国家提倡爱祖国、爱人民、爱劳动、爱科学、爱社会主义的公德"修改为"国家倡导社会主义核心价值观，提倡爱祖国、爱人民、爱劳动、爱科学、爱社会主义的公德"。

4. 社会建设。2007年10月，党的十七大首提"推进以改善民生为重点的社会建设"①，由原来的"三个建设"发展为经济建设、政治建设、文化建设、社会建设"四个建设"。社会建设的核心是民生，一是发展社会事业，包括教育事业、医疗卫生、劳动就业、社会保障、科技事业、文化事业、体育事业、社区建设、旅游事业、人口与计划生育等，投入规模大、周期长、回报率低、公益性和非营利性是其主要特征。二是优化社会结构，包括优化人口结构、就业结构、社会阶层结构、城乡结构、区域结构、社会组织结构等。三是完善社会服务功能，提供公共产品，合理配置公共服务资源，通过公共财政制度、收入分配制度、社会保障制度等，保障权利公平、机会公平、规则公平和分配公平。四是促进社会组织发展，扩大对社会的治理。社会组织是"第三只手"，可以弥补"两只手"（即政府与市场）失灵的问题。社会建设的形成和推进是我国国家治理的重要进步。

5. 生态文明建设。党的十八大提出"大力推进生态文明建设"的战略决策，把生态文明建设提到与经济建设、政治建设、文化建设、社会建设并列的位置，形成了中国特色社会主义"五位一体"总体布局，并从"十个方面"提出生态文明建设的重点。这是在面临资源约束趋紧、环境污染严重、生态系统退化的情形下提出的，是实践成效的重要方面。早在2015年5月5日，中共中央、国务院印发《关于加快推进生态文明建设的意见》，2015年10月，"生态文明建设"写入"十三五"规划。2017年10月，党的十九大报告强调："实行最严格的生态环境保护制度，形成绿色发展方式和生活方式。"② 2018年3月11

---

① 十七大报告强调"必须在经济发展的基础上，更加注重社会建设，着力保障和改善民生，推进社会体制改革，扩大公共服务，完善社会管理，促进社会公平正义，努力使全体人民学有所教、劳有所得、病有所医、老有所养、住有所居，推动建设和谐社会"。（胡锦涛. 高举中国特色社会主义伟大旗帜，为夺取全面建设小康社会新胜利而奋斗［M］//胡锦涛文选：第2卷. 北京：人民出版社，2016：642.）

② 习近平. 决胜全面建成小康社会，夺取新时代中国特色社会主义伟大胜利［M］//习近平谈治国理政：第3卷. 北京：外文出版社，2020：19.

日，第十三届全国人民代表大会第一次会议通过的《中华人民共和国宪法修正案》，将宪法第八十九条"国务院行使下列职权"原第六项修改为"领导和管理经济工作和城乡建设、生态文明建设"。生态文明建设关系中华民族长远发展。要旨在于构造一个以环境资源承载力为基础、以自然规律为准则、以可持续社会经济文化政策为手段的环境友好型社会。实现经济、社会、环境的共赢。它绝非只是物质文明、精神文明、政治文明等的简单延伸，而是以自然界为坐标、以人与自然关系为原点展开的一项国家基本建设，它成为新时代以来实践成效的重要方面。

（二）"四个全面"战略布局与实践行程

2014 年 12 月 13 日至 14 日，习近平在江苏调研时首提"四个全面"战略，更完整地体现出新时代治国理政总体框架和实践成效，使新时代党和国家各项工作重点领域、主攻方向更为清晰。2012 年 11 月 8 日，党的十八大提出全面建成小康社会。2013 年 11 月 12 日，十八届三中全会提出全面深化改革。2014 年 10 月 23 日，十八届四中全会提出全面依法治国。2014 年 10 月 8 日，习近平在党的群众路线教育实践活动总结大会上首次提出"全面推进从严治党"[①]，2016 年 10 月 24 日，十八届六中全会进一步对"全面从严治党"做出新部署。

1. 全面建成小康社会。这是惠及十几亿人福祉、提升人民生活质量的伟大实践。"小康社会"构想由 20 世纪 70 年代末 80 年代初邓小平在规划中国经济社会发展蓝图时提出。[②] 在 20 世纪末基本实现小康社会的情况下，十八大进一步提出"全面"建成小康社会的战略决策。并在十六大、十七大确立的全面建设小康社会目标的基础上，提出更具明确的发展目标。十八大以来，平均每年 1000 多万人脱贫，相当于一个中等国家的人口脱贫。2021 年，我国全面建成小康社会，开启社会主义现代化建设新征程，为中华民族伟大复兴奠定了坚实基础。二十大提出"全面建成社会主义现代化强国"，成为新的"四个全面"

[①] 并阐述了"全面从严治党"八个基本要求：落实从严治党责任；坚持思想建党和制度治党紧密结合；严肃党内政治生活；坚持从严管理干部；持续深入改进作风；严明党的纪律；发挥人民监督作用；深入把握从严治党规律。

[②] 提出的小康标准，一是人均国内生产总值超过 3000 美元，这是全面建成小康社会的根本性标志；二是城镇居民人均可支配收入 1.8 万元；三是农村居民家庭人均纯收入 8000 元；四是恩格尔系数低于 40%；五是城镇人均住房建筑面积 30 平方米；六是城镇化率达到 50%；七是居民家庭计算机普及率 20%；八是大学入学率 20%；九是每千人医生数 2.8 人；十是城镇居民最低生活保障率 95% 以上。

之首。

2. 全面深化改革。十八届三中全会做出全面深化改革的重大战略决策,在之后的五年中,出台了1500多项改革举措。全面深化改革的本质是把20世纪80年代的改革继续推进,解决好新出现的影响社会进步与发展的新问题。2016年11月1日,习近平主持召开中央全面深化改革领导小组第二十九次会议,强调"坚定不移抓好各项重大改革举措,既抓重要领域、重要任务、重要试点,又抓关键主体、关键环节、关键节点,以重点带动全局,把各项改革任务落到实处"①。"放管服"改革是全面深化改革的一条主线,融汇了新时代改革的基本命题,包含了政府体制改革、审批制度改革、经贸体制改革、优化营商环境、促进市场对资源配置发挥决定性作用,同时发挥好政府作用、建设服务型政府、推进社会自治等在内的结构性改革,自2013年以来"放管服"改革带来一系列综合效应,为新时代全面推进文明与社会进步、促进经济社会发展提供了强大动力。

3. 全面依法治国。"依法治国"是党领导人民依照人民意志和社会发展规律治理国家的伟大实践,而不是依照个人意志主张治理国家。1997年9月召开的十五大确立"依法治国,建设社会主义法治国家"的基本方略。1999年把"依法治国"写入《宪法》。2011年3月10日,时任全国人大常委会委员长的吴邦国在十一届全国人大四次会议做的全国人大常委会工作报告中宣布:中国特色社会主义法律体系已经形成。② 十八大以来明确要求坚持依法治国、依法执政、依法行政共同推进,坚持法治国家、法治政府、法治社会一体建设。2017年10月,十九大报告把"法治国家、法治政府、法治社会基本建成"确立为到2035年基本实现社会主义现代化的重要目标,提出成立中央全面依法治国领导小组,2018年3月,中共中央印发《深化党和国家机构改革方案》,组建中央全面依法治国委员会,办公室设在司法部,开启了新时代全面依法治国新征程。

4. 全面从严治党。新时代以来全面从严治党提升到新的高度,全面从严治党取得很大成就。十九大把纪律建设纳入新时代党的建设总体布局,在党章中

---

① 习近平主持召开中央全面深化改革领导小组第二十九次会议强调:全面贯彻党的十八届六中全会精神,抓好改革重点落实好改革任务 [N]. 人民日报, 2016-11-02 (01).
② 2010年底中国已制定现行有效法律236件、行政法规690多件、地方性法规8600多件,并全面完成对现行法律和行政法规、地方性法规的集中清理工作。涵盖社会关系各个方面的法律部门已经齐全,各法律部门中基本的、主要的法律已经制定,相应的行政法规和地方性法规比较完备。

充实完善了纪律建设相关内容。1997 年《中国共产党纪律处分条例（试行）》颁布之前，在党的纪律建设方面只是在党章中有专章规定，无专门纪律方面的党内法规。十八大以来，特别重视包括党的纪律处分条例在内的党内法规体系建设，习近平提出了依法治国与依规治党统筹推进的重要思想，推动了党内法规建设的步伐。十九大把"全面从严治党"纳入坚持和发展中国特色社会主义基本方略，提出新时代党的建设总要求，写入新修改的党章。二十大提出"以党的自我革命引领社会革命"，为增强党自我净化、自我完善、自我革新、自我提高能力提供了根本遵循。全面从严治党作为"四个全面"战略布局的重要组成部分，为全面建成社会主义现代化强国、全面深化改革、全面依法治国提供根本保证。

三、"一带一路"和"构建人类命运共同体"

（一）"一带一路"与实践行程

"一带一路"是"丝绸之路经济带"和"21 世纪海上丝绸之路"的简称。2013 年 9 月和 10 月，习近平在出访中亚和东南亚国家期间，先后提出共建"丝绸之路经济带"和"21 世纪海上丝绸之路"的合作倡议。"一带一路"建设不仅是对中国历史上对外和平贸易、和平合作精神的现代发扬，也是在新的历史条件下一种区域性利益共同体建设，促进和平发展、合作共赢。2015 年 3 月 28 日，国家发改委、外交部、商务部联合印发《推动共建丝绸之路经济带和 21 世纪海上丝绸之路的愿景与行动》。截至 2021 年 1 月 30 日，中国与 171 个国家和国际组织，签署了 205 份共建"一带一路"合作文件。[①]

全球出现新冠肺炎疫情后，"一带一路"出现了项目停顿、进度受阻等新情况。一些国家由"中国责任论"与"债务陷阱论"结合，出现毁约或还贷困难情况，有的国家取消接受中国贷款的协定，有的国家将我国投资项目收归国有，[②] 使"一带一路"面临极为复杂的形势。在复杂的全球形势特别是新冠肺炎疫情冲击下，2020 年以来"一带一路"建设取得新的成效，一批重大项目进展平稳，尤其是"健康丝绸之路""数字丝绸之路"建设成效明显，"一带一路"朋友圈越来越大。根据国家商务部信息，"一带一路"实践成效，主要体现

---

① 冯其予. 我国已签署共建"一带一路"合作文件 205 份 [N]. 经济日报，2021-01-30（01）.
② 黄仁伟. "一带一路"面临新挑战和新机遇 [N]. 环球时报，2020-05-26（15）.

在四个方面：

1. 贸易往来保持增长。全年与沿线国家货物贸易额1.35万亿美元，同比增长0.7%（人民币计为1.0%），占我国总体外贸的比重达到29.1%。新冠肺炎疫情以来，在国际客运航线停飞、公路受阻、水运停滞等情况下，中欧班列成为中外企业进出口的主要运输通道之一。2020年开行超过1.2万列，同比上升50%，通达境外21个国家的92个城市，比2019年增加了37个。运送货物92.7万标箱，同比增长54%，往返综合重箱率达到98.3%，创造了新纪录。其中经由满洲里口岸进出境的中欧班列运行线已达52条，通达欧洲13个国家28个城市，主要集货地覆盖天津、长沙、广州、苏州等60个城市，运输货物品类也日益丰富。[①] 国际陆海贸易新通道建设加快，合作规划编制等相关工作扎实推进。

2. 投资合作不断深化。2020年对沿线国家非金融类直接投资177.9亿美元，增长18.3%，占全国对外投资的比重上升到16.2%；在沿线国家承包工程完成营业额911.2亿美元，占全国对外承包工程的58.4%。一大批境外项目和园区建设在克服疫情中稳步推进，中老铁路、雅万铁路等重大项目取得积极进展，中白工业园新入园企业13家。同时，沿线国家企业也看好中国发展机遇，在华新设企业4294家，直接投资82.7亿美元。

3. 自贸区建设取得新突破。《区域全面经济伙伴关系协定》（RCEP）成功签署，成为全球规模最大的自贸区，是东亚区域一体化20年来最重要的成果。与柬埔寨签署自贸协定，签署中欧地理标志协定，正式实施中国—巴基斯坦自贸协定第二阶段议定书关税减让安排。2021年1月26日，还正式签署了与新西兰的自贸协定升级议定书。

4. 机制平台更加健全。2020年底我国与非盟签署《中华人民共和国政府与非洲联盟关于共同推进"一带一路"建设的合作规划》，推动共建"一带一路"倡议同非盟《2063年议程》深度对接。中国连续13年成为非洲第一大贸易伙伴国，2022年中非贸易额预计突破2600亿美元。52个非洲国家和非盟委员会同中方签署共建"一带一路"合作文件。[②] 2020年与缅甸、墨西哥、智利、白俄罗斯新建了贸易畅通工作组，还推动与更多国家建立投资工作组、服务贸易工作组和电子商务合作机制。同时我们还成功举办了一系列包括进博会、服贸会、广交会、中国—东盟博览会等重要展会，有力促进了与相关国家和地区的经济

[①] 中国最大陆路口岸进出境中欧班列突破1万列［N］.人民日报，2021-04-14（03）.
[②] 在合作共赢、共同发展的道路上结伴而行［N］.人民日报，2023-01-16（03）.

贸易往来。

（二）"构建人类命运共同体"与实践行程

2012年11月8日，党的十八大报告提出"倡导人类命运共同体意识"[①]，2013年3月23日，习近平在俄罗斯莫斯科国际关系学院的演讲中，首提"人类命运共同体"的倡议。[②] 此后"人类命运共同体"通过"一带一路"、区域命运共同体、人类卫生健康共同体倡议[③]等得以具体化、延伸化并得到推进，日益赢得全球各方面的赞同。2017年2月10日写入联合国决议，2017年3月17日载入安理会决议，2017年3月23日载入联合国人权理事会决议。这一倡议成为继20世纪70年代毛泽东提出"三个世界"理论、20世纪80年代邓小平提出"和平与发展"两大主题理论后，21世纪中国对国际秩序的又一思想贡献。

在现代政治思想史中，对于"共同体"（Community）的研究和倡导是个历久弥新的人类命题。马克思在许多著作中批判专制国家"虚幻的共同体"，主张建立"真正的共同体"，强调"人的本质是人的真正的共同体"[④]，指出"只有在共同体中，个人才能获得全面发展其才能的手段"[⑤]。在《共产党宣言》中，马克思和恩格斯进一步提出"自由人联合体"，揭示了在人类共同体中，自由是"全部精神存在的类本质"[⑥] 这一本质内容。20世纪80年代至90年代"共同体主义"（Communitarianism）思潮在全球兴起，发展成为一种表达人类价值关怀的重要政治哲学流派，核心是主张寻求建立"共同利益政治"（politics of the common good）。实际上它是对"自由—个人主义"扩张在现代社会形成的不平

[①] 胡锦涛. 坚定不移沿着中国特色社会主义道路前进，为全面建成小康社会而奋斗［M］//胡锦涛文选：第3卷. 北京：人民出版社，2016：651.

[②] 2013年3月23日，习近平在莫斯科国际关系学院的演讲中提出："这个世界越来越成为你中有我、我中有你的命运共同体，和平、发展、合作、共赢成为时代潮流。"此后提出"亚太命运共同体""中非命运共同体""中国—东盟命运共同体""中拉命运共同体""网络空间命运共同体""核安全命运共同体""人类卫生健康共同体"等概念，"人类命运共同体"内容不断丰富完善。

[③] 2020年5月18日晚，国家主席习近平在第73届世界卫生大会视频会议开幕式上发表《团结合作战胜疫情，共同构建人类卫生健康共同体》的致辞，提出"共同构建人类卫生健康共同体"等一系列重要倡议。

[④] 马克思. 评一个普鲁士人的《普鲁士国王和社会改革》一文［M］//马克思恩格斯全集：第3卷. 北京：人民出版社，2002：394.

[⑤] 马克思，恩格斯. 德意志意识形态［M］//马克思恩格斯选集：第1卷. 北京：人民出版社，2012：199.

[⑥] 马克思. 第六届莱茵省议会的辩论（第一篇论文）［M］//马克思恩格斯全集：第1卷. 北京：人民出版社，1995：171.

衡做出的反拨。① "人类命运共同体"倡议根植于马克思"真正的共同体"思想，是对现代共同体主义社会思潮的扬弃，更是对当下全球发展现实清醒的诊断和战略性把握。今天国际社会对"人类命运共同体"的理解，已超越国别和议题范畴，进入全球治理新方案和国际政治秩序新准则的层面。

应清醒看到，一场疫情正深刻改变世界。全球政策时空发生巨变，全球政治经济格局进入重塑进程。无论在"后疫情"的时空背景下，还是在"一带一路"和人类命运共同体已有实践的基础上，都应站到一个新的历史起点上，以强烈的问题意识和实事求是的科学精神，来认知和把握世界经济政治格局的深度变化和国际秩序的深刻变迁。"'一带一路'建设是全新的事物，在合作中有些不同意见是完全正常的，只要各方秉持和遵循共商共建共享原则，就一定能增进合作、化解分歧，把'一带一路'打造成为顺应经济全球化潮流的最广泛国际合作平台，让共建'一带一路'更好造福各国人民。"②

未来世界开始具有平行的网络化特征，互联网所强调的自由与平等、开放与分享的精神使人类社会开始向扁平化方向发展。尤其是建构人类社会信任机制的区块链技术的日趋成熟，未来社会将日趋去中心化。纵观近代以来的历史，建立公正合理的国际秩序是人类孜孜以求的目标。主权平等的真谛在于国家不分大小、强弱、贫富，主权和尊严必须得到尊重，内政不容干涉，都有权自主选择社会制度和发展道路。人类命运共同体理念超越国界、超越隔阂，强调"对话而不对抗，结伴而不结盟"，强调国与国之间平等相待，不冲突、不对抗、相互尊重、践行正确义利观，合作共赢。体现了共建、共享、和谐的共同体的理念。

四、"城市治理"和"乡村振兴"

（一）"城市治理"的实践行程

城市治理与乡村振兴，是中国现代化的两翼。21世纪是名符其实的"城市时代"，人类现代化是通过城市特别是超大型城市来表达的，正如马克思指出的，现代文明的一个标志是"建立了现代的大工业城市……它使城市最终战胜

---

① 秦德君，朱莹. 后疫情时代"一带一路"与人类命运共同体战略性调适［J］. 学术界，2020（7）：32-41.
② 习近平. 中国开放的大门只会越开越大［M］//习近平谈治国理政：第3卷. 北京：外文出版社，2020：196.

了乡村"①。美国伯恩斯教授（Edward Mc Nall Burns）和拉尔夫教授（Philip Lee Ralph）在《世界文明史》中谈到："城市生活虽亦不容易，但至少是使人更为奋发。但大城市成长的更主要原因在于工业和商业的扩张，在于政府机关的扩大，以及原有独立的农民希望逃避农奴的苦难境遇。"② 城市特别是超大型城市是文明和科技进步的巨大策源地。我国超大型城市治理得到拓展，其中一个重要特征，是科创中心、数字化、智能城市建设的兴盛与推进。

自2012年党的十八大以来，习近平到沪考察五次、参加两会上海代表团审议五次，都对超大型城市治理问题发表讲话，提出要求。2020年11月12日，习近平出席在世博中心召开的"浦东开发开放30周年庆祝大会"，并对进一步推进改革开放发表讲话；③ 2019年11月2日至3日，习近平在上海古北市民中心和杨浦滨江就城市公共空间规划建设、社区治理和服务等进行调研，提出"全过程民主"④ "人民城市人民建，人民城市为人民"⑤等重要论述；2018年11月6日至7日，习近平在沪出席首届中国国际进口博览会开幕式，对企业、社区、城市运行综合管理、高新科技园区建设进行考察，提出"一流城市要有一流治理""要注重在科学化、精细化、智能化上下功夫""绣出城市的品质品牌"等论述；⑥ 2017年10月31日，习近平带领中央政治局常委瞻仰中共一大会址，强调"只要全党全国各族人民团结一心、苦干实干，中华民族伟大复兴的巨轮就一定能够乘风破浪、胜利驶向光辉的彼岸"⑦。2014年5月23日至24日，习近平考察中国（上海）自由贸易试验区，提出上海要加快建成具有全球影响力的科技创新中心，"要放眼全球、放眼全国，不断提高战略思维、战略把握、战略运作能力，谋发展、创业绩不仅争创国内一流，而且敢于到国际上去比较、去竞争"⑧。

---

① 马克思，恩格斯. 德意志意识形态［M］//马克思恩格斯选集：第1卷. 北京：人民出版社，2012：194.
② ［美］爱德华·麦克诺尔·伯恩斯，菲利普·李·拉夫. 世界文明史：第1卷［M］. 罗经国，张长寿，刘城，等译. 北京：商务印书馆，1987：269.
③ 习近平. 在浦东开发开放30周年庆祝大会上的讲话［N］. 人民日报，2020-11-13（02）.
④ 习近平：中国的民主是一种全过程的民主［EB/OL］. 求是网，2019-01-03.
⑤ 习近平：人民城市人民建，人民城市为人民［EB/OL］. 求是网，2019-11-03.
⑥ 习近平在上海考察时强调：坚定改革开放再出发信心和决心，加快提升城市能级和核心竞争力［N］. 人民日报，2018-11-8（01）.
⑦ 习近平在瞻仰中共一大会址时强调：铭记党的奋斗历程时刻不忘初心，担当党的崇高使命矢志永远奋斗［N］. 人民日报，2017-11-01（01）.
⑧ 习近平在上海考察时强调：当好全国改革开放排头兵，不断提高城市核心竞争力［N］. 人民日报，2014-05-25（01）.

2013年至2020年习近平参加两会上海代表团审议。2017年3月5日，习近平在参加十二届全国人大五次会议上海代表团审议时，要求上海"要在深化自由贸易试验区改革上有新作为、在推进科技创新中心上有新作为、在推进社会治理创新上有新作为、在全面从严治党上有新作为"①；2016年3月5日，习近平在参加十二届全国人大四次会议上海代表团审议时，提出建设具有全球影响力的科技创新中心"要抓住时机，瞄准世界科技前沿，全面提升自主创新能力，力争在基础科技领域作出大的创新、在关键核心技术领域取得大的突破。要以更加开放的视野引进和集聚人才，加快集聚一批站在行业科技前沿、具有国际视野的领军人才"②。2015年3月5日，习近平在参加十二届全国人大三次会议上海代表团审议时，强调"关键是要依靠科技创新转换发展动力。必须破除体制机制障碍，面向经济社会发展主战场，围绕产业链部署创新链，消除科技创新中的'孤岛现象'，使创新成果更快转化为现实生产力"③。2014年3月5日，习近平在参加十二届全国人大二次会议上海代表团审议时，指出"治理和管理一字之差，体现的是系统治理、依法治理、源头治理、综合施策。社会治理是一门科学，要着力提高干部素质，把培养一批专家型的城市管理干部作为重要任务，用科学态度、先进理念、专业知识去建设和管理城市"④。2013年3月5日，习近平在参加十二届全国人大一次会议上海代表团审议时，提出"要勇于冲破思想观念的障碍和利益固化的藩篱，敢于啃硬骨头，敢于涉险滩，更加尊重市场规律，更好发挥政府作用，以开放的最大优势谋求更大发展空间"⑤。

建设具有全球竞争力的科创中心，是现阶段我国政治发展和超大型城市治理的重头戏。2015年5月，上海发布《推进科创中心建设22条意见》。根据"22条意见"，上海科创中心实施"两步走"建设规划：2020年前，形成科创中心基本框架体系，为长远发展打下基础；到2030年，形成科创中心城市的核心功能。2016年4月，国务院批准《上海系统推进全面创新改革试验

---

① 习近平在参加上海代表团审议时强调：践行新发展理念深化改革开放，加快建设现代化国际大都市[N]. 人民日报，2017-03-06（01）.
② 习近平在参加上海代表团审议时强调：保持锐意创新勇气蓬勃向上朝气，加强深化改革开放措施系统集成[N]. 人民日报，2016-03-06（01）.
③ 习近平在参加上海代表团审议时强调：当好改革开放排头兵创新发展先行者，为构建开放型经济新体制探索新路[N]. 人民日报，2015-03-06（01）.
④ 习近平在参加上海代表团审议时强调：推进中国上海自由贸易试验区建设，加强和创新特大城市社会治理[N]. 人民日报，2014-03-06（01）.
⑤ 习近平在参加上海代表团审议时强调：坚定不移深化改革开放，加大创新驱动发展力度[N]. 人民日报，2013-03-06（01）.

加快建设具有全球影响力的科技创新中心方案》，授权开展10个方面20项先行先试改革。上海实施"两步走"规划：2020年前，形成具有全球影响力的科创中心的基本框架体系；到2030年，形成具有全球影响力的科创中心的核心功能。

与此同时，北京、粤港澳大湾区等也全力建设科创中心，构成科创中国建设的"大三角"。"大三角"都迈出了超越型建设步伐，都有自身的重点和亮点。2016年9月，国务院印发《北京加强全国科技创新中心建设总体方案的通知》，提出"三步走"方针：第一步，到2017年，科创中心建设初具规模；第二步，到2020年，成为具有全球影响力的科创中心；第三步，到2030年，成为引领世界创新的新引擎。"打造国际科创中心"被确立为粤港澳大湾区建设的核心目标，大湾区积极吸引全球创新资源，建设"广州—深圳—香港—澳门"科技创新走廊，打造国际科创中心。2019年8月，广东省成立推进粤港澳大湾区国际科技创新中心建设领导小组，全面推进工作。

总体上中国一线城市从线性的、刚性的行政化垂直的"城市管理"，日益转向社会化的"城市治理"。北京贯彻新发展理念，城市转型发展取得新突破。"四个中心"功能建设全面提速，超大城市减量发展迈出坚实步伐。率先建成城乡统一、覆盖全民的社会保障体系。以钉钉子精神治理"大城市病"，以绣花功夫推进城市精细化管理，实施慢行系统品质提升行动。北京森林覆盖率已达44.4%，交通拥堵趋势缓解。北京大气污染防治经验被联合国环境署纳入"实践案例"[1]。上海国际经济、金融、贸易、航运中心已基本建成，经济实力保持全球城市前列，全球金融中心指数、新华·波罗的海国际航运中心发展指数排名均升至世界第三，证券市场筹资额、现货黄金交易量、原油期货市场规模等均位居世界前三，口岸贸易总额继续保持全球城市首位，具有全球影响力的科技创新中心已形成基本框架。[2] 上海市委市政府提出把嘉定、松江、青浦、奉贤、南汇五个新城打造成独立的综合性节点城市，这是实施"中心辐射、两翼齐飞、新城发力、南北转型"空间布局调整优化的重大战略决策，是上海"十四五"社会空间的战略"重置"和当下提升城市能级"力点"所在。在长三角一体化中龙头带动作用日益显现。

---

[1] 陈吉宁. 政府工作报告——二〇二一年一月二十三日在北京市第十五届人民代表大会第四次会议上[N]. 北京日报, 2021-02-01 (01).

[2] 龚正. 政府工作报告——2021年1月24日在上海市第十五届人民代表大会第五次会议上[N] 解放日报, 2021-01-29 (03).

广州探索超大城市高质量发展之路，坚持内涵式、集约型、绿色化发展，城市等级提升，全球资源要素配置能力提升。全球金融中心指数排名由2017年第37位提升到第21位。国际航运中心发展指数排名由2015年第28位提升到第13位。《世界城市名册》公布的全球城市分级排名历史性地跨进第一梯队，跃居全球一线城市。城市更新盘活存量用地67平方千米，人均公园绿地面积18平方米，居国内一线城市首位。营商环境综合评价居全国城市前列。① 深圳推进先行示范区建设，发挥粤港澳大湾区建设中的辐射带动作用，加强城市规划建设管理，城市环境品质迈上新水平。智慧城市建设综合排名全国第一，加快"国际消费中心城市""国家交通强国试点城市"建设。提升城市文化品质，开展文化设施、特色文化街区建设。城市更新节约集约，推进"厕所革命"，公园数达1090个，建成"千园之城"。② 中国一线城市的治理实践，反映了中国城市治理的总体走向和结构性升级。

近年我国城市转型升级加快，与高速城市化进程相伴生的城乡分割、公共卫生、老龄化、风险积聚、环境污染、交通拥堵等问题凸显，城市人口大幅增加，社会结构趋于多元化，信息传播方式深刻变化，外部环境复杂严峻。推动高质量发展，尤其面对"百年未有之大变局"以及疫情带来的全球政治经济格局新变化，有针对性地对城市治理重点方面进行重塑，构筑新的发展动力，成为近年我国超大城市治理的动力所在。城市治理层级不断提升，"城市病"不断得到破解，城市治理实践成效不断得到丰富发展。

(二) "乡村振兴"的实践行程

乡村振兴是中国现代化的基础。中国幅员辽阔，大部分土地面积为广义上的乡村。1984年10月，邓小平就提出："中国社会是不是安定，中国经济能不能发展，首先要看农村能不能发展，农民生活是不是好起来。"③

2002年11月，党的十六大以后总结改革开放以来发展实践特别是抗击非典

---

① 温国辉. 政府工作报告——2021年1月29日在广州市第十五届人民代表大会第六次会议上[N]. 广州日报，2021-02-04 (A01).
② 陈如桂. 政府工作报告——2020年1月8日在深圳市第六届人民代表大会第八次会议上[N]. 深圳特区报，2020-01-22 (A01).
③ 邓小平. 我们的宏伟目标和根本政策 [M] // 邓小平文选：第3卷. 北京：人民出版社，1993：77-78.

的经验教训,认识到"我国经济发展和社会发展,城市发展和农村发展还不够协调",[1] 在"科学发展观"的指导下,提出了城乡统筹等问题。2005年10月,《中共中央关于制定国民经济和社会发展第十一个五年规划的建议》提出"建设社会主义新农村",明确要加大国家投入,实行工业反哺农业、城市支持农村;并提出"生产发展、生活宽裕、乡风文明、村容整洁、管理民主"20字总体目标。"这五句二十个字,体现了我国广大农民群众根本利益和强烈愿望,涵盖了当前和今后一个时期'三农'工作的主要方面。"[2]

2017年10月,十九大报告首提"乡村振兴战略",并提出"产业兴旺、生态宜居、乡风文明、治理有效、生活富裕"新20字总要求。2018年9月中共中央、国务院印发《乡村振兴战略规划(2018—2022年)》。2021年2月25日,国家乡村振兴局正式挂牌。2021年3月22日,中共中央、国务院印发《关于实现巩固拓展脱贫攻坚成果同乡村振兴有效衔接的意见》,要求脱贫地区根据形势变化,理清工作思路,做好过渡期内领导体制、工作体系、发展规划、政策举措、考核机制等有效衔接。

2020年11月,《中共中央关于制定国民经济和社会发展第十四个五年规划和二〇三五年远景目标的建议》提出"走中国特色社会主义乡村振兴道路,全面实施乡村振兴战略",并列专条论述"实施乡村建设行动"。

> 把乡村建设摆在社会主义现代化建设的重要位置。强化县城综合服务能力,把乡镇建成服务农民的区域中心。统筹县域城镇和村庄规划建设,保护传统村落和乡村风貌。完善乡村水、电、路、气、通信、广播电视、物流等基础设施,提升农房建设质量。因地制宜推进农村改厕、生活垃圾处理和污水治理,实施河湖水系综合整治,改善农村人居环境。提高农民科技文化素质,推动乡村人才振兴。[3]

"乡村振兴战略"是"新农村建设"的逻辑延伸,更是一种质的提升。"新农村建设"的目标是基础性的,主要解决生产发展、生活宽裕等问题;"乡村振兴战略"的目标是提升性的,拓展到产业兴旺、生态宜居等新的层级。从"建

---

[1] 胡锦涛. 把促进经济社会协调发展摆到更加突出的位置[M]//胡锦涛文选:第2卷. 北京:人民出版社,2016:65.
[2] 胡锦涛. 建设社会主义新农村[M]//胡锦涛文选:第2卷. 北京:人民出版社,2016:413.
[3] 中共中央关于制定国民经济和社会发展第十四个五年规划和二〇三五年远景目标的建议[N]. 人民日报,2020-11-04(03).

设社会主义新农村"到"实施乡村振兴战略",反映出我国解决"三农"问题的历史进程和创新思路。

"乡村振兴"成为实现中华民族伟大复兴的基础性工程。实施"乡村振兴战略"以来,31个省(区、市)全部建立了实施"乡村振兴战略"工作领导小组,一级抓一级的责任体系基本建立。呈现出整体性的实践成效:

(1)城乡布局结构不断得到完善。建立健全乡村振兴实绩考核制度和激励机制,落实党政一把手第一责任人工作要求。4.47万个软弱涣散村党组织得到整顿,选派23万名驻村第一书记,自治、法治、德治相结合的乡村治理体系基本建立。农村承包地确权登记颁证率达到94%,农村集体资产清产核资基本完成,超过26万个行政村完成股份合作制改革。

(2)乡村生产生活生态空间日趋明晰。宜居乡村建设加快,村庄分类发展推进。具备条件的建制村全部通硬化路,乡村医疗机构和人员"空白点"基本消除,农村低保平均标准提高到每人每年5247元,农村人居环境整治持续推进,农村卫生厕所普及率超过60%,90%的村庄开展了清洁行动,美丽乡村展现新的面貌。

(3)农业发展方式加快转变。化肥农药使用量保持负增长,秸秆、畜禽粪污利用率分别达到85%、74%,西北地区农膜回收利用率超过80%,农产品质量安全例行监测合格率保持在97%以上。

(4)乡村富民产业加快发展。农村一二三产业加快融合,农产品加工转化率接近68%,乡村休闲旅游的游客数量和营业收入大幅增长,农村电商等新产业新业态方兴未艾,乡村产业高质量发展态势逐步显现。

(5)乡村文化得到繁荣发展。98%的村制订修订村规民约,农村婚丧礼俗改革持续深化,建成54.9万个村综合文化服务中心,优秀乡村文化保护传承力度明显加强,中国农民丰收节成为弘扬农耕文化的金字招牌。

(6)现代农业根基进一步巩固。粮食等重要农产品供给保障能力持续增强,全国粮食总产量连续5年稳定在1.3万亿斤以上。2019年,农业科技进步贡献率达到59.2%,主要农作物耕种收综合机械化率超过70%。[1]

近年北京促进城乡区域协调发展。推动农业与科技、服务相融合,带动农民增收致富,农村居民人均可支配收入年均增速快于城镇居民。完成了3254个村庄人居环境整治任务,美丽乡村建设取得重要进展。广州乡村振兴过程中建

---

[1] 郁静娴. 乡村振兴战略规划实施报告发布[N]. 人民日报,2020-06-11(08).

成高标准农田108万亩，比"十二五"增长56.5%。袁隆平等23个院士团队在穗开展科技兴农强农。创建15个省级现代农业产业园、6个全国示范村镇、12个省级专业镇、102条省级专业村，农业总产值增长10.2%，增速创26年来新高。推进农村人居环境整治，所有的自然村达到省定"干净整洁村"标准。基本完成农村集体产权制度改革国家试点。在贯彻落实新发展理念下，全国许多城市都形成了城乡统筹、联动发展的创新模式。

我国已全面开启现代化国家建设新征程，全面推进"乡村振兴"进入新起点。绝对贫困问题的解决，意味着"乡村振兴"最大的短板已得到破解。与脱贫攻坚相比，如何激发乡村的"内生活力"，激荡出更多的源头活水，将是一项更为艰苦也更需要智慧、毅力的历史性任务，它也是实现乡村全面振兴的根本动力所在。

五、"贯彻新发展理念"和"构建新发展格局"

（一）"贯彻新发展理念"的实践行程

发展是人类的基本问题，而可持续发展是人类发展的必然选择。发展理念是发展行动的先导，是管全局、管根本、管方向、管长远的东西。新发展理念的核心是"绿色、生态、循环、可持续"的内涵式发展。从"发展是硬道理"到"科学发展观"再到"新发展理念"，呈现的是一个循序渐进的对于发展不断健全认识、取得新的实践成效的历史过程。

2013年4月25日，在中央政治局常委会会议上习近平就提出，不要把国家确定的调控目标作为各地经济增长的底线，更不要相互攀比甚至层层加码，要立足提高质量和效益来推动经济持续健康发展，追求实实在在、没有水分的生产总值，追求有效益、有质量、可持续的经济发展。[①] 2015年10月，习近平在十八届五中全会上提出"创新、协调、绿色、开放、共享"的新发展理念。这是我国改革开放40多年实践经验的体现，反映出对发展问题的规律性认识。"创新、协调、绿色、开放、共享"的新发展理念不仅是长期实践得到的结论，也是进一步破解发展难题、增强发展动力、厚植发展优势的发展指导原则。

---

① 习近平.把握新发展阶段，贯彻新发展理念，构建新发展格局［EB/OL］.中国政府网，2021-04-30.

(1) 坚持创新发展。从世界经济发展的时代特征看，创新正成为综合国力竞争的焦点和重塑世界格局的主导力量。面对新一轮全球科技革命和产业变革，各国纷纷推出新的国家创新战略，加快向创新发展阶段迈进，积极抢占未来竞争制高点。

　　从经济发展的阶段性特征看，我国已进入以速度变化、结构优化、动力转换为特征的经济发展新常态，靠大规模要素投入驱动的发展模式已难持续。提高发展质量和效益。坚持创新发展，形成各类创新主体创新要素高效配置、创新源泉竞相涌流的生动局面，必须通过创新驱动，促进内涵式发展。

　　(2) 坚持协调发展。现代社会，无论社会进步还是经济发展，都不是单一的，而是各个系统、各种因素互为关联、相互制约的。协调发展才能实现真正的发展。要实现发展的平衡性、协调性和可持续性，就要正确处理发展中的重大关系，增强发展协调性，通过补齐短板化解突出矛盾，在攻坚克难中增强经济社会发展的平衡性。

　　我国作为世界第二大经济体，不平衡、不协调问题突出，如经济发展与社会发展不协调，医疗、教育、文化等社会事业发展相对滞后；城乡区域发展产生落差，存在不少贫困地区和贫困人口，整个社会收入分配差距在拉大，经济发展与环境保护不协调，经济发展与产业结构失衡等。贯彻协调发展理念，是关系我国发展全局的一场深刻变革，既是长期获得的实践成效，也是今后发展必须遵循的发展理念。

　　(3) 坚持绿色发展。"绿色发展"是对合乎人与自然关系和谐、人类理性、克制、注重生态和谐发展形态的一种借喻性描述。绿色发展就是要以节约资源和保护环境为导向，在促进物质生产和财富积累的同时，在生产、流通、消费以及废弃后的处理和再生全过程中，坚持低消耗、低排放，把自然资源与环境承载力作为一种刚性约束，作为发展的物理边界。我国资源约束趋紧，环境污染严重，生态系统退化问题严峻，实现绿色发展的任务十分紧迫。坚持绿色发展不仅能实现人与自然的和谐，同时也能促进人与人、人与社会的和谐。

　　良好生态环境是最公平的公共产品。资源节约、污染控制、生态保护是绿色发展的基本要素，涉及生产和消费的各个方面，不仅需要技术创新和工程投入一类的微观市场运作，也需要从规划、体制、机制等方面宏观把握。只有不断加强市场投入和技术创新，才有可能提高效率、减少排放、治理污染，最终提高综合国力和竞争力。在产能过剩、投资和外需空间变小的情况下，实现绿色发展显然不能简单地追求高速度，而是要依靠合理均衡地配置资源。

（4）坚持开放发展。人类从工业革命后，本质上就进入一个开放的时代。全球化时代资源配置和市场的超国别性，更促进了全球的开放性。今天任何真正的发展一定是开放式的发展。我国改革开放40多年取得的跨越式发展，都是坚持开放发展之果。1978年，党的十一届三中全会以来，我们党提出了对外开放的基本国策，实现了从封闭半封闭到全方位开放的伟大历史转折。40多年来我国积极扩大对外贸易，大力推动双向投资，建立沿海经济特区，加入世界贸易组织，以一系列对外开放的重大举措倒逼国内各项改革深化，推动了经济建设的巨大成功。近年企业"走出去"步伐加快，"一带一路"建设推进，自贸区从沿海到内陆梯次展开，开放型经济新体制加快构建，形成了更高水平的开放格局。2018年4月10日，习近平在博鳌亚洲论坛2018年年会开幕式上指出："中国开放的大门只会越开越大"，并提出"大幅度放宽市场准入""创造更有吸引力的投资环境""加强知识产权保护""主动扩大进口"等四项扩大开放的重大举措，[①] 进一步促进开放发展。

开放发展是全方位的，并不只是经济领域的对外开放。还包括政府开放、文化开放、人才开放在内的全面开放。开放发展，是国家繁荣发展的必由之路，迫切需要以更开阔的视野和胸襟，审视确定新的发展战略，用好国内国际两个市场两种资源，广泛参与和引领国际规则制定和全球治理机制变革，提升对外开放水平，为发展注入新动力，拓展新空间。

（5）坚持共享发展。"分享""共享"是现代文明理念，是人类文明文化进步的重要表征。"共享"而不是"独享""少数人享""一部分人享"，已成为现代文明准则。"共享发展"理念，是指发展为了人民、发展依靠人民、发展成果由人民共享，使全体人民共享改革发展成果的发展原则。坚持共享发展，充分体现人民至上、增进人民福祉的价值取向。社会主义的本质特征是共同富裕，共享发展反映了这一本质。

改革开放初期，经济社会的现实状况决定我们只能选择"让一部分人先富起来"，竞争性的市场经济规则加剧了发展的不平衡性，贫富差距逐步拉大现象随之产生。随着经济社会发展，人民群众生活水平有了普遍改善，但同时出现了发展不公、分配不公、机会不公等问题，城乡区域发展差距、居民收入差距拉大。一方面经40多年改革开放，我国经济高速增长，综合国力得到提升，经

---

① 习近平．中国开放的大门只会越开越大［M］//习近平谈治国理政：第3卷．北京：外文出版社，2020：193-195.

济总量跃居世界第二，为实现共同富裕奠定了坚实社会物质基础；另一方面发展中不公平问题持续积累，已影响到人民群众的切实感受。在新的发展起点上，贯彻"共享发展"理念，既是中国特色社会主义长期实践获得的认知，又是保证经济发展根本目的、确保未来经济平稳健康发展的条件。坚持共享发展必须注重机会公平，保障基本民生。让全体人民共享改革开放成果，共同富裕，是未来发展必须遵循的准则。

（二）"构建新发展格局"的实践行程

构建新发展格局，是在新发展理念下对发展模式、推进方式、实施顺序、资源配置的调整和重组，就是按最有利于科学发展的方式来进行结构性的"排列组合"。构建新发展格局是我国适应新发展阶段要求的主动选择。新时代以来我国坚持实施扩大内需战略，使发展更多依靠内需特别是消费需求拉动，对外贸易依存度从2012年的47.3%下降到2020年的31.7%，延续2006年达到峰值后持续下降的趋势；过去9年中有4个年份内需对经济增长的贡献率超过100%，国内大循环活力日益强劲。[①] 2021年1月11日，习近平在省部级主要领导干部学习贯彻党的十九届五中全会精神专题研讨班开班式上强调，加快构建以国内大循环为主体、国内国际双循环相互促进的新发展格局，是一项关系我国发展全局的重大战略任务，需要从全局高度准确把握和积极推进。2021年3月5日，习近平在参加内蒙古代表团审议时指出，新发展理念是一个整体，必须完整、准确、全面理解和贯彻，着力服务和融入新发展格局。2021年3月7日，习近平在参加青海代表团审议时强调：高质量发展不只是一个经济要求，而是对经济社会发展方方面面的总要求；不只是对经济发达地区的要求，而是所有地区发展都必须贯彻的要求；不是一时一事的要求，而是必须长期坚持的要求。

提出构建"以国内大循环为主体、国内国际双循环相互促进的新发展格局"[②]，是对世界处于百年未有之大变局、我国的国情国力和所面临的国际政治经济形势做出的重大应对决策。新冠肺炎疫情加快世界经济格局演变，同时新一轮科技革命和产业变革深入发展，各国抢占新一轮科技制高点的竞争日趋激

[①] 国家发展和改革委员会.深入贯彻新发展理念，加快构建新发展格局［EB/OL］.国家发展和改革委员会官网，2021-5-8.

[②] 激发市场主体活力弘扬企业家精神，推动企业发挥更大作用实现更大发展［N］.人民日报，2020-07-22（01）.

烈。构建新发展格局是个系统工程，要从打通创新链、强化产业链、稳定供应链、提升价值链来实施构建新发展格局的突破口。

（1）打通创新链，加快自主创新的步伐。创新链由知识创新、技术创新、产品创新等一系列活动及其主体组成。推动国内大循环，须加快发展现代产业体系，推动产业链供应链优化升级，发展壮大战略性新兴产业，形成需求牵引供给、供给创造需求的更高水平动态平衡。要畅通产学研之间的联通，打通我国创新的市场障碍，构建自主可控的创新链。同时还要组织实施产业基础再造工程，通过创投基金等金融手段，构建自主创新的市场容错机制，培育一批采用国产技术和设备的产业群，为国产新技术、新装备、新产品建立市场空间，为自主创新"最后一公里"铺路架桥。

（2）强化产业链，确保经济协调稳定。链式发展是当今产业发展的基本形式。国际金融危机以来，全球产业网络区域化、本地化趋势加剧，产业链正面临重构和调整，发达国家推进新兴产业全球价值链回缩国内。随着我国产业升级要素成本攀高，劳动密集型产业国际竞争优势减弱。加强产业链薄弱环节建设、维护产业链安全，是保持我国产业体系完整性和发挥竞争优势的重要一环。随着内需对经济增长贡献率的提升，要加快发展科技型产业，完善国内产业配套体系，形成替代进口的技术储备、装备储备和产品储备，确保我国产业发展协调与产业链畅通，避免产业链中断对我国经济发展造成损失。

（3）稳定供应链，增强本国企业的合作力度。我国经济总量跃居世界第二，人均 GDP 超过 1 万美元，形成了较为完整的工业生产体系，农业生产能力和服务业发展水平快速提高，但长期以来我国制造企业以加工贸易为主，大多数企业经营规模、专业化协作与国际同行相比有较大差距，缺乏促进供应链上下游企业深度合作的"链主"企业，中小企业之间分工协作主要发生在产业集群，我国大企业对中小企业的带动力较弱。构建新发展格局，需要畅通大中小企业和不同所有制企业之间的合作关系，引导中小企业加入国内供应链，为中小企业发展创造国内市场空间。

（4）提升价值链，实现高水平对外开放。加快构建新发展格局，须实施更大范围、更宽领域、更深层次对外开放，促进国际合作，推进贸易和投资自由化便利化，进一步缩减外资准入负面清单，落实准入后国民待遇，完善自由贸易试验区布局。要以产业需求和技术变革为牵引，推动科技和经济紧密结合，努力实现优势领域、共性技术、关键技术的重大突破，推动"中国制造"向"中国创造"转变。优化营商环境，增强国际国内两个市场、两种资源的黏合度，逐步实现由商品和要素流动型开放向规则等制度型开放转变，优化营商环境，利用"一带一路"建设给我国对外开放带来的新机遇。①

---

① 史丹. 构建新发展格局的时代背景与重点任务 [N]. 经济日报，2020-08-19（11）.

第6章

"放管服"改革行程：20世纪80年代改革的延续

以2013年5月为起点的"放管服"改革，是新时代政治发展的攻坚克难，可谓全面深化改革之"一枝独秀"。所谓"深化改革"，所谓"步入深水区"，所谓"硬骨头"，皆是谓也，"放管服"改革是新时代深化改革的突出标志。

"放管服"改革的核心议程，是理顺政府与市场关系，全面实行政府权责清单制度；重点是简政放权；难点是实现政府职能的转变和行政体制改革的实质性突破。

"放管服"改革与20世纪80年代的改革一脉相承，是对20世纪80年代改革的深化和延续；也是对马克思主义是国家职能理论的贯彻实践。

自2013年以来，"放管服"改革融汇了当下中国改革的基本命题。它包含了政府体制改革、审批制度改革、经贸体制改革、优化营商环境、促进市场对资源配置发挥决定性作用，同时发挥好政府作用、建设服务型政府、推进社会自治等在内的结构性改革。这场改革，带来一系列综合效应，为新时代全面推进文明与社会进步、促进经济社会发展提供了强大动力。

《中共中央关于制定国民经济和社会发展第十四个五年规划和二〇三五年远景目标的建议》提出了"深化简政放权、放管结合、优化服务改革，全面实行政府权责清单制度"[①]的任务目标。"放管服"改革为实现"十四五"经济社会发展主要目标乃至2035现代化远景目标构筑了强大动力机制。

---

① 中共中央关于制定国民经济和社会发展第十四个五年规划和二〇三五年远景目标的建议[N]. 人民日报，2020-11-04（01）.

一、"放管服"改革的历史起点与进程

"放管服"是"简政放权、放管结合、优化服务"改革的简称。供给侧改革要求破除要素市场化的配置障碍，改革政府行为供给方式，降低制度性交易成本，作为供给侧改革核心内容的"放管服"改革，旨在推动政府职能的深刻转变，促使市场在资源配置中发挥决定性作用，更好发挥政府作用，推动有效市场和有为政府的更好结合。这是一场重塑政府和市场关系、刀刃向内的政府自身革命，[1] 是我国全面深化改革中加快政府职能转变、建设新时代政府治理体系的根本性举措。

(一)"放管服"改革的提出

在历史起点上，我国从2008年到2013年五年间就开始了具有"放管服"性质的改革。五年中分两轮取消和调整行政审批事项498项，国务院各部门取消和调整的审批项目总数达到2497项，占原有审批项目的69.3%。[2] 而此前1982年至2008年的改革，则开上述"放管服"性质的改革先河。其时国务院组成部门数量从52个减为27个，国务院直属机构从42减到16个，国务院办事机构从5个减到4个。[3] 若从历史上溯源，"放管服"性质的改革可追溯更远的延安时期"精兵简政"运动。1941年，陕甘宁边区第二届参议会期间，李鼎铭等11人提出"精兵简政"议案，1941年12月4日，中共中央发出《为实行精兵简政给各县的指示信》；1941年12月17日，中共中央发出《关于太平洋战争爆发后对敌后抗日根据地工作的指示》，都对普遍实行"精兵简政"做出部署。陕甘宁边区先后进行了三次精兵简政，1943年底基本结束，行政脱产人员压缩到根据地人口的3%以内。

在现实起点上，2013年是"放管服"改革的实际起步。2013年5月13日，国务院召开机构职能转变动员会议，李克强总理在讲话中提出"该放的权坚决放开放到位""该管的事必须管住管好""放和管是两个轮子，只有同时转起

---

[1] 李克强. 在全国深化"放管服"改革转变政府职能电视电话会议上的讲话[N]. 人民日报，2018-07-13 (02).

[2] 温家宝. 政府工作报告——2013年3月5日在第十二届全国人民代表大会第一次会议上[N]. 人民日报，2013-03-19 (01).

[3] 改革开放以来我国于1982年、1988年、1993年、1998年、2003年、2008年、2013年进行了七次规模较大的政府机构改革。

来，政府改革才能顺利推进"①。其时"放管服"改革主要涉及"放权""监管"两个概念，"服务"概念尚未并列提出。2013年12月27日，李克强到天津调研，在大营门工商所考察市场监管时指出，"我们深化行政体制改革、简政放权，把该由市场决定的权力放给市场，可以大大激发市场主体增加供给的活力。同时，政府有效实施监管，也有利于创造公平竞争的市场秩序"②。这当中主要阐述"简政放权"和"实施管理"。2014年的《政府工作报告》涉及"放管服"改革主要强调两方面：一是"深入推进行政体制改革。进一步简政放权，这是政府的自我革命"；二是"加强事中事后监管。坚持放管并重，建立纵横联动协同管理机制，实现责任和权力同步下放、放活和监管同步到位"③。2015年的《政府工作报告》亦尚未提出"放管服"完整概念，在工作总体部署中强调"加大简政放权、放管结合改革力度"④。

完整提出"简政放权、放管结合、优化服务改革"目标的是2016年。2016年的《政府工作报告》提出"重点做好八个方面工作"，且第二项"加强供给侧结构性改革，增强持续增长动力"中提出"推动简政放权、放管结合、优化服务改革向纵深发展"⑤。这是最早的"放管服"改革目标的完整概念。2016年3月28日，国务院召开第四次廉政工作会议，李克强总理在讲话中再次明确表述"简政放权、放管结合、优化服务改革"完整概念，并首提"放管服"改革简称概念，"要深化'放管服'改革。实践证明，简政放权、放管结合、优化服务改革，既是激发市场活力和社会创造力的关键之举，也是反腐倡廉的治本之策"⑥。

（二）"放管服"改革基本历程

自2013年以来，作为全面深化改革重要内容的"放管服"改革，经历了三

---

① 李克强. 在国务院机构职能转变动员电视电话会议上的讲话 [N]. 人民日报，2013-05-15（02）.
② 李克强在天津考察时强调：以改革开放促经济提质增效升级和民生持续改善 [N]. 人民日报，2013-12-30（01）.
③ 李克强. 政府工作报告——二〇一四年三月五日在第十二届全国人民代表大会第二次会议上 [N]. 人民日报，2014-03-15（01）.
④ 李克强. 政府工作报告——2015年3月5日在第十二届全国人民代表大会第三次会议上 [N]. 人民日报，2015-03-17（01）.
⑤ 李克强. 政府工作报告——2016年3月5日在第十二届全国人民代表大会第四次会议上 [N]. 人民日报，2016-03-18（01）.
⑥ 李克强. 在国务院第四次廉政工作会议上的讲话 [N]. 人民日报，2016-04-15（02）.

个历史阶段。

第一阶段：2013年3月—2016年3月，这是"放管服"改革的起始阶段。主要特征：结合国务院机构改革，全面推开"放管服"改革。

十八大后，新一届政府"把加快转变职能、简政放权作为本届政府开门第一件大事"，即开始了"放管服"改革的部署。2013年，又提出把简政放权、放管结合作为"当头炮"和"先手棋"，承诺五年内国务院部门行政审批事项压减三分之一，后在两年内实现了这一目标。2014年强化"放管"结合，2015年又将优化服务纳入其中，形成了"放管服"三管齐下、全面推进的格局。

2013年，国务院实施机构改革，分批取消、下放了416项行政审批事项，修订政府核准投资项目目录，推动工商登记制度改革。2013年，中共中央国务院颁发《关于地方政府职能转变和机构改革的意见》（中发〔2013〕9号），推动地方政府职能转变和机构改革，大幅减少行政审批事项。扩大"营改增"试点，取消和免征行政事业性收费348项，减轻企业负担1500多亿元。这些改革为市场松了绑，全国新注册企业增长27.6%，民间投资比重上升到63%。① 2014年，国务院各部门取消和下放246项行政审批事项，取消评比达标表彰项目29项、职业资格许可和认定事项149项。大幅缩减核准投资项目范围。同时扩展上海自由贸易试验区，新设广东、天津、福建三个自由贸易试验区。

2013—2014年，两年内取消和下放行政审批事项共700多项，国务院各部门行政审批事项减少三分之一以上目标提前实现。② 2015年的《政府工作报告》提出，再取消和下放一批行政审批事项，全部取消非行政许可审批，建立规范行政审批的管理制度。2015年，取消和下放311项行政审批事项，取消123项职业资格许可和认定事项，彻底终结非行政许可审批。工商登记前置审批精简85%，实施三证合一、一照一码。加强事中事后监管，优化公共服务流程。③ 对于地方政府职能转变，当时提出了"接放管"的概念："接，就是把中央放给市场的权力接转放开，把中央下放给地方的职能接好管好；放，就是把本级该放的权力切实放下去、放到位；管，就是把地方该管的事情管起来、管到位。"④

---

① 李克强．政府工作报告——二〇一四年三月五日在第十二届全国人民代表大会第二次会议上[N]．人民日报，2014-03-15（01）．
② 李克强．在国务院第三次廉政工作会议上的讲话[N]．人民日报，2015-02-28（02）．
③ 李克强．在国务院第三次廉政工作会议上的讲话[N]．人民日报，2015-02-28（02）．
④ 李克强．在国务院机构职能转变动员电视电话会议上的讲话[N]．人民日报，2013-05-15（02）．

第6章 "放管服"改革行程：20世纪80年代改革的延续

第二阶段：2016年3月—2017年10月，这是"放管服"改革攻坚阶段。主要特征是围绕处理好政府和市场关系这一经济体制改革核心问题，"继续以壮士断腕的勇气，坚决披荆斩棘向前推进"①。

这一阶段"推动简政放权、放管结合、优化服务改革向纵深发展"②，全面实施市场准入负面清单制度，在提前完成减少行政审批事项三分之一目标的基础上，2016年又取消165项国务院部门及其指定地方实施的审批事项，清理规范192项审批中介服务事项、220项职业资格许可认定事项。2017年进一步深化"放管服"改革，全面实施市场准入负面清单制度。

2018年的《政府工作报告》对"放管服"改革进行总结："五年来，国务院部门行政审批事项削减44%，非行政许可审批彻底终结，中央政府层面核准的企业投资项目减少90%，行政审批中介服务事项压减74%，职业资格许可和认定大幅减少。中央政府定价项目缩减80%，地方政府定价项目缩减50%以上。全面改革工商登记、注册资本等商事制度，企业开办时间缩短三分之一以上。"③

第三阶段：2017年10月—2021年5月，这是"放管服"改革拓深阶段。主要特征，以坚实举措深化推进，步入"啃硬骨头"阶段。

这一阶段"放管服"改革主要是推进"五个为"（为促进就业创业降门槛、为各类市场主体减负担、为激发有效投资拓空间、为公平营商创条件、为群众办事生活增便利）和"六个一"（企业开办时间再减一半、项目审批时间再砍一半、政务服务一网通办、企业和群众办事力争只进一扇门、最多跑一次、凡无法律法规依据的证明一律取消）。2017年，十九大报告提出"全面实施市场准入负面清单制度，清理废除妨碍统一市场和公平竞争的各种规定和做法"④，"深化商事制度改革，打破行政性垄断，防止市场垄断，加快要素价格市场化改革，放宽服务业准入限制，完善市场监管体制"⑤。

2018年3月，《政府工作报告》指出"针对长期存在的重审批、轻监管、

---

① 李克强. 政府工作报告——2017年3月5日在第十二届全国人民代表大会第五次会议上[N]. 人民日报，2017-03-17（01）.
② 李克强. 政府工作报告——2017年3月5日在第十二届全国人民代表大会第五次会议上[N]. 人民日报，2017-03-17（01）.
③ 李克强. 政府工作报告——二〇一八年三月五日在第十三届全国人民代表大会第一次会议上[N]. 人民日报，2018-03-23（01）.
④ 习近平. 决胜全面建成小康社会，夺取新时代中国特色社会主义伟大胜利[M]//习近平谈治国理政：第3卷. 北京：外文出版社，2020：26.
⑤ 习近平. 决胜全面建成小康社会，夺取新时代中国特色社会主义伟大胜利[M]//习近平谈治国理政：第3卷. 北京：外文出版社，2020：26.

弱服务问题,我们持续深化'放管服'改革,加快转变政府职能,减少微观管理、直接干预,注重加强宏观调控、市场监管和公共服务"①。2018 年 4 月 1 日起,建立起增值税期末留抵税额退税制度。同时推出包括提升通关便利度、降低口岸相关费用、压缩通关时间在内的优化口岸营商环境的相关举措。2018 年 6 月 28 日,国务院召开全国深化"放管服"改革转变政府职能电视电话会议,要求"突出重点难点",推动"放管服"改革取得新的突破性进展。②

2018 年,国务院及地方政府机构改革顺利实施,市场准入负面清单大幅压缩,"证照分离"在全国推开,企业开办时间得到压缩,工业生产许可证种类压减三分之一以上,并推广自由贸易试验区改革经验。③ 2018 年,在 40 个城市开展营商环境评价,同时围绕与市场主体密切相关的开办企业、办理建筑许可、获得信贷、纳税、办理破产和知识产权保护等重点内容,推动出台优化营商环境的"硬举措"。2018 年,世界银行公布营商环境全球排名,在 190 个经济体当中,我国从 2017 年的第 78 位上升到第 46 位,位次跃升 32 位,成为营商环境改善幅度最大的经济体之一。可以预见的是,随着 2020 年一系列国家治理目标的实现,这一阶段的"放管服"攻坚目标将得到实现,接着将步入一个新的历史阶段。

新时代推进改革的标志性事件,是 2013 年 11 月《中共中央关于全面深化改革若干重大问题的决定》发布,提出全面深化改革 60 个方面的任务。《决定》提出全面深化改革核心问题是处理好政府和市场的关系,使市场在资源配置中起决定性作用和更好发挥政府作用;提出到 2020 年,在重要领域和关键环节改革上取得决定性成果,完成本决定提出的改革任务,形成系统完备、科学规范、运行有效的制度体系,使各方面制度更加成熟更加定型。《决定》最完整表达了"放管服"改革核心议程和价值取向的表述是:

> 进一步简政放权,深化行政审批制度改革,最大限度减少中央政府对

---

① 李克强.政府工作报告——二〇一八年三月五日在第十三届全国人民代表大会第一次会议上 [N].人民日报,2018-03-23(01).
② 在商事制度改革方面,提出对企业开办时间 22.9 天进一步压缩,减并工商、税务、刻章、社保等流程,将银行开户核准改为备案,将企业开办时间压缩到 8.5 个工作日以内,五年内压缩到 5 个工作日以内。投资项目审批改革方面,五年内工程建设项目从立项到竣工验收全流程审批时间压减一半。破除市场准入壁垒方面,实行全国统一的市场准入负面清单制度,缩减清单事项,五年内进出口整体通关时间再压缩一半。
③ 李克强.政府工作报告——二〇一九年三月五日在第十三届全国人民代表大会第二次会议上 [N].人民日报,2019-03-17(01).

微观事务的管理，市场机制能有效调节的经济活动，一律取消审批，对保留的行政审批事项要规范管理、提高效率；直接面向基层、量大面广、由地方管理更方便有效的经济社会事项，一律下放地方和基层管理。

政府要加强发展战略、规划、政策、标准等制定和实施，加强市场活动监管，加强各类公共服务提供。加强中央政府宏观调控职责和能力，加强地方政府公共服务、市场监管、社会管理、环境保护等职责。推广政府购买服务，凡属事务性管理服务，原则上都要引入竞争机制，通过合同、委托等方式向社会购买。①

《决定》实施之后，无论是"权力清单"的推出，还是"营商环境"的改善；无论是发挥市场在资源配置中起决定性作用，还是从沿海到内陆"自贸区"的梯次设置，都是"放管服"改革在我国全面深化改革总体布局中的深度展开和重点方面的突破。毫无疑问，"十四五"期间，我国"放管服"改革又将步入一个新的历史阶段，将会面临诸多升级版的更为艰巨、更为系统的改革重任。

（三）"放管服"改革是20世纪80年代改革的延续

起始于新时代的"放管服"改革与20世纪80年代改革一脉相承。正如李克强总理指出的："放管服"改革与党的十一届三中全会以来市场取向改革的大思路一脉相承，是"放开搞活"历史经验的延续和发展，是完善社会主义市场经济体制丰富实践的重要内容。②

第一，"放管服"改革的核心议程，是20世纪80年代"未竟"事业或者说是当时未能展开的纵深事项。人们公认，20世纪80年代是以"改革"标记的伟大时代，正是其时波澜壮阔的改革开放，为今天奠定了坚实的发展基础，使我们"比历史上任何时期都更接近、更有信心和能力实现中华民族伟大复兴的目标"③。"放管服"改革是20世纪80年代市场化取向、简政放权导向的改革的历史性延续。第二，"放管服"改革立足理顺政府与市场关系，对行政权力进行规范、制约和监督，无论是削平市场准入门槛、实行准入前准入后国民待遇加负面清单制度，还是打破垄断，放松行政管制；无论是降低融资成本，还是

---

① 中共中央关于全面深化改革若干重大问题的决定［N］.人民日报，2013-11-16（02）.
② 李克强.在全国深化"放管服"改革转变政府职能电视电话会议上的讲话［N］.人民日报，2018-07-13（02）.
③ 习近平.决胜全面建成小康社会，夺取新时代中国特色社会主义伟大胜利［M］//习近平谈治国理政：第3卷.北京：外文出版社，2020：12.

减少对土地、劳动、技术、资金、管理等生产要素的供给限制，都是以市场约束为取向的政府改革，与20世纪80年代改革开放一脉相承。第三，"放管服"改革是结构性的改革，不是技术性的修补。从供给侧改革阶段性任务看，这种结构性改革能破除要素市场化配置障碍，降低制度性交易成本，促发社会主义生机和活力，这是我国改革开放的本质精神。认清这一点，不仅对于把握"放管服"改革的性质、功能非常重要，还能有效抑制改革中可能出现的偏差，抑制与"放管服"改革要旨背道而驰的各种集权行为、管制偏好、强化审批行为返潮等现象。

二、"放管服"改革对马克思主义国家学说的贯彻与践行

我国是人民民主的社会主义国家，"放管服"改革是人民民主国体的本质要求，也是遏制行政权力扩张、事权不断扩大，行政效率降低，形式主义、官僚主义盛行并滋生腐败，最终"为了追求自己的特殊利益，从社会的公仆变成了社会的主人"[1] 这一与人民性相悖行为的杀手锏。"放管服"改革作为政府管理经济社会方式的创新和革命，牵一发而动全身，有效带动了价格、财税、金融、社会事业等领域的改革，使全面深化改革不断深入。[2]

正是这一"政体"上的不断改革完善，得以确保人民民主"国体"的马克思主义纯正性。"放管服"改革是全面深化改革的"硬核"和"深水区"的攻坚之举，也是"十四五"全面深化改革的本质内容。在根本上，"放管服"改革是对马克思主义国家理论特别是马克思主义政府原理的具体实践，负载着马克思主义基本理论的思想价值。

（一）对马克思主义"廉价政府"理论的贯彻与践行

马克思指出"公共权力在每一个国家里都存在"[3]，在论述巴黎公社规模时，马克思强调属于人民的公共权力规模要小，"公社将成为甚至最小村落的政治形式"[4]，公社"自然是要为法国一切大工业中心做榜样的"[5]。对于政府职能

---

[1] 马克思. 法兰西内战 [M] //马克思恩格斯选集：第3卷. 北京：人民出版社，2012：54.
[2] 李克强. 在全国深化"放管服"改革 转变政府职能电视电话会议上的讲话 [N]. 人民日报，2018-07-13（02）.
[3] 恩格斯. 家庭、私有制和国家的起源 [M] //马克思恩格斯选集：第4卷. 北京：人民出版社，2012：187.
[4] 马克思. 法兰西内战 [M] //马克思恩格斯选集：第3卷. 北京：人民出版社，2012：99.
[5] 马克思. 法兰西内战 [M] //马克思恩格斯选集：第3卷. 北京：人民出版社，2012：99.

和这种职能的性质，马克思主张"政府应执行的合理职能，则不是由凌驾于社会之上的机构，而是由社会本身的承担责任的勤务员来执行"①。马克思非常强调必须防止公共权力"从社会的公仆变成了社会的主人"："这些机关——为首的是国家政权——为了追求自己的特殊利益，从社会的公仆变成了社会的主人。这样的例子不但在世袭君主国内可以看到，而且在民主共和国内也同样可以看到。"②

18世纪经济学家亚当·斯密（Adam Smith）在《国富论》中提出了"廉价政府"的分析，马克思认为"廉价政府"在限制公权力、保护社会经济自主发展具有历史进步作用，同时指出"公社实现了所有资产阶级革命都提出的廉价政府这一口号"③，因为"公社一开始就厉行节约，既进行政治变革，又实行经济改革"④。马克思非常强调政府行为要简化、简单，"像一切伟大事物一样"⑤。"放管服"改革是我国人民民主国体和人民性的本质要求，是践行马克思主义"廉价政府"理论的必然要求。

人类经验表明，行政机构经长期积淀后，会产生扩张态势，行政审批权力如雪球般越滚越大。扼制这种"历史惯性"，压缩行政规模，建设服务型政府，是一种历史难题。"放管服"改革通过简政放权、全面提升公共服务质量，扼制了行政权力扩张和形式主义、官僚主义，在一定意义上扼制了公权力可能产生的偏离，确保政府行为和公共权力的人民性。

（二）对马克思主义国家与社会关系理论的贯彻与践行

马克思主义深刻揭示了国家的本质，界定了国家和社会的关系。国家产生于社会，"国家并不是从来就有的。曾经有过不需要国家，而且根本不知国家和国家权力为何物的社会"⑥。"国家的本质特征，是和人民大众分离的公共权力。"⑦ 马克思强调国家从属于社会、为社会服务，是社会的"守夜人"。同时

---

① 马克思. 法兰西内战 [M] //马克思恩格斯选集：第3卷. 北京：人民出版社，2012：168.
② 马克思. 法兰西内战 [M] //马克思恩格斯选集：第3卷. 北京：人民出版社，2012：54.
③ 马克思. 法兰西内战 [M] //马克思恩格斯选集：第3卷. 北京：人民出版社，2012：101.
④ 马克思. 法兰西内战 [M] //马克思恩格斯选集：第3卷. 北京：人民出版社，2012：143.
⑤ 马克思. 法兰西内战 [M] //马克思恩格斯选集：第3卷. 北京：人民出版社，2012：140.
⑥ 恩格斯. 家庭、私有制和国家的起源 [M] //马克思恩格斯选集：第4卷. 北京：人民出版社，2012：190.
⑦ 恩格斯. 家庭、私有制和国家的起源 [M] //马克思恩格斯选集：第4卷. 北京：人民出版社，2012：132.

强调破除"国家崇拜"。在《法兰西内战》中马克思指出:"在德国,来自哲学的对国家的迷信,已经进入到资产阶级甚至很多工人的一般意识之中。"① "尤其是人们从小就习惯于认为,全社会的公共事务和公共利益只能像迄今为止那样,由国家和国家的地位优越的官吏来处理和维护,所以这种崇拜就更容易产生。"②

马克思强调,社会才是历史的本质力量。"社会把国家政权重新收回,把它从统治社会、压制社会的力量变成社会本身的充满生气的力量"③,社会"也就是国家政权,即集权化行政权力的对立物"④。"放管服"改革不仅包含了政府与市场、政府与社会在市场取向下如何更好地发挥政府作用等全球性前沿探索,更是马克思主义国家与社会关系理论的体现,凸显了马克思主义"社会本位"思想。1939年2月,毛泽东在延安提出"为人民服务"⑤,1944年9月8日,毛泽东发表《为人民服务》⑥一文,1945年4月,中共七大把"全心全意为人民服务"写进党章,成为全党的根本宗旨。1942年9月7日,毛泽东在延安为《解放日报》写的社论中指出:"党中央提出的精兵简政的政策,是一个极其重要的政策。"⑦ 习近平多次强调人民是创造历史的动力,我们共产党人任何时候都不要忘记这个历史唯物主义最基本的道理。

"放管服"改革实质是政府自我革命,削手中的权、去部门的利、割自己的肉。相忍为国、让利于民,用政府减权限权和监管改革,换来市场活力和社会创造力释放。它以舍小利成大义、以牺牲"小我"成就"大我"。⑧ 这是一种以人民利益为取向、以市场经济为取向、以公共利益为取向的改革,是一种使命、一种担当。它不仅有效带动了价格、财税、金融、社会事业等各领域的改革,更在整体上促进了政府管理经济社会方式的创新,凸显了马克思主义国家与社会关系理论的思想光辉。

---

① 马克思. 法兰西内战 [M] //马克思恩格斯选集: 第3卷. 北京: 人民出版社, 2012: 55.
② 马克思. 法兰西内战 [M] //马克思恩格斯选集: 第3卷. 北京: 人民出版社, 2012: 55.
③ 马克思. 法兰西内战 [M] //马克思恩格斯选集: 第3卷. 北京: 人民出版社, 2012: 140.
④ 马克思. 法兰西内战 [M] //马克思恩格斯选集: 第3卷. 北京: 人民出版社, 2012: 138.
⑤ 毛泽东. 关于《孔子的哲学思想》一文给张闻天的信 [M] //毛泽东文集: 第2卷. 北京: 人民出版社, 1993: 163.
⑥ 毛泽东. 为人民服务 [M] //毛泽东选集: 第3卷. 北京: 人民出版社, 1991: 1004-1005.
⑦ 毛泽东. 一个极其重要的政策 [M] //毛泽东选集: 第3卷. 北京: 人民出版社, 1991: 882.
⑧ 李克强. 深化简政放权放管结合优化服务,推进行政体制改革转职能提效能——在全国推进简政放权放管结合优化服务改革电视电话会议上的讲话 [N]. 人民日报, 2016-05-23 (02).

(三) 对马克思主义"社会自治"理论的贯彻与践行

社会自治是马克思主义社会理论的重要内容。马克思非常重视现代国家社会和国民的"自治"。在对巴黎公社的论述中，马克思多次强调公社必须具有"自治"品质："代之以真正的自治，这种自治在工人阶级的社会堡垒——巴黎和其他大城市中就是工人阶级的政府。"① 恩格斯在《家庭、私有制和国家的起源》中也深刻指出：

> 在生产者自由平等的联合体的基础上按新方式来组织生产的社会，将把全部国家机器放到它应该去的地方，即放到古物陈列馆去，同纺车和青铜斧陈列在一起。②

马克思和恩格斯强调：一个国家只有在社会本位基础上进行社会自治，才能真正管理好。"放管服"改革通过简政放权、提升公共服务质量，为发挥社会自治作用开辟了巨大空间，它不仅体现了共产党人"执政为民"的历史道义和权力正义问题，更在更大范围内融汇公共智慧，为建立"参与型治理"行政管理模式和社会治理方式提供了可能，全面诠释了马克思主义"社会自治"思想。

三、加快推进"放管服"改革的现实性与难点

马克思《〈政治经济学批判〉序言》中谈到："任务本身，只有在解决它的物质条件已经存在或者至少是在生成过程中的时候，才会产生。"③《中共中央关于制定国民经济和社会发展第十四个五年规划和二〇三五年远景目标的建议》中提出"十四五"时期经济社会发展"以推动高质量发展为主题，以深化供给侧结构性改革为主线，以改革创新为根本动力，以满足人民日益增长的美好生活需要为根本目的"④，而"放管服"改革就是供给侧结构性改革的主要内容。在"十四五"开启之际乃至整个"十四五"时期，"放管服"改革面临着诸多

---

① 马克思. 法兰西内战 [M] //马克思恩格斯选集：第3卷. 北京：人民出版社，2012：166-167.
② 恩格斯. 家庭、私有制和国家的起源 [M] //马克思恩格斯选集：第4卷. 北京：人民出版社，2012：190.
③ 马克思.《政治经济学批判》序言 [M] //马克思恩格斯选集：第2卷. 北京：人民出版社，2012：3.
④ 中共中央关于制定国民经济和社会发展第十四个五年规划和二〇三五年远景目标的建议 [N]. 人民日报，2020-11-04 (01).

新的改革命题和深化的任务。在新的起点上推进"放管服"改革，就要通过相应的战略设计和技术设计，把改革向纵深推进，实现新的突破。

(一) 推进"放管服"改革的焦点与难点

我国40多年改革开放解决的多为结构性问题，因其牵涉面大、包含内容庞大复杂而主要基于"第一界面"展开，现在需要深入更纵深和更多细节界面，这正是"放管服"改革面临的现实任务，是这一改革的题中应有之义。"放管服"改革的焦点，是如何处理好政府与市场关系、政府与社会的关系。如何既发挥好市场对资源配置的决定性作用，又发挥好政府的作用，实现"看不见的手"和"看得见的手"两手都硬，是这一焦点包含的基本内容。

十九届五中全会强调："加快转变政府职能。建设职责明确、依法行政的政府治理体系"，强调"国家行政体系更加完善，政府作用更好发挥，行政效率和公信力显著提升"①，只有深化"放管服"改革，这一目标才可能实现。"放管服"改革的重点是"放"，实现真正的简政放权。放得彻底，管得到位，服的有质量，"放权"是第一步，为关键之举。而其难点，是加快实现政府职能的转变，是行政体制改革取得实质性突破。早在2000年10月11日，江泽民在十五届五中全会上的讲话中就谈到这一点：

> 不改革，不进行体制创新，很多问题的解决就没有出路。二十多年的改革实践，为我们进一步深化改革创造了很好的基础。继续推进改革，难度会更大，工作会更复杂。我们必须拿出一往无前的勇气，在体制创新方面取得重大进展，绝不能有畏难情绪。任何改革都要进行利益关系的调整，不可避免地会触及一部分人的利益。②

2008年3月，党的十七届二中全会通过的《关于深化行政管理体制改革的意见》指出："必须通过深化改革，进一步消除体制性障碍，切实解决经济社会发展中的突出矛盾和问题。"③ 40多年改革开放，我国社会主义市场经济体制已基本确立，但是"体制性障碍""突出矛盾和问题"以及各种旧的思想观念、利益固化的藩篱，还相当多地存在着。同时，支撑我国发展的要素条件正发生

---

① 中国共产党第十九届中央委员会第五次全体会议公报 [N]. 光明日报，2020-10-30 (02).
② 江泽民. 在新世纪把建设有中国特色的社会主义事业继续推向前进 [M] //江泽民文选：第3卷. 北京：人民出版社，2006：120.
③ 关于深化行政管理体制改革的意见 [N]. 人民日报，2008-03-05 (01).

深刻变化，深层次矛盾凸显，处于结构调整阵痛期、增长速度换挡期，这也是改革步入"深水区"的社会内涵所在。

"放管服"改革核心是放权限权、压缩行政事权范围、缩小政府规模，促进职能转变。我国于1982年、1988年、1993年、1998年、2003年、2008年、2013年先后进行七轮以放权限权、深化行政审批制度改革为主要内容的行政体制改革，有着鲜明的时代烙印，并一次比一次向纵深推进。但应看到，中国处于急遽的历史变革时期，政府包揽事务有其动因，无论是行政事权还是行政规模，客观上有一时难以逆转之趋势，"放管服"改革要突破瓶颈向纵深拓展是个结构性难点；而改革越深入，触及的利益和矛盾越多，难啃的"硬骨头"也越多。

从更长远的历史过程看，改革是艰难的历史活动。任何现存秩序一旦固化，就难以撬动。任何真正的改革要打破现存秩序，进行结构性变动，就会形成巨大的交易损耗，产生新的利益损益，这是历史上许多改革艰难乃至失败的缘由所在。一定意义上"放管服"改革是一场"悲壮的改革"，其难度之大、障碍之多、阻力之强，应得到足够的评估。在此基础上，才谈得上形成包括进一步深化的重点方位和着力点选择在内的应对之策，才能形成相应的改革总体战略设计和改革过程的技术设计。

(二) 健全"放管服"改革的知识体系和科学认知

应实事求是地看到，在各地行政系统中对于"放管服"改革的根本性取向和这一改革的伦理正义，并未形成完整和全面的科学认知；同时"放管服"改革的理论支点亦未形成系统化的知识体系。一些地方在"改革"名义下实际扩权加剧，政府"管事偏好"得以张扬，行政审批返潮，"优化营商环境"举措下实际管制增多，各种"逆改革"纷呈沓至。这当中，很大程度上在于对"改革"究竟应当确立什么样的取向存在模糊认知。2002年2月18日，江泽民在《关于十六大报告起草工作的批示》中就强调："要鲜明地贯彻深化改革的思想，特别要强调继续推进社会主义市场经济取向的改革。"[①] 同时，还存在对于"放管服"改革认知体系和知识体系上的整体性的不健全，亟须做思想方法理论层面的提升。

---

① 江泽民. 关于十六大报告起草工作的批示 [M] //江泽民文选：第3卷. 北京：人民出版社，2006：440.

在各级政府进一步普及政府事权之道、治事之道的科学认知。很多领导干部的既定思维是认为政府管事越多，能力就越"强"，也越"勤政"。这促使一些地方的行政事权持续处于扩张态势。在这种观念中推进真正的"放管服"改革是不可能的。要强化马克思主义政府理论的科学认知，政府是为解决市场和社会自身解决不了的问题而存在的。凡是市场能解决的、社会能承担的，理论上都不属于政府事权和职能的范畴。政府"强"不在于管事多，而在"管好"该管的事、不包揽一切而能把一切治理好。政府管事多、无所不包模式不仅是低绩效的，更是腐败的深渊。无论是传统政府理论，还是20世纪新公共管理理论都看到了这一点。中国特色社会主义践行马克思主义国家学说和政府职能理论，实现对传统政府理论的超越，它强调人民的法理地位和公众参与治理的法理价值，对于政府职能有着更为清醒的认识和行为准则。

对各级政府部门的行政事权进行全面清理。要像财务审计那样，厘清政府事权和实际管事的内容。清理应分出三种：①政府职能必须承担的事务；②可承担可不承担的事务；③不应承担的事务。后两类要实现真正意义上的"放"，还权于市场和社会。清理废除妨碍统一市场和公平竞争的各种规定和做法，还要进一步减少政府对要素的直接配置。① 前几年各地制定和晒出"权力清单"，对制约行政事权膨胀发挥了一定作用。但同时陷入权力自我裁量、自我认定的"怪圈"，造成同一部门在各地之间、横向之间事权宽窄不一。政府事权是由职能决定的，而职能的确定，须立足于社会主义市场经济体制和市场对资源发挥决定性作用这一基点。② 要通过政府职能转变来减少行政事权，形成市场功能和政府作用协调促进的治理格局。

在各地党校行政学院、干部学院课程设置中强化"放管服"改革的知识体系。客观地说，目前各地大部分干部培训课程体系的着力点，与"放管服"改革理念尚未真正形成"同心圆"，至少存在"不对称"的问题。大部分干部培训课程基点都建立在如何统管社会、统管一切的理念上，是一种"统管型"取向。有的把"责任""担当"等，理解为怎样更多地管人管事管社会。而相信权力、依赖权力，一切由政府管、凡事须经层层审批等的认知根深蒂固，从教材、授课到教育理念，都是这样输入的。甚至教育系统中的职教人员本身，尚未完全更新或建立与新时代相适应的科学认知。这是推进"放管服"改革难点

---

① 中共中央国务院关于构建更加完善的要素市场化配置体制机制的意见[J]. 中华人民共和国国务院公报，2020（11）：5-8.
② 秦德君. 深化放管服改革激发市场活力[N]. 中国纪检监察报，2020-02-25（07）.

所在最为深层的原因之一，亟须实现认知体系和知识体系上的革命性变革。

四、深化"放管服"改革要处理好几个关系

（一）处理好统一部署与结合实际创新的关系

我国是"单一制"国家，公共治理具有统一性，重大公共决策具有高覆盖性。由于幅员辽阔，各地社会经济发展"极差"大，行政效率的空间递减是个客观问题。由于各地社会经济发展"不平衡、不充分"，统一部署投放到不同地区，治理收益是不确定的。区域性"政策损耗"一直是我国公共管理领域存在的突出问题。长线推进"放管服"改革，就要强化地方政府作为改革主体的角色，一方面要提升中央政府的权威和调控力；另一方面要"赋予省级及以下政府更多自主权"①。

在"单一制"结构和幅员辽阔这两个特定条件下，地方"放管服"改革再推进，贯彻落实好中央统一部署要紧密结合本地实际，依据实际情况创造性地推进改革创新。既要有战略性、贯彻性的承接，又要有具体的创造性运营操作，在贯彻实施中形成一种"再创造"，找到合乎本地实际情况的突破路径。要按照十九届五中全会精神，在加快"转变政府职能，深化简政放权，创新监管方式，增强政府公信力和执行力，建设人民满意的服务型政府"② 中，切实处理好中央统一部署与各地结合实际开展改革创新的关系。要按照治理能力现代化的要求重构"央—地"新型关系，只有地方政府真正成为"改革中轴"和治理动力站，才能有效推进"放管服"改革事业，释放更多的地方活力。

（二）处理好简政放权、放管结合、优化服务的关系

"放管服"是一个整体，但第一步是"放"，"放"是最难的，手上抓的东西不放，一切后续都谈不上。推进"放管服"改革，第一步是各级政府要重点考察各部门究竟"放"了多少、哪些该"放"未放，哪些能"放"的未一放到底，哪些可以进一步"放大招"。"放管服"改革中出现的普遍性倾向是，"只下放复杂的、管理责任大的，'含金量'较高的仍然留在手中；有的放权动辄上

---

① 习近平. 决胜全面建成小康社会，夺取新时代中国特色社会主义伟大胜利［M］//习近平谈治国理政：第3卷. 北京：外文出版社，2020：31.
② 习近平. 决胜全面建成小康社会，夺取新时代中国特色社会主义伟大胜利［M］//习近平谈治国理政：第3卷. 北京：外文出版社，2020：31.

百项,但其中'干货'不多"①。而一些业已被裁剪的审批事项,又通过其他环节改头换面得以出现,换了个"马夹"而已。简政放权方面,首先要减少没有法律依据和法律授权的事权,其次要裁减多部门重复管理的事权。放管结合方面,重点要创新和加强监管职能,利用新技术和新体制加强监管体制创新。优化服务方面,重在转变政府职能,扼制对市场和微观经济的不当干预。市场的事交由市场决定,减少对市场主体过多的行政审批,降低市场主体的行政运行成本,促进市场主体的活力和创新能力。

(三) 处理好政府、市场、社会的关系

我国40多年全部改革的重点,核心是如何处理好政府和市场的关系,如何使市场在资源配置中发挥决定性作用,同时能更好发挥政府作用。十四五"放管服"改革再推进,就要在理顺政府与市场关系上迈出新步。市场不仅是决定性资源配置手段,更是一种治理力量,要发挥市场的治理功能。行政之手要克制"管事偏好",放手让市场在资源配置中起决定性作用。凡市场能解决的,就是"看得见的手"应恪守的底线。同时要在理顺政府与社会关系上迈出新步。政府与社会的实际关系,本质上反映了国家治理的实际水准。政府作为社会的产物,在与社会的关系上主要职能是掌舵而非划桨,是提供公共服务,促进社会公平正义和社会稳定。如前述,包揽一切是一种高能耗、低绩效的治理陷阱。诸如金融、工商等领域的"条治"应向"块治"转型,淡化和取消垂直管理体制;而在审计、环保等领域,则应适当强化垂直管理。

(四) 处理好"先行先试"与面上铺开的关系

我国改革开放一大特点,是通过一定范围的先行先试来推开全局性的改革开放。2013年7月3日,国务院批准《中国(上海)自由贸易试验区总体方案》,2013年9月29日,我国首个先行先试自贸区——中国(上海)自由贸易试验区挂牌。2013年9月30日,《中国(上海)自由贸易试验区外商投资准入特别管理措施》公布,标志着我国对外商投资"负面清单"管理模式的开始。从2013年9月至今,我国自贸区建设呈现由点到面、从东向西的扩展。2015年4月,广东、天津、福建第二批自贸区获批;2017年3月,辽宁、浙江、河南、

---

① 李克强.在国务院机构职能转变动员电视电话会议上的讲话[N].人民日报,2013-05-15 (02).

湖北、重庆、四川、陕西第三批自贸区获批；2018年10月，海南自贸区获批；2019年8月，江苏、河北、黑龙江、广西、山东、云南第五批自贸区获批；2020年9月，北京、湖南、安徽作为第六批自贸区获批。目前我国自贸区总量达到21个，形成了由沿海到内陆的纵深扩展，是形成更充分生产要素流动、国际自贸规则贯通化和贸易便利化的"纵深跃进"。

自贸区试验探索的核心，是简政放权、放管结合、优化服务，促进资源配置全球化、经济贸易国际化、高度流通无障碍化，构建开放型的经济新体制。除了要围绕各自贸区不同的试验重点，形成不同特点的重点突破，并形成自贸区之间的协调联动外，还要处理好"先行先试"与面上铺开的关系。从我国第一个自贸区——中国（上海）自由贸易试验区挂牌至今，"先行先试"已至十年。"先行先试"的全部价值在于面上展开而不在于"试"本身。各类试点、探索、示范应处理好点上"先行先试"与面上全面铺开的价值关系，把探索着力点放在如何更多地提供可复制可推广经验上。应形成这样的总体判断，即在经历了40多年改革开放的基础积累后，我国大部分地区、大部分领域都已具备了"自贸区模式"普遍化的条件。要尽快把"自贸区模式"普遍化，把已取得的经验在面上全面推开。尤其在经历新冠肺炎疫情"大考"后，全球经济面临下行态势下，有针对性地对包括经济体制在内的治理体系和治理能力进行调整和重塑，构筑新的经济社会发展动力，是贯彻新发展理念、构建新发展格局的内在要求，是"十四五""放管服"改革再推进的题中应有之义。在21世纪第三个十年和"十四五"规划（2021—2025）全面启动之际，以更大气力和远见卓识把"放管服"改革向纵深拓进。

第7章

"一带一路"倡议与"人类命运共同体"建设

2013年3月,提出"人类命运共同体"倡议。2013年9月、10月先后提出共建"丝绸之路经济带"和"21世纪海上丝绸之路"倡议。

"一带一路"倡议和"人类命运共同体"建设,是新时代中国面向世界、介入全球事务的两线"引桥",是新的时间流程里中国参与世界的拓展方式。它构成了新时代中国对外政策和对外政治发展的基调。

"人类命运共同体"倡议是继20世纪70年代毛泽东提出"三个世界"理论、20世纪80年代邓小平提出"和平与发展"两大主题理论后,中国对于国际秩序的又一思想贡献。

后疫情时代"全球化"面临巨大困难,"一带一路"和"人类命运共同体"建设面临巨大挑战。审时度势进行调适,包括确立"和平发展"思维、实现对外话语表达的革故鼎新,以更好地突破困难,发挥在国际社会"负责任大国"应有的作用。

人类的2020年以来的年份,必将因新冠肺炎疫情而得以标记。新冠肺炎疫情的全球性,是人类有史以来覆盖性最强的蔓延,它不仅是病理学意义上的,也是国际政治、人类学和社会学意义上的。人类历史上有过多次因病疫导致世界格局裂变的前例,此次"全球化"进程中的新冠肺炎疫情蔓延,对全球地域政治和全球治理产生的影响超过以往任何一次,也成为21世纪以来最重大也是最根本性的全球化新境遇。新冠肺炎疫情不仅对各国人民的生命安全构成巨大挑战,同时对世界经济、国际政治、"一带一路"和人类命运共同体建设都形成新的重大影响,构成一种全球性新态势。

正如美国前国务卿基辛格谈到的,"新冠肺炎疫情大流行将永远改变世界秩序""它所引发的政治和经济动荡可能会持续几代人"①。人们普遍认为新冠肺炎疫情将导致人类"全球化"画上句号，至少不会再出现20世纪80年代至90年代那种"你中有我、彼此难分"的"全球化"。②对于世界秩序这种新变化、新态势，特别是"一带一路"和人类命运共同体面临的新变量、新情况，应以全局观、大视野作足够的分析、评估和把握。

一、历史新起点与"一带一路"和人类命运共同体拓深

全球新冠肺炎疫情蔓延至210多个国家和地区，影响70多亿人口，已夺走30多万人的宝贵生命，③成为第二次世界大战以来影响最深远的全球性公共卫生灾难。数字是冰冷的，由此产生的变化是现实而持续的。联合国于2020年5月发布《2020年世界经济形势与展望年中报告》报告显示，受新冠肺炎疫情影响，2020年全球经济预计萎缩3.2%。发达国家经济将萎缩5%，发展中国家经济萎缩0.7%。全球贸易将收缩近15%。2020年至2021年全球经济产出累计损失将达8.5万亿美元，几乎抵消以往4年的全部增长。全球将有约3430万人跌入"极端贫困"，到2030年"极端贫困"状态下的人口将新增1.3亿，对全球消除极端贫困已有成果形成"巨大打击"。国际货币基金组织（IMF）于2020年4月14日公布最新《世界经济展望报告》，预计2020年全球经济将萎缩3%，成为20世纪30年代大萧条以来最严重的经济衰退。预计2020年全球GDP增速为-3%（此前预期为3.3%）。世界银行（World Bank）于2020年6月8日发布第6期《全球经济展望》报告指出，新冠肺炎疫情大流行所带来的巨大冲击以及防控措施造成的经济停摆，将使2020年全球经济萎缩5.2%，成为第二次世界大战以来最严重的经济衰退，也是1870年以来人均产出下降的经济体数量出现最多的一年。由于内需和供应、贸易与金融严重中断，2020年发达经济体的经济活动将收缩7%，新兴市场及发展中经济体将收缩2.5%。人均收入将下降3.6%，亿万人将陷入极端贫困当中。在主要经济体中，只有中国经济2020年维持正增长。联合国贸易和发展会议（UNCTAD）最近发布研究报告也显示，新冠肺炎疫情造成全球贸易供应链中断，全球最大跨国公司中三分之二以上业务遭受重大影响，41家公司发布利润下调预警。全球5000家最大企业中近一半下

---

① 张梦旭. 基辛格：新冠病毒大流行将永远改变世界秩序 基辛格称新冠肺炎大流行将改变世界秩序［EB/OL］. 人民网，2020-04-05.
② 郑若麟. 欧美与中国之间已经永远翻过了历史性的一页［N］. 欧洲时报，2020-05-11（05）.
③ 习近平在第73届世界卫生大会视频会议开幕式上致辞［N］. 人民日报，2020-05-19（01）.

调了盈利预期。发展中国家大型企业盈利预期下降至16%。另预计，2020年全球外国直接投资（FDI）下降5%至15%。[1]

除了世界经济加速衰退，国际金融市场动荡，全球失业率快速攀升，进一步的问题是新冠肺炎疫情对全球的影响远非只是经济领域，而是全方位的。一方面各国抗疫禁止跨境流动，客观上遏止了国际间的合作，全球供应链体系中断，导致"城邦国家的城墙悄然复兴"（基辛格语）；另一方面狭隘民族主义、国家主义等人为障碍构筑起藩篱，有的国家甚至认为自己是"全球化"的牺牲品。新冠肺炎疫情再次表明，人类是个命运共同体，全球疫情需要全球通力合作才能更好得到遏制，"抗击疫情过程中特别需要公共产品，需要保持产业链、供应链稳定，更需要开放，推进贸易投资自由化与便利化"[2]，这本身构成了人类命运共同体建设的重要命题，但全球性疫情加剧了"逆全球化"、民族主义和国家主义思潮的蔓延，给各种逆全球化、反全球化提供了"口实"。正如法国问题专家郑若麟谈及的：自新冠肺炎疫情全球爆发以来，欧美与中国已永远翻过了历史性一页，今天应研究并回答的问题是：如何来应对这一全新的历史性局面？[3]

从大的历史过程看，"全球化"是人类文明长期进化的一种规律性趋动。"'全球化'的后果几乎已深入到了社会的最小单位"[4]，"整个世界正变成一个大舞台，上演着一幕幕人类命运的戏剧篇章"[5]，由此不会出现历史进程逆向意义上的"反转"，但"全球化"的停滞、放缓和阶段性返潮，则成为一种应当正视的新常态。正如习近平在2020年两会全国政协十三届三次会议经济界委员联组会上指出的："我们还要面对世界经济深度衰退、国际贸易和投资大幅萎缩、国际金融市场动荡、国际交往受限、经济全球化遭遇逆流、一些国家保护主义和单边主义盛行、地缘政治风险上升等不利局面，必须在一个更加不稳定不确定的世界中谋求我国发展。"[6] 在这样一种特殊的历史境遇中，中国作为

---

[1] 受新冠肺炎影响第一季度全球贸易额下降3%，第二季度全球贸易环比下降27%。（联合国贸发会议：第一季度全球贸易额下降3% [EB/OL]. 中国日报网，2020-05-13.
[2] 李克强总理出席记者会并回答中外记者提问 [N]. 人民日报，2020-05-29（03）.
[3] 郑若麟. 欧美与中国之间已经永远翻过了历史性的一页 [N]. 欧洲时报，2020-05-11（05）.
[4] [德] 迪特·森格哈斯. 文明内部的冲突与世界秩序 [M]. 张文武，译. 北京：新华出版社，2004：3.
[5] [美] 莱斯利·里普森. 政治学的重大问题：政治学导论 [M]. 刘晓，等译. 北京：华夏出版社，2001：304.
[6] 习近平在看望参加政协会议的经济界委员时强调：坚持用全面辩证长远眼光分析经济形势，努力在危机中育新机于变局中开新局 [N]. 人民日报，2020-05-24（01）.

"一带一路"和人类命运共同体的倡导者,担负着中流砥柱、尊俎折冲的历史重任。在全球后疫情时代这一国际大环境中,深入研究和布局"一带一路"和人类命运共同体的深度拓进,是"在一个更加不稳定不确定的世界中谋发展"的重要举措和重要任务。

人类最早的"共同体",是由婚姻和家庭组成的血缘共同体,生产和分工的发展,职业的分化,人类共同体的形式越来越多。在现代政治思想史中,对于"共同体"(Community)的研究和倡导是个历久弥新的人类命题。马克思在许多著作中批判专制国家"虚幻的共同体",主张建立"真正的共同体",强调"人的本质是人的真正的共同体"①,指出"只有在共同体中,个人才能获得全面发展其才能的手段,也就是说,只有在共同体中才可能有个人自由"②。在《共产党宣言》中,马克思和恩格斯进一步提出"自由人联合体",揭示了在人类共同体中,自由是"全部精神存在的类本质"这一本质内容。③ 20世纪80年代至90年代"共同体主义"(Communitarianism)思潮在全球兴起,发展成为一种表达人类价值关怀的重要政治哲学流派,核心是主张寻求建立"共同利益政治"(politics of the common good)。实际上它是对"自由—个人主义"扩张在现代社会形成的不平衡做出的反拨。④ "人类命运共同体"倡议根植于马克思"真正的共同体"思想,是对现代共同体主义社会思潮的扬弃,更是对当下全球发展现实清醒的诊断和战略性把握。今天国际社会对"人类命运共同体"的理解,已超越国别和议题范畴,进入到全球治理新方案和国际政治秩序新准则的层面。

2012年11月8日,党的十八大报告提出"倡导人类命运共同体意识"⑤,2013年3月23日,习近平在俄罗斯莫斯科国际关系学院的演讲中,首提"人类

---

① 马克思.评一个普鲁士人的《普鲁士国王和社会改革》一文[M]//马克思恩格斯全集:第3卷.北京:人民出版社,2002:394.
② 马克思,恩格斯.德意志意识形态[M]//马克思恩格斯选集:第1卷.北京:人民出版社,2012:199.
③ 马克思.第六届莱茵省议会的辩论(第一篇论文)[M]//马克思恩格斯全集:第1卷.北京:人民出版社,1995:171.
④ [英]安德鲁·海伍德.政治学核心概念[M].吴勇,译.天津:天津人民出版社,2008:62.
⑤ 胡锦涛.坚定不移沿着中国特色社会主义道路前进,为全面建成小康社会而奋斗[M]//胡锦涛文选:第3卷.北京:人民出版社,2016:651.

命运共同体"的倡议。① 此后"人类命运共同体"通过"一带一路"、区域命运共同体、人类卫生健康共同体倡议②等得以具体化、延伸化并得到推进，日益赢得全球各方面的赞同。2017年2月10日，写入联合国决议，2017年3月17日，载入安理会决议，2017年3月23日，载入联合国人权理事会决议。这一倡议成为继20世纪70年代毛泽东提出"三个世界"理论、20世纪80年代邓小平提出"和平与发展"两大主题理论后，21世纪中国对国际秩序的又一思想贡献。

自2013年9月和10月习近平在出访中亚和东南亚国家期间，先后提出共建"丝绸之路经济带"和"21世纪海上丝绸之路"倡议，至今已历十年。"丝绸之路经济带"和"21世纪海上丝绸之路"建设不仅是对中国历史上对外和平贸易、和平合作精神的现代发扬，也是在新的历史条件下构建人类命运共同体的一种区域实践方式、一种区域性利益共同体建设。它不仅是对国际区域性经济贸易合作的共赢探索，也是人类命运共同体的地域政治建设。十年来取得的成果是开拓性、积累性的。全球新冠肺炎疫情后"一带一路"出现了项目停顿、进度受阻等新情况，一些国家将"中国责任论"与"债务陷阱论"结合，出现毁约或还贷困难的情况，有的国家取消接受中国贷款，有的将我国投资项目收归国有，③使"一带一路"面临极为复杂的形势。而无论是人类命运共同体的构建，还是"一带一路"倡议的推进实施，本身都进入了一个历史调适期或间歇期，正是做出新的适应性、战略性调适的"战略机遇期"。在后疫情时代和21世纪第三个十年开启之际，深入研究包括拓深主线、重点选择、营运方式、实施路径在内的"一带一路"和人类命运共同体深化问题，已成为"一带一路"和人类命运共同体建设历史节点上重要一环。

应清醒看到，一场疫情深刻改变世界。全球政策时空发生巨变，全球政治经济格局进入重塑进程。无论在"后疫情"的时空背景下，还是在"一带一路"和人类命运共同体已有实践的基础上，现在都应站到一个新的历史起点上，

---

① 2013年3月23日，习近平在莫斯科国际关系学院的演讲中提出："这个世界越来越成为你中有我、我中有你的命运共同体，和平、发展、合作、共赢成为时代潮流。"此后提出"亚太命运共同体""中非命运共同体""中国—东盟命运共同体""中拉命运共同体""网络空间命运共同体""核安全命运共同体""人类卫生健康共同体"等概念，"人类命运共同体"内容不断丰富完善。

② 2020年5月18日晚，国家主席习近平在第73届世界卫生大会视频会议开幕式上发表《团结合作战胜疫情，共同构建人类卫生健康共同体》的致辞，提出"共同构建人类卫生健康共同体"等一系列重要倡议。

③ 黄仁伟."一带一路"面临新挑战和新机遇[N].环球时报，2020-05-26（15）.

以强烈的问题意识和实事求是的科学精神来认知和把握世界经济政治格局的深度变化和国际秩序的深刻变迁,对全球化进程和人类命运共同体建设、对"一带一路"沿线国家政策变化和面临的困难进行全面客观的分析考量,并做出分层化、不同重点的调适、擘画和布局。

二、全球新常态与"一带一路"和人类命运共同体战略性调适

全球新冠肺炎疫情后,推进人类命运共同体建设更困难也更迫切。习近平在2020年两会上曾指出:"我们要站在历史正确的一边,坚持多边主义和国际关系民主化,以开放、合作、共赢胸怀谋划发展,坚定不移推动经济全球化朝着开放、包容、普惠、平衡、共赢的方向发展,推动建设开放型世界经济。"① 这就要以全球胸怀,立足全球疫情后新的国际关系发展态势和"一带一路"与人类命运共同体建设的新态势做实事求是的把握,并进行战略性、技术性的调适。这当中,既要有"微调"的部分,也要有结构性的调整。尤其要抓好几个关键点。

(一) 积极推行对全球"新常态"的新认知

2020年无疑成为当代全球深刻变化的时间标点。虽自2014年以来"全球化退潮"已被视为一种"新常态",并在2015年后这种"退潮"达至高点,② 但在国际政治分析的视角,此次全球疫情带来的变化,才是显性的、影响深远的实质意义上的"新常态"。最为突出的特征,是世界变得异常复杂,"世界百年未有之大变局"出现质变性构成,不仅导致"全球化"进程放缓,全球开放体系交易成本骤升,世界经济困顿加剧,国际政治秩序重塑,更因新冠肺炎疫情影响将长期存在而形成诸多新的不确定性,不断出现全球多方面的延伸性、次生性变化。

全球"新常态"是全球后疫情时代出现的相对持久的"秩序重置",亦即全球在时间、空间上呈现的新阶段。恩格斯曾谈到:"一切存在的基本形式是空

---

① 习近平在看望参加政协会议的经济界委员时强调:坚持用全面辩证长远眼光分析经济形势,努力在危机中育新机于变局中开新局 [N]. 人民日报, 2020-05-24 (01).
② 据IMF数据,2015年发达国家经济增速较2014年提升0.2个百分点,新兴市场经济增速较2014年却下降0.6个百分点。2015年美国、欧元区和日本经济增速分别较2014年提升0.2、0.6和0.7个百分点,俄罗斯、中国、巴西和南非经济增速分别下降4.4、0.5、3.1和0.1个百分点。印度经济增速持平。

间和时间,时间以外的存在像空间以外的存在一样,是非常荒诞的事情。"① 对于这种时间、空间都蕴含深刻变化的"新常态"的认知,不是为了加剧国际社会任何方式的对峙和紧张,而是为解构这种对峙和紧张。"各国都有各自的长处,都要担负起应尽的国际责任,携手应对各种困难和挑战"②,要通过这种"携手应对",共同克服人类面临的困难。正如政治学家们倡导的:"应该寻找一些新的方法,在新的秩序中维护安全,并将正义的理念灌输到这种秩序中去。简言之,我们要重塑国与国之间的关系,就像我们要在一国内使各种联合体和谐共处一样。"③ 推行对于全球"新常态"的新认知,是要在国际社会建立起这样的共识:"只有在共赢中大家才能够共同成长"④,任何单边主义、贸易保护主义、脱钩思维、冷战思维、战狼思维,对任何国家都无益处,是全球性的"同输"。只有通过对人类价值最大公约数的提取,才能建立公平合理的新型国际关系,实现国际社会新秩序的"良治"。

中国作为"一带一路"与人类命运共同体的发起者、倡导者,应做"新常态"的践行者和认知上的推动者,以更为开放的姿态面对世界,以远见卓识推进人类命运共同体和"一带一路"建设,担当起全球化和人类命运共同体坚定的中流砥柱的责任。要立足关于"我国发展仍处于重要战略机遇期"⑤ 的重要判断并遵循"始终不渝走和平发展道路、奉行互利共赢的开放战略"⑥ 和"始终做世界和平的建设者、全球发展的贡献者、国际秩序的维护者"⑦ 的要求,以"和平发展"思维处理营运新型大国关系和新型国际关系。在现代世界政治体系中,每个民族国家都是由许多其他国家和其他国际行为者形成的环境中活动,其中包括"政治地缘处境"(Political-geographic Arrangement),⑧ 任何方式的极端、偏激、狭隘,不仅对构建人类命运共同体和"一带一路"建设构成严

---

① 恩格斯. 反杜林论[M]//马克思恩格斯文集:第9卷. 北京:人民出版社,2009:56.
② 李克强总理出席记者会并回答中外记者提问[N]. 人民日报,2020-05-29(03).
③ [美]莱斯利·里普森. 政治学的重大问题:政治学导论[M]. 刘晓,等译. 北京:华夏出版社,2001:297.
④ 李克强总理出席记者会并回答中外记者提问[N]. 人民日报,2020-05-29(03).
⑤ 习近平. 决胜全面建成小康社会,夺取新时代中国特色社会主义伟大胜利[M]//习近平谈治国理政:第3卷. 北京:外文出版社,2020:2.
⑥ 习近平. 决胜全面建成小康社会,夺取新时代中国特色社会主义伟大胜利[M]//习近平谈治国理政:第3卷. 北京:外文出版社,2020:20.
⑦ 习近平. 决胜全面建成小康社会,夺取新时代中国特色社会主义伟大胜利[M]//习近平谈治国理政:第3卷. 北京:外文出版社,2020:20.
⑧ [美]布鲁斯·拉西特,哈维·斯塔尔. 世界政治[M]. 王玉珍,等译. 北京:华夏出版社,2001:68.

重障碍，还会使已取得的成果毁于一旦。而任何现代国家一旦脱离全球生产体系和科技创新体系，不仅会导致制造业的整体萎缩，科技创新也必定与全球发展进步的整个局面脱节。因此推行对全球"新常态"的新认知，不仅是建立新的健康国际新秩序的过程，更是遏制单边主义、贸易保护主义、极端主义、民粹主义、冷战思维、脱钩思维、战狼思维等逆流的一剂良药。它是一门高超的国际政治艺术，需要高超的政治智慧来实践和驾驭。

（二）积极推进"第三方市场合作"新模式

中国首创"一带一路"第三方市场合作机制，作为工作部署首次出现在2019年《政府工作报告》中。它是"一带一路"的拓展模式，也是国际合作的一种新型思想方法。作为推动国际经贸的创新之举，2015年6月，中法两国政府在签署的《中法关于第三方市场合作的联合声明》法律文本中，最早提出"第三方市场合作"的构想。近年中国与法国、加拿大、日本、新加坡等国家和一些国际组织签署了一系列法律文件，与欧洲投资开发银行建立第三方合作市场基金，多方面展开探索实践。在新的国际态势下，"一带一路"推进除了要利用世界经济再区域化这一新趋势，进行板块化布局，确保重点地区和项目推进外，总体上要做战略性的适当收缩，并在重点地区率先实现"五通"，其突进线路要选择好几个重点。"第三方市场合作"不仅是推进"一带一路"建设、促进国际产能合作的方式，也是全球后疫情时代推进"人类命运共同体"建设、扩大各方利益交汇的思维基点。虽然原本已经达成的中欧投资协定和若干第三方合作在疫情后遭遇停滞及多方面的困难，但通过相应的调整，可以把负面影响降低至最低。

在全球新冠肺炎疫情后进一步拓展"第三方市场合作"，有利于将中国优势产能、发达国家领先技术与沿线国家的需求实现对接，实现1+1+1>3。同时对发展中国家开发资源、改善基础设施、逐步实现工业化；对发达国家提高产品增加服务出口、扩大就业等，都有巨大发展空间和促进作用。"第三方市场合作"要注重推动能够发挥专业能力和保障融资、对当事国或地区有重大影响的项目和合作平台，重点推动涉及当事国和地区重要民生需求、支持就业和经济增长的项目，提升本土化层级。主要优势能扩展和延伸以各自在生产、技术和资金等方面优势互补合作的边界，以组建联合体投标、联合生产以及联合投资等新型合作模式来替代传统"分包"模式。要充分尊重有关国家和地区自身特点、发展需要和经济发展战略及目标，实行"三国共同选择，第三国同意，第三国参与，第三国受益"①。企业是在第三国开展贸易和工业合作的主体，政府向两国企业提供支持，发挥引导协调作用，提供相应条件。

"第三方市场合作"应对各个国家、国际和地区组织实行开放态度，参与方可以是私营部门、官方或半官方融资机构、公共经营者。它不只是一种经济方式，也是多方合作共赢的新型思维和国际政治的引入方式，承载着开放、多边、合作、共赢的精神价值。在经济合作中，"独赢是不会长久的，吃独食也是行不通的"②，一味"利益承让"也是违背商业精神和经济逻辑的。这种合作方式重在扩大同各方利益的汇合点，通过互利共赢促进地区和世界共同发展，体现各方关切。作为"一带一路"的新实践领域，学界研究尚处于起始阶段。要在全球后疫情时代推进"一带一路"和人类命运共同体建设的总体框架中研究"第三方市场合作"的方式、体制和执行框架，并把它延伸到各个领域。从我国扩大参与全球治理、突破"一带一路"瓶颈的站位上，扩大"第三方市场合作"的边界，积极遵循商业原则、国际惯例、国际法及第三国法律法规，加快形成市场投资生产经营、创新合作模式的开拓线路，最大限度地实现互补、互利、开放、包容的合作目标。

（三）积极推进民族历史文化拓展维度

"一带一路"具有历史文化基因，并且沿线国家民族历史文化的资源十分丰厚。历史上丝绸之路是跨越时空最广、自然景观与人文遗产最为丰富的历史文化通道，全球超过68%的自然遗产、70%的民俗和74%的自然保护区分布于丝绸之路沿线；全球旅游总量70%分布于丝绸之路沿线，涉及60多个国家、44亿人口。沿线60多个国家和地区有78种官方或通用语言，合并相同语言后仍有分属九大语系的53种语言。沿线国家民族历史文化遗产承载了不同民族在历史、宗教、语言、习俗、建筑、美学、经济等方面的杰出成就。今天"一带一路"堪为人类不同文明、文化之间沟通、对话、融通、互鉴的多彩走廊，连接着印度、波斯和罗马等文明古国，跨越埃及文明、巴比伦文明、印度文明、中华文明的发祥地。多民族、多宗教、多语言、多习俗，政治立场、利益诉求、行为模式都存在巨大差异，充满文明、文化的多样性。如由中国、哈萨克斯坦、吉尔吉斯斯坦联合申报的世界文化遗产"长安—天山廊道路网"，5000公里道

---

① 中华人民共和国政府和法兰西共和国政府关于第三方市场合作的联合声明[N].人民日报，2015-07-02（03）.
② 李克强总理出席记者会并回答中外记者提问[N].光明日报，2020-05-29（02）.

路沿线就有历史遗产33处（中国境内22处、哈萨克斯坦8处、吉尔吉斯斯坦3处），其他文物、古城、古建筑等数不胜数。①但总体上"一带一路"沿线历史文化如古城、古建筑等处于零散状态，如何使它们得以"文化贯通"，系统性地得到保护、开发和利用，激发历史文化的活性功能，是沿线各国都十分关心的问题，是"一带一路"有待深度开发的合作空间。

由于民族历史文化遗产跨越时空，见证不同的文明形态，这一领域的交流合作具有超越性的特点，在全球疫情后更显示出可操作拓深的价值空间。"一个现代政治体系会在许多方面受到其国家历史的影响，其中影响最深的恐怕要算是这个体系的政治文化了。"②而政治文化本身，更需要通过文化的融通，来增加认同、实现超越。文化价值是世界性的，只有文化才能超越时空、超越国界、超越分歧，才能化解歧见、增进共识，形成更好的认同基础和民意基础。2022年，我国与"一带一路"沿线国家贸易规模创历史新高，货物贸易额达13.8万亿元，同比增长19.4%，高于整体增速11.7个百分点。③在这种逆势增长中，民族历史文化占到很大比重。在全球疫情后，进一步加大在沿线国家展开深层次民族历史文化的交流、互融、传播，选择重点进行合作品牌开发和设计，开拓民族历史文化项目的产业链，包括"一带一路"沿线文旅项目的融合开发，选择代表国家水准和民族历史文化典型特色的优秀艺术项目合作引入、联动传播，沿线国家和地区优秀艺术家的互访和合作等，是扩大"一带一路"文化流通量、夯实文化认同基础实效之举，对构建文化交融的命运共同体影响深远。

全球新冠肺炎疫情后，客观上"一带一路"和人类命运共同体建设都面对着一个严峻复杂的环境。无论"一带一路"的展开，还是人类命运共同体构建的推进，"文化维度"当可最先考虑和用力展开之选项。事实上各国民族历史文化领域都存在通过国家间合作，有效"激活"现代功能形态的大量客观需求。而民族历史文化的互融，最具文化本身的光芒和力量，是最有"质感"的文明交汇，更是实现沿线国家民心相通、消除各种有形无形障碍，实现"全球化文化"（Globalized cultures）共建共享最有效、最能得到接纳、认同的手段和路径。

---

① 程小红．"一带一路"：让沿线各国历史文化遗产"转动"起来［EB/OL］．中国建设新闻网，2019-09-24．
② ［美］劳伦斯·迈耶，约翰·伯内特，苏珊·奥格登．比较政治学：变化世界中的国家和理论［M］．张丽梅，冯涛，等译．北京：华夏出版社，2001：15．
③ 去年商务运行总体实现稳中有进［N］．人民日报，2023-02-03（04）．

三、"负责任大国"与形象建构：国际传播话语的建设

一次全球危机，就是一次国家形象再造。国家形象通常通过一国自身的政治效能和在国际社会的作为来体现。国家形象不仅是一种"认知外观"，也是在全球信息体系和市场流通中国家竞争力的重要变量。政治效能是"政治体系在解决重大事件，和为使人口中占支配地位的部分获得满意和以此尽量减少对体系本身的挑战时所体现出的能力"[①]。此次抗疫，中国显现了强大的政治效能，成为中国国家形象新的构成，为中国国家形象在全球的提升奠定了基础。同时要实事求是地评估当下全球实际，在复杂情势中进一步"担负起我们应当担负的国际责任"[②]，铁肩担道义，妙手著文章，更好地展示我国"负责任大国"的形象。

"负责任大国"（Responsible Major Country）形象，是指人们公认的随着一国实力的提升积极参与全球治理，勇于承担相应国际责任，为世界和平与发展发挥积极的、建设性作用的国际形象。中国是联合国创始国，坚持信守联合国宪章和国际法准则，积极应对人类各种共同的挑战，根据国际规则承担责任，参与了 300 多个国际条约、130 多个国际组织。改革开放前后我国国际责任观的表达方式，经历了从"国际主义"到"国际责任"的转变。20 世纪 90 年代后，我国提出了做"负责任大国"的目标。[③] 党的十八大报告首提"以更加积极的姿态参与国际事务，发挥负责任大国作用"，十九大报告进一步强调"中国将继续发挥负责任大国作用，积极参与全球治理体系改革和建设，不断贡献中国智慧和力量"，二十大报告强调"中国积极参与全球治理体系改革和建设，践行共商共建共享的全球治理观"。发挥"负责任大国"的国际责任，既可以在联合国多边主义框架内，也可与其他国家双边、多边合作。多年来我国积极参与联合国框架内国际行动，同时也通过国际组织平台如上合组织、金砖国家、二十国集团（G20）等发挥作用，在国际政治、安全领域为国际社会提供了诸多公共产品。

政治学家布丁（Kenneth Ewart Boulding）曾认为，一方面，"国家形象"是一个国家对自己的认知以及国际体系中其他行为体对其认知的结合，是一种结

---

① [美]劳伦斯·迈耶，约翰·伯内特，苏珊·奥格登. 比较政治学：变化世界中的国家和理论[M]. 罗飞，张丽梅，冯涛，等译. 北京：华夏出版社，2001：12.
② 李克强总理出席记者会并回答中外记者提问[N]. 人民日报，2020-05-29（03）.
③ 吴兵. 改革开放以来中国负责任大国身份建构[J]. 社会主义研究，2014（4）：138-145.

构十分确定的信息资本,它是一系列信息输入和输出产生的结果。另一方面,在现代文明社会,国家形象也是一种"直播带货"的能力,是政治智慧运筹之果。"由于人们的居住地不同,所以他们所接受的(讨论的并且相信的)信息在一定程度上是不同的。这说明的确是说服在发挥作用。"[1] 古希腊思想家亚里士多德曾认为,"说服"是一种高超的政治学问,公共交往最明晰的风格"是由日常话语形成的"。无论是国家形象的营建还是营销,都体现出三个基本方面:①它是在"人类命运共同体"的框架中展开,应遵循"开放、包容、普惠、平衡、共赢"的和平发展理念;②它以"负责任"道义为核心,实现国家利益与国际责任相统一为原则;③它按照国际社会容易接受、理解的方式进行传播,遵循公理,以事实说话。

"负责任大国"形象的建立,一方面,通过切实的行为举措来展现大国担当,建构作为负责任大国的社会认同(Social-identity Construction as a Responsible Power);另一方面,要通过优化国家形象的话语输出来得以提升。在前一方面,我国不仅在取得疫情防控战略性成果后走在了全球经济复苏曲线的前面,并在国际社会采取了诸多切实举措取得一定效果。2020年5月18日,习近平在第73届世界卫生大会视频会议开幕式上致辞并承诺:"中国将在两年内提供20亿美元国际援助,用于支持受疫情影响的国家特别是发展中国家抗疫斗争以及经济社会恢复发展。"[2] 而此前3月1日至5月16日我国验放出口的防疫物资总额达1344亿,4月后日均出口金额从月初的10亿元增至近期的35亿元以上,为国际社会抗击疫情提供了有力支持,展现了大国担当。[3] 在后一方面,2020年6月7日,我国印发了《抗击新冠肺炎疫情的中国行动》白皮书,全面客观地介绍了

---

[1] [美] 戴维·迈尔斯. 社会心理学 [M]. 侯玉波,张智勇,乐国安,译. 北京:人民邮电出版社,2006:180.

[2] 承诺还包括:中国将同联合国合作,在华设立全球人道主义应急仓库和枢纽,努力确保抗疫物资供应链,并建立运输和清关绿色通道。中国将建立30个中非对口医院合作机制,加快建设非洲疾控中心总部,助力非洲提升疾病防控能力。中国新冠疫苗研发完成并投入使用后,将作为全球公共产品,为实现疫苗在发展中国家的可及性和可担负性做出中国贡献。中国将同二十国集团成员一道落实"暂缓最贫困国家债务偿付倡议",并愿同国际社会一道,加大对疫情特别重、压力特别大的国家的支持力度,帮助其克服当前困难(习近平在第73届世界卫生大会视频会议开幕式上致辞 [N]. 人民日报,2020-05-19(01).).

[3] 海关总署数据。这些出口防疫物资包括:509亿只口罩,2.16亿件防护服,8103万副护目镜,1.62亿人份新型冠状病毒检测试剂盒,7.27万台呼吸机,2643万件红外测温仪,10.4亿双外科手套。我国防疫物资主要出口目的地为美国、德国、日本、法国、意大利,一般贸易占94%,价值1263亿元(中国全力保障防疫物资有序出口支持国际社会共同抗疫 [N]. 经济日报,2020-05-18(04).).

中国整个抗疫过程，与世界分享经验。在此基础上，要进一步优化国际话语体系输出，说好中国抗疫故事，积极应对国际社会对中国"隐瞒和欺骗"的各种指责；同时要参与说好全球抗疫故事，尊重不同国家社会制度下的抗疫方式和实践，分享他们的经验。同时更需要通过进一步扩大开放来营建和输出国家形象，来有效解构各种所谓"脱钩""切割"行为。

国际话语体系建设和输出是一个包括多方面知识结构的技术系统，有诸多"应然性"的技术规范。在政治学话语理论中，"话语"（Discourse）被视为一种特定的专业知识体系，它是一套组织见解和行为的思想表达方式（其例证可从法律专业用语、宗教礼仪一直到意识形态传统），它揭示事物与行为的意义。[①]按照福柯（Michel Foucault）的理解，对话语或对"论说结构"（Discursive formation）的重视，反映了这样一种信念，即真理往往是一种社会建构。从人类文明发展看，一种宏大的行为领域应有相应的话语体系建设为其支撑。

要重视人类命运共同体框架中的"负责任大国"形象和解说力建构，优化国际话语体系的输出质量。它是"一带一路"、人类命运共同体、中国国家形象的一种"价值传播"。近年我国在学科建设上除了增设大数据、人工智能、机器人、物联网等新兴领域400多个专业点之外，正在增设外语非通用语种等紧缺专业，基本可实现"一带一路"沿线国家语种全覆盖。但除了语种的全覆盖外，尤其要重视包括"一带一路"话语在内的国际话语体系建设。作为国家形象建设手段的国际话语体系建设，总体上尚未形成强健的自觉意识和长远的"谋篇布局"，不仅对"一带一路"、人类命运共同体建设纵深推进形成制约，而且对我国在整个国际社会参与全球治理、发挥更大作用构成限制。亟须调整方位，优化思路，丰富手段，通过加大文化沟通量为基点的方式建立包容互鉴的对话模式，以高超的政治智慧树立"负责任大国"的国际形象，通过扩展在国际社会的文化流通量，在总结经验基础上提升。

1956年11月12日，毛泽东在纪念孙中山先生诞辰90周年时指出："中国应当对于人类有较大的贡献。而这种贡献，在过去一个长时期内，则是太少了。这使我们感到惭愧。"[②]他同时指出："但是要谦虚。不但现在应当这样，四十五年之后也应当这样，永远应当这样。"[③] 1990年3月3日，邓小平在与中央领

[①] [英]安德鲁·海伍德.政治学核心概念[M].吴勇,译.天津：天津人民出版社,2008：108.
[②] 毛泽东.纪念孙中山先生[M]//毛泽东文集：第7卷.北京：人民出版社,1999：157.
[③] 毛泽东.纪念孙中山先生[M]//毛泽东文集：第7卷.北京：人民出版社,1999：157.

导同志的谈话中说:"所谓多极,中国算一极。"① 他同时指出:"我们对外政策还是两条,第一条是反对霸权主义、强权政治,维护世界和平;第二条是建立国际政治新秩序和经济新秩序。"② 2018年4月10日,习近平在博鳌亚洲论坛2018年年会开幕式上指出:"中国人民将继续与世界同行、为人类作出更大贡献,坚定不移走和平发展道路,积极发展全球伙伴关系,坚定支持多边主义,积极参与推动全球治理体系变革,构建新型国际关系,推动构建人类命运共同体。"③

无论是毛泽东对于"中国应当对于人类有较大的贡献"的政治展望,邓小平对于在全球多极世界中"中国算一极"的重大判断,还是习近平"积极参与推动全球治理体系变革"的新的要求与举措,都审时度势且高瞻远瞩,为中国在国际社会更好地树立形象、促进世界和平与发展框定了主线。其中毛泽东关于"但要谦虚""永远应当这样"、邓小平关于"反对霸权主义、强权政治,维护世界和平"、习近平关于"与世界同行""积极发展全球伙伴关系"的论述,应当成为我国国家形象建设和国际话语体系输出应遵循的基本准则。

四、结语:政策机制转换与应时调适

今天中国在全球体系中面对着非常特殊的历史时刻。如前述,全球疫情后"一带一路"和构建人类命运共同体都面临新态势和巨大困难,堪为又一次"危局"。中国与许多发达国家的关系因新冠肺炎疫情而彻底改变。但任何一次危机都考量政治智慧,都是"负责任大国"形象建设和输出的历史机遇。所谓"沧海横渡,方显英雄本色",良好的国家形象通常是在经历了一定的危机后才得到确立、锻造和强化的。要不为偏见和情绪牵引,不为外部环境左右,"咬定青山不放松,任尔东西南北风",以开放、合作、负责任的积极姿态,更全面参与国际政治、经济、安全、军控、环保、人权等各分支体系,强化与国际体系的融合互动,既在国际体系中既享有应有的权利,同时认真履行应尽的国际责任和义务。立足实际进行疫情后时代国际体系中的广度与深度拓展,在"全球化"和人类命运共同体建设的框架中审视、调适和优化国家形象输出,更好地营建"负责任大国"形象,提升国家形象的竞争力,是中华民族"立于世界民族之

---

① 邓小平. 国家形势和经济问题[M]//邓小平文选:第3卷. 北京:人民出版社,1993:353.
② 邓小平. 国家形势和经济问题[M]//邓小平文选:第3卷. 北京:人民出版社,1993:353.
③ 习近平出席博鳌亚洲论坛2018年年会开幕式并发表主旨演讲[N]. 人民日报,2018-04-11(01).

林"应秉持的文明理性和政治智慧,也是统筹好国内外两个战略大局,最终实现中华民族伟大复兴的高瞻远瞩之举。

全球范围疫情造成巨大生命财产损失,世界经济深度衰退,国际贸易和投资大幅萎缩,国际金融市场动荡,各国交往受限,经济全球化出现逆流,保护主义和单边主义兴起,地缘政治风险加剧,国际政治经济秩序重组,其影响是深远而带有辐射性的。在这一新的境遇中,全球"所有的社会问题都变成了政治问题,所有的政治问题也变成了社会问题"①。此种"新常态"是客观而不可避免的,对此应有"理性的触觉"(Rational Touch),积极适应和践行新常态,在全球推行对于新常态的认知。而充分认知后疫情时代的"新常态",是把握国内外战略大局和做出各项重大决策的基本依据。

全球"新常态"是相对持久的"全球秩序重置"。16世纪以前人类没有全球体系,只有一些地区性的体系。随着航海技术和工业文明的发展,使狭隘范围内的贸易成为世界性的事业,一个世界范围的全球市场开始出现。20世纪后,随着新的国家和其他国际力量的形成,新技术和新观念改变了国际环境,各国与国际成员的行为不断适应这些变化,形成了新的全球秩序。整个世界不可避免地形成了一个紧密交织的体系,形成了那种所谓"多环非线性反馈系统"(Multiloop Nonlinear Feedback System)②。于是国际社会中"某一行为者的菜单,在很大程度上取决于该菜单与其他行为者的菜单的相互关系"③。人们甚至认为,继续按传统的威斯特伐里亚逻辑来观察世界和解释世界,不仅是无益的,而且还是有害的,因为它已不能真实准确地反映全球相互深度依赖这一基本现实。相互依赖是所有"系统"的特征,全球体系正是以经济相互依赖为基础的一种系统。"把这个时代与以往区分开来的是不断扩展至全球范围的共同利益"④,但全球经济相互依存,在多大程度上能够成为维持和平与发展的强有力因素,是不确定的。美国著名国际关系学者、美国人文科学院院士约翰·米尔斯海默(John J. Mearsheimer)就认为,全球经济相互依存关系并没有那么重要,

---

① [德]迪特·森格哈斯. 文明内部的冲突与世界秩序[M]. 张文武,译. 北京:新华出版社,2004:9.
② [美]布鲁斯·拉西特,哈维·斯塔尔. 世界政治[M]. 王玉珍,等译. 北京:华夏出版社,2001:73.
③ [美]布鲁斯·拉西特,哈维·斯塔尔. 世界政治[M]. 王玉珍,等译. 北京:华夏出版社,2001:361.
④ [美]莱斯利·里普森. 政治学的重大问题:政治学导论[M]. 刘晓,等译. 北京:华夏出版社,2001:304.

对于全球化和人类和平与发展所能产生的影响是有限的。各国正确的政治决策,才是决定性的。

进一步推进"一带一路"和人类命运共同体建设,是全球化时代我国统筹国内外两个战略大局的重大行动。"一带一路"倡议是"全球化"时代我国由点、线到面的共建共享世界经济繁荣的拓展之举;构建人类命运共同体是我国深度参与全球治理,积极发挥"负责任大国"作用的高点站位之举,是对人类历史方向的自觉把握。构建人类命运共同体与那种"虚幻共同体"有着本质不同,它是马克思倡导的"真正共同体"的全球方式,其人类学价值是永恒的。无论"一带一路"倡议还是人类命运共同体的构建,在经历了十年实践探索后,客观上都形成了一个调适期,进入"2.0版"或升级版的新阶段。这一调适期在另一方面,也是新的"战略机遇期"。

"一带一路"具有突出的历史文化基因,沿线各国民族历史文化形态百妍多样,资源极为丰富。后疫情时代,民族历史文化领域有较大的拓展空间,首先可遴选优秀民族历史文化特色项目重点合作开发。在尽可能保持已有存量的基础上,适当控制规模增量,同时在各方面积极引入"第三方市场合作"机制。这一机制不仅是经贸合作的共赢方式,也是包括国际政治在内各个领域、各种合作可引入的新思维、新机制。中国作为"一带一路"和人类命运共同体的倡导者、发起者,担负着"中流砥柱"的角色重任,要在全球后疫情时代更有作为、更有体现担当,就要通过新的谋篇布局聚力重点,确立新的主项调适和推进。在这当中,应以我国获得正当的实际利益为取向来实现"互利共赢",过于"无利""无求""无偿""无息"的做法,不仅不能取得相应的预期目标,还会引起相关国家的疑虑、猜测或"警惕",产生不必要的摩擦和阻碍。新的调适和布局不仅是技术性的,也应当是思维转换性的。

良好的国家制度、国家形象"带货直播",即"以事实说话"的现代文明的言说方式,是当下我国在国际社会中的切时之举。要在人类命运共同体建设框架中优化中国国家制度和国家形象的表达方式、言说方式、展示方式,尤其要以文明理性和远见卓识展示"负责任大国"的责任和担当。我国对外推出的一系列物质、医疗技术等输出的实际举措已发生实际效益,近期印发的《抗击新冠肺炎疫情的中国行动》白皮书生动地诠释了人类命运共同体理念,也产生了较大影响。在此基础上,要在国际话语体系建设领域提升自觉,展开"负责任大国"形象的深度营建。这种国际话语体系和国家形象输出的完善,首先是作技术上的改善——"一切技术,一切规划以及一切实践的抉择,都以某种善为目标"①;其次是政治思维上的完善,即与时俱进地进行"负责任大国"的理论思维建设和理论供给,正如马克思在《〈黑格尔法哲学批判〉导言》中指出的:"理论在一个国家实现的程度,总是取决于理论满足这个国家的需要的程度。"② 同时,要切实按照实现中华民族伟大复兴的伟大蓝图,按照中国现代化两大阶段的战略安排,进一步加快加大开放,这是应对保护主义、单边主义、冷战思维、甩锅之举最有力量的解构之举。

共商共建共享共赢的前提是"共情"(Empathy),即感同身受。推行在"共情"基础上的全球治理观,就要倡导国际关系的民主化,建立平等均衡的新型全球发展关系,建设共同繁荣、开放包容的世界。因此无论是"一带一路"的战略性调适、人类命运共同体建设的拓深,还是中国国家制度、国家形象的传播和国际话语体系建设的推进,都不只是一种技术理性,而是全球"新常态"下强健文明理性和新型政治思维的迫切要求,是新时代实现好我国统筹国内外两个战略大局总体目标的坚实保障。

一场疫情深刻改变世界。对"一带一路"长线推进和构建人类命运共同体都直接构成重大制约,但全球和平与发展的主潮没有变,人类文明进步的方向没有变,中国在全球应有的担当没有变。"全球化"态势越复杂,中国越应当成为推动"全球化"的中坚力量,越应当在相应战略收缩的基础上扩展成果,努力推进"一带一路"和人类命运共同体建设。与人类"全球化"一样,"一带一路"和人类命运共同体建设同样具有"不可逆"性,重要的是审时度势,"风物长宜放眼量",根据新情况做出新布局。这既考量政治智慧,也检验政策机制的转换调适能力和创新活力。

---

① [古希腊] 亚里士多德. 尼各马科伦理学 [M]. 苗力田, 译. 北京: 中国人民大学出版社, 2003: 1.
② 马克思.《黑格尔法哲学批判》导言 [M] //马克思恩格斯选集: 第1卷. 北京: 人民出版社, 2012: 11.

第8章

发展全过程人民民主与民主政治建设

民主是现代政治文明的要件。民主政治建设是政治发展的基本维度。人类关于"民主"的理论蔚为大观。

作为中国政治发展重要表征的民主政治建设，经历了漫长历史阶段。1979年3月，邓小平提出"没有民主就没有社会主义，就没有社会主义的现代化"。2019年11月，习近平提出"全过程民主"论述，使中国民主政治、人民民主有了一个灵魂性的标签，也拓展了国家民主制度研究的范围。

"全过程民主"不是一次性消费的民主。它与西方民主的区别，大致可用"喝咖啡"与"喝茶"来比拟。去店里喝咖啡是不能续杯的，喝茶则是个可以不断续杯的过程。

推进"全过程民主"要在民主管理的全过程性、民主参与的全过程性、民主协商的全过程性和民主监督的全过程性等方面体现出来。

2019年11月2日，习近平在上海古北市民中心与参加法律草案意见建议征询会的中外居民交谈时，提出一个重要论断："我们走的是一条中国特色社会主义政治发展道路，人民民主是一种全过程的民主，所有的重大立法决策都是依照程序、经过民主酝酿，通过科学决策、民主决策产生的。希望你们再接再厉，为发展中国特色社会主义民主继续作贡献。"[1]

2021年7月1日，习近平在庆祝中国共产党成立100周年大会上提出，"贯彻党的群众路线，尊重人民首创精神，践行以人民为中心的发展思想，发展全过程人民民主，维护社会公平正义，着力解决发展不平衡不充分问题和人民群众急难愁盼问题，推动人的全面发展、全体人民共同富裕取得更为明显的实质

---

[1] 习近平：中国的民主是一种全过程的民主[EB/OL]．求是网，2019-01-03．

性进展"①!

这一论断揭示了我国人民民主的国体性质,是对中国特色社会主义道路、制度、理论和政治发展的民主阐释,为新时代民主政治建设提供了根本遵循。2021年3月,十三届全国人大四次会议通过的《全国人大组织法(修正案)》第四条增设"全过程民主"的规定,这是全国人大组织法实施近40年来第一次修改,也是"全过程人民民主"提出后在国家制度层面的体现。发展"全过程人民民主"作为反映我国人民民主特性的新型民主概念,揭示了人民民主的特色和本质,拓展了民主制度的研究视角和范围,也是新时代推进政治建设和政治发展的主线。

一、"人民民主"是以人民性为价值核心的民主类型

我国是人民民主为国体、人民代表大会制度为政体的国家。② 毛泽东在《新民主主义论》中说,国体"就是社会各阶级在国家中的地位"③,政体"那是指的政权构成的形式问题"④。"大范围社会变化的主要进程出自不同的社会,经由一系列标准阶段,每一阶段比前一阶段更高级。"⑤ "人民民主"作为一种新的民主类型,最为显著的本质特征是它的人民性和民主的全过程性。

人类民主理念和民主实践最终取代权威主义,成为人类基本价值的主要原因,且在复杂又高度分化的现代社会中,只有通过权力的民主方式,才能有效维持社会政治稳定。正如人们所熟知,"民主"(Democracy)理念起源于古希腊雅典城邦,意思是"人民的统治"或"民治"。⑥ 经验主义民主和理性主义民主都以"人民主权"为起点。《魏玛共和国宪法》第一条中,可读到"die Staatsgewalt geht vom Volke aus"("国家权力来自人民")这样的表述,这一前提为后来结构严谨的民主演绎性论证奠定了基础。⑦ 具有影响力的民主理论家熊彼特(Joseph Alois Schumpeter)则认为,民主并不是指也不可能指,按照"人民"和

---

① 习近平. 在庆祝中国共产党成立100周年大会上的讲话[N]. 人民日报, 2021-07-02(02).
② 《中华人民共和国宪法》总纲第一条开宗明义:"中华人民共和国是工人阶级领导的、以工农联盟为基础的人民民主专政的社会主义国家。"
③ 毛泽东. 新民主主义论[M]//毛泽东选集:第2卷. 北京:人民出版社, 1991:676.
④ 毛泽东. 新民主主义论[M]//毛泽东选集:第2卷. 北京:人民出版社, 1991:677.
⑤ [美]艾拉·卡茨纳尔逊. 马克思主义与城市[M]. 王爱松, 译. 南京:江苏教育出版社, 2013:17.
⑥ [美]卡尔·科恩. 论民主[M]. 聂崇信, 朱秀贤, 译. 北京:商务印书馆, 1988:6.
⑦ [美]乔·萨托利. 民主新论[M]. 冯克利, 阎克文, 译. 上海:上海人民出版社, 2008:66.

"统治"这两个词说的"人民是确实在那里统治的意思",① 它不可能反映真实的民主现实。同马克斯·韦伯一样,熊彼特把"民主"看成一种竞争政治领导权的程序和方法,"民主方法是为达到政治决定的一种制度上的安排"②。

另一位民主理论家达尔(Robert A. Dahl),他的著名的多元民主理论认为,民主是"多重少数人的统治",民主过程的价值不在于"多数人的主权",因"特定的政策往往是'多重少数人的统治'的产物"。③ 为避免词语歧义,达尔主张将"民主"(Democracy)、"人民的统治"改为"多头统治"或"多头政体"(Polyarchy)。被称为"堪称我们时代最为强大的头脑"的另一位民主理论家乔万尼·萨托利(Giovanni Sartori)同样认为,现代民主是"被统治的民主",是"统治的少数统治被统治的多数"这一既定事实下的民主。民主过程的关键,不在于被统治者的多数"亲自掌握或行使"国家权力,而在于如何有效地制约握有权力的少数。正如卢梭在《社会契约论》中谈到的:"由自然状态进入社会状态,人类便产生了一场最堪注目的变化;在他们的行为中正义代替了本能,而他们的行动也就被赋予了前此所未有的道德性。"④

在人类漫长的历史中,民主不仅是一种价值、一种理论,也用来指不同的政治体系。在众多的民主理论和政治体系中,以"人民性"为核心的民主理论和视野,是由19世纪中叶产生的马克思主义来提供的。马克思在《黑格尔法哲学批判》中指出:

> 民主制是一切形式的国家制度的已经解开的谜。⑤

"民主制是君主制的真理,君主制却不是民主制的真理。"⑥ 马克思在批判封建等级代表制度的同时,致力于探索一种适应历史要求、真正代表人民利益的政治制度。他在《莱茵报》编辑部为《评〈汉诺威自由主义反对派的失

---

① [美]约瑟夫·熊彼特. 资本主义、社会主义与民主[M]. 绛枫,译. 北京:商务印书馆,1979:355.
② [美]约瑟夫·熊彼特. 资本主义、社会主义与民主[M]. 绛枫,译. 北京:商务印书馆,1979:337.
③ [美]罗伯特·达尔. 民主理论的前言[M]. 顾昕,朱丹,译. 北京:生活·读书·新知三联书店,1999:183.
④ [法]卢梭. 社会契约论[M]. 何兆武,译. 北京:商务印书馆,1980:29.
⑤ 马克思. 黑格尔法哲学批判[M]//马克思恩格斯全集:第3卷. 北京:人民出版社,2002:39.
⑥ 马克思. 黑格尔法哲学批判[M]//马克思恩格斯全集:第3卷. 北京:人民出版社,2002:39.

误〉》一文所加的按语中,针对汉诺威国王废除具有温和的自由主义性质的1833年宪法,使1819年宪法重新生效事件指出:"汉诺威的真正的自由主义今后的任务,既不是维护1833年的国家基本法,也不是退回到1819年的法律。它应该争取实现一种同更深刻、更完善和更自由的人民意识相适应的崭新的国家形式。"①恩格斯则在《家庭、私有制和国家的起源》中指出:"国家的最高形式,民主共和国,在我们现代的社会条件下正日益成为一种不可避免的必然性。"②马克思和恩格斯都深刻洞见了"民主制"是现代国家制度和人类政治文明的必然方向。

列宁曾指出,"民主是国家形式,是国家形态的一种"③,"民主意味着在形式上承认公民一律平等,承认大家都有决定国家制度和管理国家的平等权利"④。列宁认为,"资本主义的发展又为真是'所有的人'能够参加国家管理创造了前提。这种前提就是:在一些最先进的资本主义国家中已经做到人人都识字,其次是千百万工人已经在邮局、铁路、大工厂、大商业企业、银行业等巨大的、复杂的、社会化的机构里'受了训练并养成了遵守纪律的习惯'"⑤。1919年列宁在《论国家》中进一步认为:"完全建立于奴隶制之上的古希腊和古罗马,已经有各种不同的国家形式。那时已经有君主制和共和制、贵族制和民主制的区别。君主制是一人掌握权力,共和制是不存在任何非选举产生的权力机关;贵族制是很少一部分人掌握权力,民主制是人民掌握权力(民主制一词按希腊文直译过来,意思是人民掌握权力)。"⑥

而以历史的眼光看,"只有共产主义才能提供真正完全的民主"⑦。恩格斯非常强调"无产阶级的阶级统治"的前提,是建立民主制。1847年,恩格斯在《共产主义原理》中谈到:"首先无产阶级革命将建立民主的国家制度,从而直接或间接地建立无产阶级的政治统治。"⑧列宁进一步强调要建立"新型民主制"和"建立新的民主形式"。列宁在共产国际第一次代表大会《关于资产阶

---

① 马克思.《莱茵报》编辑部为《评〈汉诺威自由主义反对派的失误〉》一文所加的按语[M]//马克思恩格斯全集:第1卷.北京:人民出版社,1995:306.
② 恩格斯.家庭、私有制和国家的起源[M]//马克思恩格斯选集:第4卷.北京:人民出版社,2012:189.
③ 列宁.国家与革命[M]//列宁选集:第3卷.北京:人民出版社,2012:201.
④ 列宁.国家与革命[M]//列宁选集:第3卷.北京:人民出版社,2012:201.
⑤ 列宁.国家与革命[M]//列宁选集:第3卷.北京:人民出版社,2012:201-202.
⑥ 列宁.论国家[M]//列宁选集:第4卷.北京:人民出版社,2012:32.
⑦ 列宁.国家与革命[M]//列宁选集:第3卷.北京:人民出版社,2012:192.
⑧ 恩格斯.共产主义原理[M]//马克思恩格斯选集:第1卷.北京:人民出版社,2012:304.

级民主和无产阶级专政的提纲与报告》中指出:"如果认为人类历史上最深刻的革命,世界上第一次使政权由剥削者少数手里转到被剥削者多数手里的革命,能够在旧式民主即资产阶级议会制民主的老框框内发生,不需要最急剧的转变,不需要建立新的民主形式以及体现运用民主的新条件的新机构等等,那就荒谬绝伦了。"①

这里,"建立新的民主形式""运用民主的新条件的新机构",是列宁的明确主张。1921年,列宁在《十月革命四周年》中谈及苏维埃民主制:"苏维埃制度是供工人和农民享受的最高限度的民主制,同时它又意味着与资产阶级民主制的决裂,意味着具有世界历史意义的新型民主制即无产阶级民主制或无产阶级专政的产生。"②那么,如何"建立新的民主形式"?1917年,列宁在《国家与革命》中论述说:"摆脱议会制的出路,当然不在于取消代表机构和选举制,而在于把代表机构由清谈馆变为'实干的'机构。"③列宁强调"在这里,'量转化为质',因为这样高度的民主制度,是同越出资产阶级社会的框子、开始对社会进行社会主义的改造相联系的"④。列宁强调了三个方面:一是工人阶级的国家政权不是简单地废除旧的代议制机制和选举制,而是要把代议制机构变为有效率的"工作机构";二是建立新型民主制,必须有"最急剧的转变",必须"越出资产阶级社会的框子";三是要"建立新的民主形式",建立"高度的民主",建立相关的机关,因为它们是"运用民主的新条件"。

中国特色社会主义"人民民主",就是列宁所强调的"具有世界历史意义的新型民主制"和"新的民主形式",体现了列宁论述的新型民主制的本质和要求。它是"人民的政权",是马克思主义国家学说在中国的民主实践和国家政治建设上的创造,凸显了"以人民为中心"的国家性质。

"人民民主"的一个重要特性,是它广泛的人民性即民主共和特质,体现了包括工人、农民、知识分子等在内的广大劳动者这一最大政治包容性。早在1939年5月,毛泽东在延安青年群众五四运动二十周年纪念会上做的《青年运动的方向》的讲演中,就提出了"建立一个人民民主的共和国"⑤ 和"建立人

---

① 列宁. 关于资产阶级民主和无产阶级专政的提纲和报告[M]//列宁选集:第3卷. 北京:人民出版社,2012:699.
② 列宁. 十月革命四周年[M]//列宁选集:第4卷. 北京:人民出版社,2012:566.
③ 列宁. 国家与革命[M]//列宁选集:第3卷. 北京:人民出版社,2012:151.
④ 列宁. 国家与革命[M]//列宁选集:第3卷. 北京:人民出版社,2012:201.
⑤ 毛泽东. 青年运动的方向[M]//毛泽东选集:第3卷. 北京:人民出版社,1991:563

民民主主义的制度"①的构想。1940年，毛泽东在《新民主主义论》中提出"民主共和国"的政治概念，认为中国民主建设应采用包容性更大的政治形式，而不宜照搬仅由工农阶级享有政治权利的苏维埃制度，因为"中国无产阶级、农民、知识分子和其他小资产阶级，乃是决定国家命运的基本势力"②，"他们必然要成为中华民主共和国的国家构成和政权构成的基本部分"③。由此"现在所要建立的中华民主共和国，只能是在无产阶级领导下的一切反帝反封建的人们联合专政的民主共和国"④。1945年4月，毛泽东在《论联合政府》中，提出中国应当建立以绝大多数人民为基础的"民主联盟"制度，并强调"没有人民的自由，没有人民的民主政治"⑤，国家就没有前途。因为"没有人民的自由，就没有真正民选的国民大会，就没有真正民选的政府"⑥，而"人民的言论、出版、集会、结社、思想、信仰和身体这几项自由，是最重要的自由"⑦。"自由是人民争来的，不是什么人恩赐的。"⑧

1949年3月，毛泽东在中共七届二中全会的报告中指出"人民民主专政"的国家性质，"要求我们党去认真地团结全体工人阶级、全体农民阶级和广大的革命知识分子，这些是这个专政的领导力量和基础力量"⑨。"同时也要求我们党去团结尽可能多的能够同我们合作的城市小资产阶级和民族资产阶级的代表人物。"⑩ 1949年6月，毛泽东发表《论人民民主专政》一文，指出"人民是什么？在中国，在现阶段，是工人阶级，农民阶级，城市小资产阶级和民族资产阶级"⑪。并指出，"总结我们的经验，集中到一点，就是工人阶级（经过共产党）领导的以工农联盟为基础的人民民主专政"⑫。

什么是"人民民主专政"？毛泽东说："对人民内部的民主方面和对反动派

---

① 毛泽东. 青年运动的方向 [M] //毛泽东选集：第3卷. 北京：人民出版社，1991：563.
② 毛泽东. 新民主主义论 [M] //毛泽东选集：第2卷. 北京：人民出版社，1991：674.
③ 毛泽东. 新民主主义论 [M] //毛泽东选集：第2卷. 北京：人民出版社，1991：675.
④ 毛泽东. 新民主主义论 [M] //毛泽东选集：第2卷. 北京：人民出版社，1991：675.
⑤ 毛泽东. 论联合政府 [M] //毛泽东选集：第3卷. 北京：人民出版社，1991：1071.
⑥ 毛泽东. 论联合政府 [M] //毛泽东选集：第3卷. 北京：人民出版社，1991：1070.
⑦ 毛泽东. 论联合政府 [M] //毛泽东选集：第3卷. 北京：人民出版社，1991：1070.
⑧ 毛泽东. 论联合政府 [M] //毛泽东选集：第3卷. 北京：人民出版社，1991：1070.
⑨ 毛泽东. 在中国共产党第七届中央委员会第二次全体会议上的报告 [M] //毛泽东选集：第4卷. 北京：人民出版社，1991：1436-1437.
⑩ 毛泽东. 在中国共产党第七届中央委员会第二次全体会议上的报告 [M] //毛泽东选集：第4卷. 北京：人民出版社，1991：1437.
⑪ 毛泽东. 论人民民主专政 [M] //毛泽东选集：第4卷. 北京：人民出版社，1991：1475.
⑫ 毛泽东. 论人民民主专政 [M] //毛泽东选集：第4卷. 北京：人民出版社，1991：1480.

的专政方面，互相结合起来，就是人民民主专政。"① 毛泽东强调了两个方面。1979年3月30日，邓小平在党的理论工作务虚会上有个精彩的具有时代特征的表述："无产阶级专政对于人民来说就是社会主义民主。"② 1948年9月，毛泽东在中央政治局九月会议上，完整地提出"建立无产阶级领导的以工农联盟为基础的人民民主专政"③ 的主张。1949年12月，他在《将革命进行到底》一文中提出："在全国范围内建立无产阶级领导的以工农联盟为主体的人民民主专政的共和国。"④

"人民民主"是在中国这个以农民为主体的社会中形成的，是由虽在人口数量上占少数却代表着社会化大生产发展方向的无产阶级，遵循马克思主义基本理论在20世纪建立的新型中国国家民主。它强调国家权力的人民性归属，基础是工农联盟，而"人民"这个范畴，包括了工人阶级、农民阶级、城市小资产阶级和民族资产阶级在内的最大范围的社会阶层。在实际运行中，"人民民主"经历了新民主主义革命和社会主义两个历史阶段。新民主主义革命阶段，是中国共产党领导下的各革命阶级的联合专政；社会主义阶段，是无产阶级专政，但两个阶段的实质是同样的。

二、全过程民主是对"人民民主"特色和本质的揭示

"人民民主"作为一种民主的新型构，是以毛泽东为核心的第一代领导集体立足中国社会现实，运用马克思主义国家学说结合历史实践概括、创造的政治学范畴，无论在政治科学发展史上还是在国家制度建设中，都是一项政治创造。"人民民主"最为显著的本质特征，是它广泛的人民性、巨大的政治包容性和民主的全过程性。"人民民主"的民主全过程性，主要表现在：

（一）在国家权力归属上，"人民民主"具有法理的全过程性

国家权力的归属问题，是人类基本政治问题。在马克思主义国家学说中，国家权力归属问题是一个根本性的国家正义问题。"国家并不是从来就有的。曾

---

① 毛泽东. 论人民民主专政［M］//毛泽东选集：第4卷. 北京：人民出版社，1991：1475.
② 邓小平. 坚持四项基本原则［M］//邓小平文选：第2卷. 北京：人民出版社，1994：168.
③ 毛泽东. 在中共中央政治局会议上的报告和结论［M］//毛泽东文集：第5卷. 北京：人民出版社，1996：135.
④ 毛泽东. 将革命进行到底［M］//毛泽东选集：第4卷. 北京：人民出版社，1991：1375.

经有过不需要国家，而且根本不知国家和国家权力为何物的社会。"① 在国家产生后的很长时间里，"公民的权利是按照财产状况分级规定的"②，"政治上的权力地位是按照地产来排列的"③。政治权力是阶级统治的权力，具有非人民性。"一切权力属于人民"是中国国家制度的基石，国家权力的主体归属和国家政权具有人民性质。《中华人民共和国宪法》开宗明义："中华人民共和国的一切权力属于人民。""人民依照法律规定，通过各种途径和形式，管理国家事务，管理经济和文化事业，管理社会事务。"社会主义民主政治的本质是人民当家作主，人民具有至高性，人民有权管理国家并享有人身、言论、出版、集会、结社等自由权利和最广泛的民主。这一国家性质，在法理上具有全过程性。

"人民主权"是民主政治的基本理念。早在古罗马时期西塞罗就提出"人民的城邦，即其一切权力归人民"④。根据卢梭的阐述，国家权力之所以要由"人民"来担当，是因为只有人民才能体现崇高而庄严的"公共意志"。1864年，林肯在葛底斯堡演说中提出"由人民构成、由人民统治并对人民负责的政府"（Government of the people, by the people and for the people）的著名演说，被认为是对现代民主的有力阐发，揭示了"民主"的三个核心：一是对"人民"的强调，实行政治平等，对政治、权力和影响平等分配；二是对公众政治参与的强调；三是政府"为"（for）人民而存在，民主是按人民的公共利益展开实施。但直到马克思主义人民政权出现后，才根本上实现了这种民主理想，正如列宁指出的，这时候"民主制"才成为"人民的政权"。

20世纪40年代后"民主"风行天下，民主"在人类历史上第一次没有任何反对理论"，即所谓民主没有"反对派"，"实干的政治家和政治理论家一致强调他们所捍卫的制度和鼓吹的理论是民主性质"⑤。但古往今来，以"人民"名义存在的政权无数，"国家是公民的集体代理人"⑥的理念普遍流行，尤其现代世界没有哪个国家不称"一切权力属于人民"，也几乎没有哪个政府不以代表

---

① 恩格斯. 家庭、私有制和国家的起源[M]//马克思恩格斯选集：第4卷. 北京：人民出版社，2012：190.
② 恩格斯. 家庭、私有制和国家的起源[M]//马克思恩格斯选集：第4卷. 北京：人民出版社，2012：189.
③ 恩格斯. 家庭、私有制和国家的起源[M]//马克思恩格斯选集：第4卷. 北京：人民出版社，2012：189.
④ [古罗马] 西塞罗. 论共和国[M]. 王焕生，译. 上海：上海人民出版社，2006：79.
⑤ [美] 乔·萨托利. 民主新论[M]. 冯克利，阎克文，译. 上海：上海人民出版社，2008：16.
⑥ [英] 亚当·斯威夫特. 政治哲学导论[M]. 萧韶，译. 南京：江苏人民出版社，2006：6.

人民来证明自己的合法性，真正由人民主导、全心全意为人民谋幸福的政权并不多。正如萨托利指出的："一切政治制度都是人为的，但只有'现代'政体才可以说是人为了共同过上好日子而有意建立的。不过千真万确的是，结局很少符合初衷。"①关于这一点，马克思在《〈黑格尔法哲学批判〉导言》中一针见血地指出："当旧制度作为现存的世界制度同新生的世界进行斗争的时候，旧制度犯的是世界历史性的错误，而不是个人的错误。"②

马克思主义在国家权力归属问题上正本清源，廓清了国家权力的本质、来源以及国家与社会关系等问题上的重重迷雾，使"人民"回到主导国家权力应有的位置。"人民民主"的政治型构能最大限度地保障国家权力的主体归属，防止国家政治与人民的分离，避免"公仆"与"主人"关系的倒置，杜绝国家对社会的异化，从国体上框定了国家权力人民性的法理全过程性和人民管理国家权力、管理一切公共事务的法理全过程性。

（二）在民主共和方式上"人民民主"建构了制度的全过程性

在马克思主义国家学说的经典理论中，民主共和制是工人阶级国家政权的必然选择。恩格斯指出："对无产阶级来说，共和国和君主国不同的地方仅仅在于，共和国是无产阶级来进行统治的现成的政治形式。"③"如果说有什么是毋庸置疑的，那就是，我们的党和工人阶级只有在民主共和国这种形式下，才能取得统治。民主共和国甚至是无产阶级专政的特殊形式。"④

按照古罗马著名政治家西塞罗的经典界定，国家乃是人民的事业，但"人民"不是人们某种随意聚合的集合体，而是许多人基于法权一致性和利益共同性而结合起来的集体。当一个政治体系在"公法"和"公益"的基础上聚合民众，并将国家当作一项"人民之事业"来治理时，便可称为"共和国"。⑤ 一般认为"共和"的核心要旨在于：第一，国家是属于全体公民的"公有物"，而

---

① ［美］乔·萨托利. 民主新论［M］. 冯克利, 阎克文, 译. 上海：上海人民出版社, 2008：548.
② 马克思.《黑格尔法哲学批判》导言［M］//马克思恩格斯选集：第1卷. 北京：人民出版社, 2012：5.
③ 恩格斯. 恩格斯致保尔·拉法格［M］//马克思恩格斯选集：第4卷. 北京：人民出版社, 2012：652.
④ 恩格斯. 1891年社会民主党纲领草案批判［M］//马克思恩格斯选集：第4卷. 北京：人民出版社, 2012：294.
⑤ ［古罗马］西塞罗. 论共和国［M］. 王焕生, 译. 上海：上海人民出版社, 2006：75.

非个别人或个别集团的"私有物";第二,公共权力体系必须面向全体公民开放,而不能为个别人或少数人排他性把持;第三,国家治理的代理者应将促进人民共同体的公共利益,摆于最优先的位置。①

目前世界上大多数国家都实行代议制民主共和制,基于立法机关与行政机关的不同关系,现代国家代议制民主共和制又可分为"议会共和制"和"总统共和制"②(前者如德国、意大利、芬兰、奥地利、印度、新加坡等;后者如美国、法国、巴西、墨西哥、阿根廷、埃及、印度尼西亚等)。我国人民代表大会制度也是一种代议制,它是中国特色的民主共和制。这种民主共和制的本质,是广泛的政治参与性和最大范围的人民包容性,它是在马克思主义基本理论指导下,结合中国国情,基于确保国家权力人民性并实现更大政治包容性的考虑而确立的民主政体制度。

自1848年《共产党宣言》发表以来,马克思和恩格斯一直认为无产阶级国家的政权组织形式应该建立巴黎公社式的无产阶级民主共和国政体。列宁认为,由于历史条件的不同和各个国家、各个民族之间存在的差别,会出现丰富多彩的具有民族特点的政治形式,并认为苏维埃共和国是俄国最好的政治形式。以毛泽东为代表的中国共产党人采取了更为结合国情的做法,③它"一方面和旧形式的、欧美式的、资产阶级专政的、资本主义的共和国相区别"④;"另一方面,也和苏联式的、无产阶级专政的、社会主义的共和国相区别"⑤。对于人民政权如何实现"最广泛的民主""保障人民一切必要的民主活动",即确保人民民主的全过程性,1945年毛泽东在中共七大作的《论联合政府》的政治报告中提出:"新民主主义的政权组织,应该采取民主集中制,由各级人民代表大会决定大政方针,选举政府。"⑥"只有这个制度,才既能表现广泛的民主,使各级

---

① 张凤阳,等.政治哲学关键词[M].南京:江苏人民出版社,2006:80.
② 议会共和制国家议会是国民代议机关,拥有立法和监督政府的权力。政府行使行政权,对议会负责。总统只拥有虚位,职责为礼仪性、象征性的。总统共和制国家总统定期选举产生,总统既是国家元首也是行政首脑,总揽行政权力。政府部长由总统任命,总统对议会的法案可行使否决权,但无权解散议会。
③ 秦德君.政治设计研究[M].上海:上海社会科学院出版社,2000:342.
④ 毛泽东.新民主主义论[M]//毛泽东选集:第2卷.北京:人民出版社,1991:675.
⑤ 毛泽东.新民主主义论[M]//毛泽东选集:第2卷.北京:人民出版社,1991:675.毛泽东进一步提出:"中国现在可以采取全国人民代表大会、省人民代表大会、县人民代表大会、区人民代表大会直到乡人民代表大会的系统,并由各级代表大会选举政府。""如果没有真正的民主制度,就不能达到这个目的,就叫作政体和国体不相适应。"(毛泽东.新民主主义论[M]//毛泽东选集:第2卷.北京:人民出版社,1991:677.)
⑥ 毛泽东.论联合政府[M]//毛泽东选集:第3卷.北京:人民出版社,1991:1057.

人民代表大会有高度的权力；又能集中处理国事，使各级政府能集中地处理被各级人民代表大会所委托的一切事务，并保障人民的一切必要的民主活动。"①

（三）在人民意志体现上"人民民主"具有民意贯通的全过程性

2014年9月21日，习近平在庆祝中国人民政治协商会议成立65周年大会上指出："在中国社会主义制度下，有事好商量，众人的事情由众人商量，找到全社会意愿和要求的最大公约数，是人民民主的真谛。"② 这里，习近平把"众人的事情由众人商量，找到全社会意愿和要求的最大公约数"，界定为"人民民主的真谛"，可以看到"人民民主"不仅是一种国家制度，也是"有事好商量"，实现"最大公约数"的一种国家治理模式。

西塞罗在《论共和国》一书中说："如果在一个国家里，同一事物对大家都有利，在这样的国家里最容易达到协和一致。由于利益的差异，某事物只对一些人有利，这便产生不协和。"③ 于是产生了社会协商的需要。卢梭在《社会契约论》中也说："正是这些不同利益的共同之处，才形成了社会的联系"，"因此，治理社会就应当完全根据这种共同的利益。"④ 卢梭进一步区分了"公意"与"众意"，"公意只是着眼于公共的利益，而众意则着眼于私人的利益，众意只是个别意志的总和。但是，除掉这些个别意志间正负相抵消的部分而外，则剩下的总和仍是公意"⑤。"公意"只有全过程地融汇"众意"才是合乎正义的。

1962年1月27日，刘少奇在扩大的中央工作会议（即"七千人大会"）上代表中央作的《在扩大的中央工作会议上的报告》中指出："在我们的国家里，有全国的和各级的人民代表大会，有全国的和各级的政治协商会议，有工会、青年团体、妇女联合会等群众组织；在工业企业中有职工大会和职工代表大会，在农村人民公社中有社员代表大会，在科技、文化方面有各种协会和学会；此外，还有民主党派、工商联等组织。这些是我们党联系群众、发扬人民

---

① 毛泽东. 论联合政府［M］//毛泽东选集：第3卷. 北京：人民出版社，1991：1057.
② 习近平. 推进协商民主广泛多层制度化发展［M］//习近平谈治国理政：第2卷. 北京：外文出版社，2017：292.
③ ［古罗马］西塞罗. 论共和国［M］. 王焕生，译. 上海：上海人民出版社，2006：87.
④ ［法］卢梭. 社会契约论［M］. 何兆武，译. 北京：商务印书馆，1980：35.
⑤ ［法］卢梭. 社会契约论［M］. 何兆武，译. 北京：商务印书馆，1980：39.

民主的不同组织形式，它们在不同的方面起着重要作用。"① 这些"人民民主的不同组织形式"，构成了人民民主"协商—决策"的民意融汇基础。

人民民主的国体和人民代表大会的政体构成的国家制度，根本上是一种人民（民意）代表制。关于人民代表制，马克思在《评奥格斯堡〈总汇报〉第335号和第336号论普鲁士等级委员会的文章》和《本地省议会议员选举》中，严厉批判作为普鲁士政治制度基础并导致贵族政治统治的等级制原则，要求实行人民代表制，建立真正代表人民利益的国家机构。马克思指出，人民代表机构不应该代表等级的特殊利益，而应该代表人民的普遍利益。马克思把"人民代表制"看作人民精神力量的体现。②

"人民民主"作为一种全过程民主，在体现人民意志上，主要有两方面的民意和民主的贯通：一是"所有的重大立法决策都是依照程序、经过民主酝酿、通过科学决策、民主决策产生的"③。改革开放以来，我国提出了决策民主化、科学化的要求，各领域民主决策、科学决策不断得以重视和提升，公共决策特别是重大决策的民意基础得到强化；二是所有的重大立法决策都具有广泛的公众参与性，通过不同层面的渠道，各阶层意愿得以表达。通过扩大政治参与，使人民的"众意"通过"最大公约数"上升为国家的"公意"，具有民意贯通、民意表达、民意采纳的全过程性。

可以看到，"人民民主是一种全过程的民主"，正是在国家权力的归属上、在民主共和的方式上、在人民意志的表达上这三个最为重要的方面，有着全过程的操作和实现，"全过程民主"具有法理的全过程性、制度的全过程性和公民平等参与的全过程性。正是这些重要方面，构成了中国特色"全过程民主"的基本内容和基本特色。

三、发展全过程人民民主是新时代政治建设的主线

"全过程民主"作为我国"人民民主"最为显著的政治特色，反映了"人民民主"的本质和运行方式，更是新时代完善民主政治建设、推进中国特色社

---

① 刘少奇强调"我们党应该认真地而不是形式地发挥这些组织的作用，应该学会经过这些组织来活跃人民群众的民主生活"（刘少奇. 坚持优良作风健全党内生活 [M] //刘少奇选集：下卷. 北京：人民出版社，1985：402）。

② 中共中央马克思恩格斯列宁斯大林著作编译局. 前言 [M] //马克思恩格斯全集：第1卷. 北京：人民出版社，1995：8.

③ 习近平：中国的民主是一种全过程的民主 [EB/OL]. 求是网，2019-01-03.

会主义政治发展的目标。十九届五中全会规划了"十四五"发展蓝图和2035年远景目标,提出了"推进社会主义政治建设"的新要求。① 推进和完善新时代"全过程民主",要进一步在几个重点方面着力展开。

(一) 推进民主制度建设的全过程性

制度是一个社会结构的灵魂。"制度在社会中具有更为基础性的作用,它们是决定长期经济绩效的根本因素。"② 十九大报告提出"发展社会主义民主政治就是要体现人民意志、保障人民权益、激发人民创造活力,用制度体系保证人民当家作主"③。二十大报告强调"加强人民当家作主的制度保障"④。"用制度体系保证人民当家作主",是一个不断完善健全的过程,决定了推进民主制度建设的全过程性。

"人民民主"作为一种国家制度,是以相应的具体民主制度包括基层民主制度作为功能性条件的,正如列宁在《国家与革命》中指出的:"任何单独存在的民主制度都不会产生社会主义,但在实际生活中民主制度永远不会是'单独存在',而总是'共同存在'的,它也会影响经济,推动经济的改造,受经济发展的影响等等。"⑤ 民主制度体系的不断健全和发展,决定了人民民主的实施效能和实现效能。改革开放以来我国制度领域创新的规模很大,但很多制度行为"问题导向"不足,系统性、协调性不强,"碎片化"特征突出。习近平总书记指出:"民主不是装饰品,不是用来做摆设的,而是要用来解决人民要解决的问题。"⑥

马克思曾批评过"没有精神的制度",缺乏"问题导向"和价值前导的制度创制是很难体现特定功能的。纯粹工具理性的制度行为,是机会主义的。本质上说,一项真正能成立的制度创新,除了有明确的"问题导向"外,还须与公共理性、社会价值、文化定义相一致。在民主制度建设领域,任何创新变革

---

① 中国共产党第十九届中央委员会第五次全体会议公报 [N]. 光明日报, 2020-10-30 (02).
② [美] 道格拉斯·诺思. 制度、制度变迁与经济绩效 [M]. 杭行, 译. 上海: 格致出版社, 上海三联书店, 上海人民出版社, 2008: 147.
③ 习近平. 决胜全面建成小康社会, 夺取新时代中国特色社会主义伟大胜利 [M]//习近平谈治国理政: 第3卷. 北京: 外文出版社, 2020: 28.
④ 习近平. 高举中国特色社会主义伟大旗帜, 为全面建设社会主义现代化国家而团结奋斗: 在中国共产党第二十次全国代表大会上的报告 [M]. 北京: 人民出版社, 2022: 38.
⑤ 列宁. 国家与革命 [M]//列宁选集: 第3卷. 北京: 人民出版社, 2012: 181.
⑥ 习近平在中央人大工作会议上发表重要讲话强调: 坚持和完善人民代表大会制度, 不断发展全过程人民民主 [N]. 人民日报, 2021-10-15 (01).

都应体现"对应原理"（Correspondence Principle），所谓"革而化之，与时宜之"（西汉扬雄《扬子法言》），具有时代性、系统性、协调性，实现制度创新的价值目标。

以解决问题为导向，推进各项民主制度的建设，须贯串于不断与时俱进的中国特色民主政治建设全过程。当新的制度供给囊括了更大范围现象或更深刻揭示了事物本质时，应以渐进方式提升制度的变革层级，不断完善、健全，同时提升各项民主制度的执行力，这是推进"全过程民主"建设的基本要求。

（二）推进民主管理的全过程性

人民当家作主是社会主义民主政治的本质和核心。民主不仅是一种价值，更是一种社会管理方法，"是一种社会管理体制"①，《中共中央关于制定国民经济和社会发展第十四个五年规划和二〇三五年远景目标的建议》提出"保障人民依法通过各种途径和形式管理国家事务、管理经济文化事业、管理社会事务"，"建设人人有责、人人尽责、人人享有的社会治理共同体"，这是一种全过程民主管理的要求。②

社会主义民主管理的实践表明，制度化的全过程性民主管理并不容易。从法理上说，国家公共事务由人民民主管理，是"人民民主"国体这一根本属性的反映和要求，但在实际运行中，人民的管理权利时被弱化、虚置，时有时无、时强时弱。马克思在《法兰西内战》中指出："以往国家的特征是什么呢？社会为了维护共同的利益，最初通过简单的分工建立了一些特殊的机关。但是，随着时间的推移，这些机关——为首的是国家政权——为了追求自己的特殊利益，从社会的公仆变成了社会的主人。这样的例子不但在世袭君主国内可以看到，而且在民主共和国内也同样可以看到。"③ 由此要防止公务人员"为了追求自己的特殊利益，从社会的公仆变成了社会的主人"④。马克思强调："政府应执行的合理职能，则不是由凌驾于社会之上的机构，而是由社会本身的承担责任的勤务员来执行。"⑤ 这是一种全民主管理的要求，体现人民权力的民主管理不是

---

① [美] 卡尔·科恩. 论民主 [M]. 聂崇信，朱秀贤，译. 北京：商务印书馆，1988：9.
② 中共中央关于制定国民经济和社会发展第十四个五年规划和二〇三五年远景目标的建议 [N]. 人民日报，2020-11-04（01）.
③ 马克思. 法兰西内战 [M] //马克思恩格斯选集：第3卷. 北京：人民出版社，2012：54.
④ 马克思. 法兰西内战 [M] //马克思恩格斯选集：第3卷. 北京：人民出版社，2012：54.
⑤ 马克思. 法兰西内战 [M] //马克思恩格斯选集：第3卷. 北京：人民出版社，2012：168.

间歇性、时有时无的,而应当是全过程性的。在全面开启现代化新征程中,如何从当地实际出发,在各领域契合社会发展现实要求和制度的"供—需"关系中切准问题焦点,推进民主管理的全过程性,是新时代我国民主政治建设需进一步加大社会投入的重要方面。

(三) 推进民主参与的全过程性

在专业的角度,"民主决定于参与,即受政策影响的社会成员参与决策,在一定社会内在一定问题上,以某些方式可能实现较充分的参与,而以另一些方式则只可能实现不太充分的参与"①。人类民主的每一次发展,都使社会中更多的人获得政治权利,参与政治生活。② 全过程的民主参与,是实现人民民主的"众意"基础。

人类民主一直处在两难中,包括如何衡量"参与"是个复杂的难题。在价值本位上,公民应直接参与公共事务,在公共决策中不经中介的"代议"而直接表达意愿主张,但公民的闲暇、知识和判断力都难以适应,由此人类进入了民主"代议"模式。但正如卢梭指出的,任何形式的委托和代理,都会降低一个完美东西的"圆融程度"。把属于人民的权力转由"代表"来行使,轻则偏离人民的意愿,重则造成人民地位的旁落。解决这一历史性难题的办法,就是通过"代议"条件下公民"充分的参与"的全过程性来解决。中国特色社会主义全过程民主,解决了"充分的参与"这一历史性难题。

习近平指出:"社会主义民主不仅需要完整的制度程序,而且需要完整的参与实践。"③"完整的参与实践",一是包括了"参与不只是'属于'(仅仅被卷入某事),更不是非自愿的'被迫属于',参与是自发的"④,"参与的含义是亲自参与,是自发自愿的参与"⑤,是参与行为自主的全过程性;二是指在公共事务全过程方面的公民参与,而不是有的内容可参与,有的内容不可参与,这是不完整、不充分参与。亨廷顿曾提出"政治制度化/政治参与度=社会稳定"的

---

① [美]卡尔·科恩. 论民主[M]. 聂崇信,朱秀贤,译. 北京:商务印书馆,1988:12.
② 王沪宁. 政治的逻辑:马克思主义政治学原理[M]. 上海:上海人民出版社,1994:705.
③ 习近平. 推进协商民主广泛多层制度化发展[M]//习近平谈治国理政:第 2 卷. 北京:外文出版社,2017:292.
④ [美]乔·萨托利. 民主新论[M]. 冯克利,阎克文,译. 上海:上海人民出版社,2008:128.
⑤ [美]乔·萨托利. 民主新论[M]. 冯克利,阎克文,译. 上海:上海人民出版社,2008:128.

公式，认为政治制度化水平如果低于政治参与的需求，会导致社会性动荡。反过来一个社会如果政治参与不足，会严重抑制包括国家民主制度在内的整体制度化水准。十九大、二十大强调"实现人民平等参与权利"，就是强调实现民主参与的全员性、全事务性、全过程性。这当中，关键在于如何进一步扩展人们的参与渠道，实现对公共事实的"实质性参与"，尤其要"健全重大政策事前评估和事后评价制度，畅通参与政策制定的渠道，提高决策科学化、民主化、法治化水平"[①]。

（四）推进民主协商的全过程性

现代通信技术极大改变了人类政治方式。以现代通信技术为基础的公共传媒、舆情监测、民意表达、利益团体等规制，构成代议民主的基础。远程民主理论认为充分运用这些技术手段，就能有效实现民主的核心理念。但事实上，远程民主并不能解决民主过程的诸多问题，反而"技术进步导致了人口过剩和过度的组织化，即一种个人变成单纯的数字"[②]。中国特色协商民主的"特质"之一，是民主协商的全过程性，弥补了远程民主的缺陷。习近平在中国人民政治协商会议成立65周年大会上指出："社会主义协商民主应该是实实在在、而不是做样子的，应该是全方位的、而不是局限在某个方面的，应该是全国上上下下都要做的、而不是局限在某一级的。""协商就要真协商，真协商就要协商于决策之前和决策之中，……从制度上保障协商成果落地，使决策和工作更好地顺乎民意、合乎实际。"[③]

这是对民主协商全方位性、全过程性的科学表达。十九大报告提出了诸多协商新概念："要推动协商民主广泛、多层、制度化发展，统筹推进政党协商、人大协商、政府协商、政协协商、人民团体协商、基层协商以及社会组织协商。"[④]反映了实现协商民主全过程性的"全领域"要求。只有实现协商民主的全过程性，确保事前、事中、事后的全过程协商，同时实现协商民主的"全领域"覆盖性，才能有效规避时有时无的选择性，这是新时代推进我国全过程民

---

① 中共中央关于制定国民经济和社会发展第十四个五年规划和二〇三五年远景目标的建议[N]. 人民日报, 2020-11-04 (01).
② [美]乔·萨托利. 民主新论[M]. 冯克利, 阎克文, 译. 上海: 上海人民出版社, 2008: 537.
③ 习近平. 习近平谈治国理政: 第2卷[M]. 北京: 人民出版社, 2017: 297.
④ 习近平. 决胜全面建成小康社会，夺取新时代中国特色社会主义伟大胜利[M]//习近平谈治国理政: 第3卷. 北京: 外文出版社, 2020: 30.

主政治建设的一个重要方面。

（五）推进民主监督的全过程性

凡有公权力的地方，就存在如何实现全过程监督的政治建设问题。民主监督的本质是"全程监督"。马克思和恩格斯曾多次强调一切公职人员必须"在公众监督之下进行工作"[①]，"防止人们去追求升官发财"[②] 和"追求自己的特殊利益"[③]；列宁在《国家与革命》中提出，"一切公职人员毫无例外地完全由选举产生并可以随时撤换"[④]；毛泽东在著名的"窑洞对"中谈到，我们已找到一条新路，就是人民起来监督政府，政府就不会懈怠；习近平总书记强调"把权力关进制度的笼子"，表达的都是"全过程监督"的理念和要求。要实现这一目标，根本上是要实现对权力监督的全方位性、全过程性。

权力只有在阳光下才不会腐败，凡是缺乏有效监督的权力，必然是腐败的权力。但要实现真正的全过程民主监督，是有一定难度的。对于如何有效扩大民主监督，1956年7月21日，周恩来在中国共产党上海市第一次代表大会上的讲话中，就提出办法："我们可以从另外一些方面来扩大民主，例如：第一，使人大代表经常去接触人民。我们的人大代表，还有政协委员，每年应有两次到人民中去直接视察工作。他们可以从与政府不同的角度去接触广大人民，接触实际，看我们的工作是否做得恰当，做错了没有，有什么缺点，有什么偏差。就是说可以去找岔子。第二，今年召开的全国人民代表大会已经开了一个先例，就是把所有代表的发言，包括批评政府工作的发言，不管对的、部分对的甚至错的都发表出来。这就在人民中揭露了政府工作的缺点。"[⑤] 这种鼓励人们"去找岔子"、勇于"揭露政府工作的缺点"的监督思路，是实现民主监督全过程性所要求的，实际也是我国民主政治建设一个质的规定性，应进一步在各级部门中推行和普及。

"要继续健全制度、完善体系，使监督体系契合党的领导体制，融入国家治

---

① 马克思.法兰西内战［M］//马克思恩格斯选集：第3卷.北京：人民出版社，2012：141.
② 马克思.法兰西内战［M］//马克思恩格斯选集：第3卷.北京：人民出版社，2012：55.
③ 马克思.法兰西内战［M］//马克思恩格斯选集：第3卷.北京：人民出版社，2012：54.
④ 列宁.国家与革命［M］//列宁选集：第3卷.北京：人民出版社，2012：149.
⑤ 周恩来.专政要继续，民主要扩大［M］//周恩来选集：下卷.北京：人民出版社，1984：207-208.

理体系，推动制度优势更好转化为治理效能。"① 因为"在一切真正的民主制之下，行政职位并不是一种便宜，而是一种沉重的负担"②，因为它存在来自全方位、全过程民主监督的压力。这是遏制腐败、确保公共权力人民性、防止从"人民的公仆"变为"人民的主人"的根本保证。

---

① 习近平. 一以贯之全面从严治党，强化对权力运行的制约和监督[M]//习近平谈治国理政：第3卷. 北京：外文出版社，2020：549.
② [法]卢梭. 社会契约论[M]. 何兆武，译. 北京：商务印书馆，1980：142.

第9章

"法治中国"建设历程：推进重点与基本路向

1979年9月，十五大确立"依法治国、建设社会主义法治国家"基本方略，1999年3月，将其写入宪法总纲第五条。2001年，"十五"计划纲要将"依法治国"提升到现代化目标的层次。

2002年11月，十六大提出"发展社会主义民主政治，最根本的是要把坚持党的领导、人民当家作主和依法治国有机统一起来"。2004年3月，《全面推进依法行政实施纲要》提出2020年基本建成法治政府。2014年10月，《中共中央关于全面推进依法治国若干重大问题的决定》提出"法治国家、法治政府、法治社会"一体建设，标志着十五大以来法治建设新开篇。

2020年11月，《中共中央关于制定国民经济和社会发展第十四个五年规划和二〇三五年远景目标的建议》提出到2035年基本建成法治国家、法治政府、法治社会。

从"法制之治"到"法治之治"，从"法律体系"到"法治体系"，从"工具理性"到"价值理性"，从"依法治国"到"依宪治国"，从"依法行政"到"依法执政"，是"法治中国"建设的基本线索和历史方位。

包括法治国家、法治政府、法治社会建设的"法治中国"建设，是中国现代化政治发展的重要目标。而从法制之治到法治之治，从法律体系到法治体系，从工具理性到价值理性，从依法治国到依宪治国，从依法行政到依法执政，是推进"法治中国"建设的基本线索和历史方位。2014年10月十八届四中全会做出《中共中央关于全面推进依法治国若干重大问题的决定》，标志着自1997年9月十五大确立"依法治国，建设社会主义法治国家"基本方略以来，中国法治建设新的纵深推进。法治建设的历史进程和实现程度，决定了新时代国家治理体系与治理能力现代化建设的实现程度。

一、从法制之治到法治之治

人类历史上的法制之治（Rule by law），是一种用法管社会、治百姓的思维、规则和技术的管制体系。康德（Immanuel Kant）在谈到"国家"时认为，所谓国家就是一群人联合在法律之下，国家的功用就在于执行法律，"维护法律秩序"。作为传统政治文明的组成部分，法制的产生是一个巨大的历史进步，其关注的焦点是秩序，核心是治民。

"法治之治"（Rule of law）则相对于公权力而出现，其焦点是保障公民权利，制约公权力，其核心是治权，正如哈耶克（Friedrich August Hayek）指出的："法治所限制的只是政府的强制性活动。"① 它的产生是个更大进步，是人类现代文明的重要表征。尽管法学家们对法治的具体内容与原则诠释相异趣，② 但法治的价值被充分肯定。从法制之治走向法治之治，是人类政治文明的历史过程。

在中国，法制基础早已形成。两千多年前我国《礼记·月令》中，就有"是月也，命有司，修法制"的记载。中国历史上以商鞅、慎到、申不害和韩非为代表的法家所主张的理论和严刑峻法，都属于法制之治的范畴。从先秦时代起，中国的法制基础就相当完备了，中国缺少的是现代法治的文化基础。法制是法治的基础和条件，法制可以成为法治的有利因素，也可以成为法治的负面因素。由于缺乏根深蒂固的法治精神，由于缺乏对于法律的价值信仰，在中国修宪法易，行宪治难，并常以法治之名，行法制之实。

"文化大革命"结束后，鉴于沉痛的历史教训，我们提出"扩大社会主义民主，健全社会主义法制"。1978年12月，邓小平指出"为了保障人民民主，必须加强法制。必须使民主制度化、法律化，使这种制度和法律不因领导人的改变而改变，不因领导人的看法和注意力的改变而改变"③。

1997年9月，党的十五大在总结了我国社会主义民主法制建设经验教训的

---

① ［美］弗里德利希·冯·哈耶克. 自由秩序原理：上卷［M］. 邓正来，译. 北京：生活·读书·新知三联书店，1997：262.
② 关于法治，亚里士多德的经典性论述是："法治应包含两重意义：已成立的法律获得普遍的服从，而大家所服从的法律又应该本身是制定得良好的法律。"（［古希腊］亚里士多德. 政治学［M］. 吴寿彭，译. 北京：商务印书馆，1965：199）
③ 邓小平. 解放思想，实事求是，团结一致向前看［M］//邓小平文选：第2卷. 北京：人民出版社，1994：146.

基础上，确立了"依法治国，建设社会主义法治国家"治国方略，并对"依法治国"基本内涵做了界定。

  "依法治国，就是广大人民群众在党的领导下，依照宪法和法律规定，通过各种途径和形式管理国家事务，管理经济文化事业，管理社会事务，保证国家各项工作都依法进行，逐步实现社会主义民主的制度化、法律化，使这种制度和法律不因领导人的改变而改变，不因领导人看法和注意力的改变而改变。"①

  十五大开启了中国国家治理的法治化进程。十五大后，各级政府重大决策的公示制度、听证制度、咨询制度和评估制度逐步得到推行。政府行政效率明显提高。服务型政府建设得到推进。1999年3月，全国人大对宪法进行修改，宪法规定"中华人民共和国实行依法治国，建设社会主义法治国家"。

  2001年3月，九届全国人大四次会议审议通过的《中华人民共和国国民经济和社会发展第十个五年计划纲要》进一步提出"依法治国，建设社会主义法治国家，是社会主义现代化的重要目标"。将"依法治国"从治国方略的手段层面，上升到现代化政治发展目标层面。为强调依法治国的核心是治官、治权、治理国家机器这一本质，"十五"计划纲要提出"健全依法行使权力的制约机制，加强对权力运行的民主监督、群众监督和舆论监督"。

  关于"党的领导、人民当家作主和依法治国有机统一"的"三者统一论"的思路和提法，较早应当是2002年2月18日江泽民在关于十六大报告起草工作的批示中提出的，并要求对三者的"关系要说清楚"：

  发展社会主义民主政治，坚持党的领导、人民当家作主和依法办事，三者缺一不可，关系要说清楚。②

  2002年11月，十六大报告把这一提法表述为"最根本的是要把坚持党的领导、人民当家作主和依法治国有机统一起来。党的领导是人民当家作主和依法治国的根本保证，人民当家作主是社会主义民主政治的本质要求，依法治国是

---

① 江泽民．高举邓小平理论伟大旗帜，把建设有中国特色社会主义事业全面推向二十一世纪[M]//江泽民文选：第2卷. 北京：人民出版社，2006：28-29.
② 江泽民．关于十六大报告起草工作的批示[M]//江泽民文选：第3卷. 北京：人民出版社，2006：440.

党领导人民治理国家的基本方略"①。并将"依法治国基本方略得到全面落实，人民的政治、经济和文化权益得到切实尊重和保障"作为小康社会的重要指标。人权是人就其自然属性和社会属性所应享有的权利，包括人的权利、公民的权利和特殊群体的权利，是现代文明社会政治发展的显性指示。2004年宪法修正案中增加规定："国家尊重和保障人权。"为确保人的人格、个性、精神、道德和能力的发展乃至"人的全面发展"提供了宪法保障。

2013年11月，十八届三中全会提出"建设法治中国"重大命题，并提出"法治国家、法治政府、法治社会"三位一体建设思路。2014年10月，十八届四中全会进一步提出"全面推进依法治国，建设社会主义法治国家"，迈出了从法制之治到法治之治的更大步伐。

今天我们推进国家治理体系与治理能力现代化，要搞是作为现代政治文明的"法治之治"。这当中，有两个方面的区别非常重要：第一，我们全面推进的社会主义法治，不仅仅是要解决"有法可依、有法必依、执法必严、违法必究"的问题，其灵魂是要实现"法的统治"，即除法律之外任何人不受其他统治的现代法理精神，它是对"法制之治"的超越。第二，我们全面推进的社会主义法治，与欧洲大陆国家历史上的"法治国"有着重要区别。作为与专制国家、警察国家相对立的"法治国"出现于19世纪，是18世纪末开始的宪政运动的产物。"法治国"强调的是形式法治的合理性，强调"依法办事的行政"即为合理，重视法律权威性而不重视法律本身和治理的正义性，就是说，行政行为只要有法可据即为正义，无论其实质如何，其本质仍是"法制之治"。

21世纪中叶，我国将全面实现现代化。作为法治与民主、宪法与宪治相统一的"法治之治"，是我国实现国家治理体系与治理能力现代化的必要条件。从历史角度看，人治方式的交易成本有时低于法治的交易成本，有效性强，但是其长远绩效是低微的，是文明进步和社会发展长期落后的根本原由所在。尤其在现代大型社会、现代政治环境中人治弊端叠显，非人类政治的根本之道。由于我国根深蒂固的法制积习和思维传统，从传统性的"法制之治"迈向现代性的"法治之治"，是国家治理上一种革故鼎新的深刻变革，是"法治中国"建设的灵魂和重中之重。

---

① 江泽民. 全面建设小康社会，开创中国特色社会主义事业新局面——在中国共产党第十六次全国代表大会上的报告[M]//江泽民文选：第3卷. 北京：人民出版社，2006：553.

二、从法律体系到法治体系

马克思指出:"法律不是压制自由的措施,正如重力定律不是阻止运动的措施一样。"①"法典就是人民自由的圣经。"② 从 1949 年到 1954 年第一届全国人民代表大会召开前,我国颁布实施了具有临时宪法性质的《中国人民政治协商会议共同纲领》,制定了中央人民政府组织法、工会法、婚姻法、土地改革法、人民法院暂行组织条例、最高人民检察署暂行组织条例、惩治反革命条例、妨害国家货币治罪暂行条例、惩治贪污条例、全国人民代表大会和地方各级人民代表大会选举法以及有关地方各级人民政府和司法机关的组织、民族区域自治和公私企业管理、劳动保护等一系列法律、法令,开启了新中国法律体系的步伐。1978 年改革开放以来,我国开始了大规模的法律体系建设。

2011 年 3 月 10 日,时任全国人大常委会委员长的吴邦国在向十一届全国人大四次会议所做的全国人大常委会工作报告中宣布:一个立足中国国情和实际、适应改革开放和社会主义现代化建设需要的中国特色社会主义法律体系已经建成,"我们成功走出了一条中国特色的立法路子""总体上解决了有法可依的问题"③。2011 年 10 月,国务院新闻办公室印发《中国特色社会主义法律体系》白皮书,记述了中国法律体系建设的历程。

法律体系是全部现行法律规范分类组合为法律部门而形成的法律有机统一体。中国特色社会主义法律体系是以宪法为统帅,以法律为主干,以行政法规、地方性法规为组成部分,由宪法相关法、民法商法、行政法、经济法、社会法、刑法、诉讼与非诉讼程序法等多个法律部门组成的有机统一整体。法律体系的建成,为法治建设提供了基础和条件,解决了国家经济建设、政治建设、文化建设、社会建设以及生态文明建设各个方面"有法可依"的问题,但法律体系作为法治的一种基础性条件,并不能简单等同于法治体系。2014 年 10 月,十八届四中全会在已经形成的中国特色社会主义法律体系的基础上,提出"建设中国特色社会主义法治体系"的建设任务,并将其作为全面推进依法治国的总目

---

① 马克思. 第六届莱茵省议会的辩论(第一篇论文)[M]//马克思恩格斯全集:第1卷. 北京:人民出版社,1995:176.
② 马克思. 第六届莱茵省议会的辩论(第一篇论文)[M]//马克思恩格斯全集:第1卷. 北京:人民出版社,1995:176.
③ 至2011年8月底,我国已制定宪法和有效法律240部、行政法规706部、地方性法规8600多部,涵盖社会关系各个方面的法律部门已经齐全,各个法律部门中基本的、主要的法律已制定,相应的行政法规和地方性法规比较完备,由此,中国特色社会主义法律体系已经形成。

标，抓住了法治的要害。法治体系的建立和完善，才是实现国家治理体系与治理能力现代化的本质要求和精义所在。

法治体系是我国推行法治运行的整体系统，是中国新政治文明的重要构成。这一体系，至少包含了六个方面核心内容：①立法体系；②执法体系；③司法体系；④守法体系；⑤法律监督体系；⑥比这些"物型构件"更重要、更关键的是法律和法治的信仰体系——它是实现社会主义法治的"灵魂构件"，即推行法治的社会心理与文化认同。

这当中，加快完善反腐败国家立法、完善包括"惩治贪污贿赂犯罪法律制度"[1] 在内的"不敢腐、不能腐、不想腐"法律制度框架，从源头上遏制和预防腐败，为治本之要。上述第⑤项、第⑥项相对于其他各项更具有挑战性。法治体系建设必须建立起充沛的法治文化，让它风行天下、云蒸霞蔚，这是法治建设的"文化心"，是从法律体系建设推进到法治体系建设的精神血脉。

三、从工具理性到价值理性

工具理性简单地把"法"作为治人之具，由于与信仰无涉，工具主义不可避免地存在机会主义和人治倾向。对于"法"可以时而用之，时则弃之；时而严之，时则弛之的不确定性。作为强制性命令的法律，人类"任何国家的法律都是以威胁为后盾的普遍命令"[2]。以庞德（Pound）为代表的美国社会法学派，强调法律实用主义，强调法律作为"社会控制"的工具，以法律"社会工程"来谋求"社会效果"。魏玛共和国时期的"法治国"就是工具理性的典型表现。本质上说，法律领域的工具主义不过是法制理性的延觞。

法治价值理性则把法治当作信仰，它是对法治作为一种社会价值的皈依——它是基于对人性的深切洞察和对人类治理方式的无可规避或"无奈的"选择。"法治与人治的主要区别在于专横的消除以及随之确保的可预见性和'恒常正义'。"[3]

中国社会有着根深蒂固的法律工具主义的传统。中国自有宪法以来时逾百

---

[1] 中共中央关于全面推进依法治国若干重大问题的决定[N].人民日报，2014-10-29（03）.
[2] [英]哈特.法律的概念[M].张文显，郑成良，杜景义，等译.北京：中国大百科全书出版社，1996：27.
[3] [挪]弗朗西斯·西阶尔斯特德.民主与法治：关于追求良好政府过程中的矛盾的一些历史经验[M]//[美]乔恩·埃尔斯特，[挪]朗内·斯莱格斯塔德.宪政与民主：理性与社会变迁研究.潘勤，谢鹏程，译.北京：生活·读书·新知三联书店，1997：152.

第9章 "法治中国"建设历程：推进重点与基本路向

年，但是宪治的步履艰难。从民国建立到1949年旧政权终结，短短的几十年里，制宪活动频率之高在世界宪政史上亦为罕见。尤其是北洋政府时期，制定出台了十多部宪法和宪法草案，但都没能真正有效地推行宪法之治。更早一些，清光绪三十二年（1906年），当时清政府就正式成立了法律学堂，而1898年，京师大学堂成立后即开办分科大学，法学是当时的分科之一，这是中国历史上最早的法学专业教育机构，但是都没有成为法治之助。近代中国隐约出现的法治历程，始终飘浮着法治工具理性的迷雾。黑格尔在《哲学史讲演录》中谈到：

> 道德在中国人看来，是一种很高的修养。但在我们这里，法律的制定以及公民法律的体系即包含有道德的本质的规定，所以道德即表现并发挥在法律的领域里，道德并不是单纯地独立自存的东西，但在中国人那里，道德义务的本身就是法律、规律、命令的规定。所以中国人既没有我们所谓法律，也没有我们所谓道德。①
>
> 我们也感觉到无论他们的法律机构、国家制度等在形式方面是发挥得如何有条理，但在我们这里是不会发生的，也是不会令我们满意的，它们不是法律，反倒简直是压制法律的东西。②

黑格尔谈到"道德义务的本身就是法律、规律、命令的规定"，即以道德观念替代法律；而同时又以工具理性来认知法律，缺乏健全的法律意识。人类法治史表明："法律的权威源自人民的内心拥护和真诚信仰。"③ 法律的真正依据在于整体的社会事实承认基本关键规则（这一规则把立法权赋予特定的人或集团），法律命题的真实性不仅在于民众习惯地服从命令，更在于社会的习俗，这些习俗表示社会接受赋予立法权的一整套规则。④ "法"作为人的行为的一种秩序（Order），虽与"正义"是两个不同的概念，⑤ 但是宪法和法律仅仅作为"治世之器"是不行的，只有进入价值、信仰、信念层面，法治才有可能真正得到有效地推行。按照当代著名法学家昂格尔（Roberto Mangabeira Unger）的观

---

① [德] 黑格尔. 哲学史讲演录：第1卷 [M]. 贺麟，王太庆，等译. 北京：商务印书馆，1959：125.
② [德] 黑格尔. 哲学史讲演录：第1卷 [M]. 贺麟，王太庆，等译. 北京：商务印书馆，1959：119.
③ 中共中央关于全面推进依法治国若干重大问题的决定 [N]. 人民日报，2014-10-29（03）.
④ [美] 德沃金. 法律帝国 [M]. 李常青，译. 北京：中国大百科全书出版社，1996：31.
⑤ [奥] 凯尔森. 法与国家的一般理论 [M]. 沈宗灵，译. 北京：中国大百科全书出版社，1996：3.

点，法治下的法律不仅应该具有公共性和实在性，更须具有普遍性和自治性。人类前法治社会就只有公共性和实在性，只有在法治社会才能实现普遍性和自治性，因为法律制造了一个"隔离带"，个人不会感到自己与行政官或法官的关系是一种人身依附关系。

在"形而下"的意义上，法律是一种社会工具，这对一个社会是容易做到的；在"形而上"的意义上，法律作为一种信仰，这对一个社会是不易做到的。一个社会，可以较快地建立起比较完备的法律体系，但建立完备的法治体系，则是个充满挑战的漫长历史过程。

如果缺乏法治的价值理性，法治的推行将是个极为艰难的过程，中国以往的政治发展路程已表明了这一点。当下中国法治建设面临的重要任务，不仅仅是要解决好"有法可依""违法必究"这些问题，而且还要花大气力解决法治价值理性严重匮乏甚至从机构到公众"骨子里"法治价值淡薄的问题。2014年10月，《中共中央关于全面推进依法治国若干重大问题的决定》提出将每年的"12月4日"定为"国家宪法日"，在全社会开展宪法教育，并在公职人员中建立宪法宣誓制度，"凡经人大及其常委会选举或者决定任命的国家工作人员，正式就职时公开向宪法宣誓"，这个举措对于普及宪法精神、提升法治价值理性，具有重要意义。

我国的法治建设正处于从工具理性到价值理性的推进过程中，最大的问题是社会弥漫着实用主义习俗，这种国民性的改变是很困难的，将是一个历史的过程。法治推进必须深深根植于法治精神的普及，根植于民众对于法律和法治的信仰。正如亚里士多德说的："积习所成的'不成文法'比'成文法'实际上还更有权威，所涉及的事情也更为重要。"① 要大力张扬和普及法治理性，提升对于法治价值的社会认知，在全社会确立对法律、法治的信仰，才能实现从工具理性到价值理性的历史性转型。

四、从依法治国到依宪治国

1997年9月，党的十五大提出"依法治国""建设社会主义法治国家"②，是我国推行依法治国的历史起点。后在一系列重要文件中都强调了依法治国，

---

① ［古希腊］亚里士多德.政治学［M］.吴寿彭，译.北京：商务印书馆，1965：170.
② 江泽民.高举邓小平理论伟大旗帜，把建设有中国特色社会主义事业全面推向二十一世纪［M］//江泽民文选：第2卷.北京：人民出版社，2006：17.

第 9 章 "法治中国"建设历程：推进重点与基本路向

强调"一切政府机关都必须依法行政，切实保障公民权利"①。虽然，依法治国在逻辑上包含了依宪治国这一核心，但 2014 年 10 月十八届四中全会审议通过的《中共中央关于全面推进依法治国若干重大问题的决定》，进一步明确提出"依宪治国"，强调"坚持依法治国首先要坚持依宪治国"，将宪法置于国家治理至上位置，把"依法治国"推进到"依宪治国"，这是我国法治建设和政治发展上的重大迈进。

"依宪治国"有着三个方面最重要和最基本的要求：

（1）任何组织都没有超越宪法之特权。无论是行政主体还是执政主体，其一切行为均应在宪法和法律的范围内活动，不得逾越宪法的界线。各级党组织必须按宪法办事、依宪法活动；各级政府必须依法行政，"法定职责必须为、法无授权不可为"，不得任意扩展公权力和自由裁量权；建立健全行政裁量权基准制度、细化、量化行政裁量标准，规范裁量范围、种类、幅度，推进各级政府事权规范化、法律化，完善不同层级政府特别是中央和地方政府事权法律制度。② 社会各个方面则必须以宪法为准绳判别是非，要求包括法治机构在内的一切社会组织按宪法办事。

（2）依宪治国要求治政的稳定性，不允许朝三暮四、朝令夕改，以个人意志和偏好为转移。

（3）宪法的实际地位不能只是象征性的"闲法"，必须真正具有最高法律权威和法律效力。宪法是公民与国家的契约，拥有最高法律效力，为近现代文明世界所公认。1982 年，《中华人民共和国宪法》序言中规定，宪法"是国家的根本法，具有最高的法律效力"；第五条规定"一切法律、行政法规和地方性法规都不得同宪法相抵触"。

2014 年 10 月，《中共中央关于全面推进依法治国若干重大问题的决定》提出"完善全国人大及其常委会宪法监督制度，健全宪法解释程序机制"，强调"一切违反宪法的行为都必须予以追究和纠正"③，实际上提出了宪法权威如何保障、如何监督的问题。当今世界许多国家都有严格的宪法保障制度。1803 年，

---

① 江泽民. 高举邓小平理论伟大旗帜，把建设有中国特色社会主义事业全面推向二十一世纪[M]//江泽民文选：第 2 卷. 北京：人民出版社，2006：30-31.
② 中共中央关于全面推进依法治国若干重大问题的决定[N]. 人民日报，2014-10-29（03）.
③ "一切违反宪法的行为都必须予以追究和纠正"且落实在法律规范上，其逻辑上须有三个构成部分：①假定，指明规范适用的条件；②处理，即行为规则本身，指明允许怎样做，应当或禁止怎样做；③制裁，指明违反规范的法律后果。

美国建立违宪审查制度，其后奥地利、西班牙、捷克斯洛伐克等国相继设立保障宪法实施专门机构。第二次世界大战后，先后有50多个国家建立起司法审查制度，有20多个国家设立了宪法法院。

我国走的是中国特色政治发展道路，搞的是中国特色的社会主义法治，不照搬发达国家和其他国家的做法，但吸纳现代法治文明的有益成果、借鉴世界各国法治建设上的正反经验教训，是推行依宪治国的题中应有之义。我国宪法实施的保障和监督应聚焦于：①保障宪法具有最高法律效力，确立宪法最高法律地位；②制定严格修宪程序以维护宪法的稳定性、严肃性；③厘定全国人大宪法解释、实施监督和违宪的处理权限；④出台一定制度对违反宪法实施审查。而在总体上，依宪治国成功与否，主要集中于两大方面：一是党的各级组织能否按宪法办事，"在宪法和法律的范围内活动"；二是各级政府能否按宪法行政，真正将宪法作为行政行为之准则。问题的提出不等于问题的解决，中国漫长而坚韧的"吏治—人治"传统，缺乏现代法治精神的文化背景，对于推行以宪治国是个必须认真解决好的严峻挑战。

五、从依法行政到依法执政

依法行政和依法执政都是国家治理现代化的关键问题。在整个改革开放的历史阶段中，政府依法行政问题反复被提上议事日程。2014年10月，十八届四中全会进一步提出"依法执政"这一问题，即实现国家治理体系与治理能力现代化不仅要解决好政府依法行政的问题，更要解决好执政党如何依法执政的问题，使国家法治建设从依法行政推进到更具决定性意义的依法执政。关于依法执政与依法行政的关系和依法执政的"首要性"，2018年8月24日，习近平在中央全面依法治国委员会第一次会议上指出：

> 依法治国首先要坚持依宪治国，依法执政首先要坚持依宪执政。党领导人民制定宪法法律，领导人实施宪法法律，党自身必须在宪法法律范围内活动。任何公民、社会组织和国家机关都必须以宪法法律为行为准则，依照宪法法律行使权利或权力，履行义务或职责，都不得有超越宪法法律的特权……①

---

① 习近平. 坚持以全面依法治国新理念新思想新战略为指导，坚定不移走中国特色社会主义法治道路［M］//习近平谈治国理政：第3卷. 北京：外文出版社，2000：285.

而在这之前的2014年10月，习近平在十八届四中全会对《中共中央关于全面推进依法治国若干重大问题的决定》所作的说明中强调："党和法治的关系是法治建设的核心问题。"① 在我国，中国共产党既是执政党，又是领导党（"领导党"的一个基本特征，是它作为完整、系统、独立的政治组织，领导包括政府在内的一切社会组织以至整个社会的全部事务）。"执政"主要表明一个政党在国家政治体系中的法定地位和公共责任；"执政"所体现的是一种"法理正义"（Rational-legal Justice）。"领导"则表明一个政党的社会动员和组织能力的幅度，所指涉的是政党所要实现的各种战略和战术目标。"领导"是一定社会性的组织、动员、引领，是为确定和实现目标而影响群体活动的作业过程。"领导"之绩效，是领导主体、领导客体和主客体所处环境这三种因素的函数，领导所体现的是一种"伦理正义"（Ethical Justice）。

"执政"是高于"领导"的政权归属层面，主要与国体（人民民主专政的国家性质）相联系；"领导"则是"执政"实现形式和具体表现，更多地涉及政体（人民代表大会制度是党实施和实现领导的政权形式）。由此，"执政"更具法理上的抽象意义，"领导"则具有伦理上的具体意义。整体的"执政"，通过具体的"领导"来实现和体现。"执政"取决于是否合乎"形式正义"（宪法和法律上的正当性）。"领导"则涉及民意、社会意识形态和社会认同等，它的实现率取决于是否合乎"实质正义"（人民体认的合法性）。

虽然执政和领导都以权力为基础，但是执政更属于宪法规范范围。依法执政的核心在于建设法治化政党，党的领导方式和行为方式不得与宪法相抵牾。党的各级组织恪守宪法，在宪法和法律的范围内活动，并将包括党内法规在内的整个党的建设纳入法治体系建设。党作为国家的执政主体，与政权、政府和其他参政党产生特定关系。这当中，如何处理好"党—政"基本关系，成为实现国家治理能力现代化之要津：①处理好党与政权的关系。党作为执政主体，领导好政权但不简单代替行使国家政权即人民代表大会的职能；②处理好党与政府的关系。党不轻易站到行政一线去越俎代庖行使政府职能；③处理好与政协的关系。尊重和发挥各民主党派参与、监督的作用；发挥各界参政议政的职责和功能，最大限度地汇集各方参与国家政事的智慧和创造力。这三个基本方面，都体现了依宪执政的基本内容。

---

① 习近平. 关于《中共中央关于全面推进依法治国若干重大问题的决定》的说明［N］. 人民日报，2014-10-29（02）.

国家治理体系与治理能力现代化的本质，是政党政治的现代化。亨廷顿在谈到国家现代化时认为，政党应"是一种现代化组织，是城市环境所造就的新人的产物"①。同时他指出，"政治现代化涉及权威的合理化、结构的分离和政治参与的扩大等三方面"②。党执政行为的法治化，是实现国家政治现代化的核心所在，就是要从革命党的思维和运行方式，提升到执政党的思维和运行方式，按现代化的治理方式即制度和法治的方式来行使执政权。

宪法既是治理国家的根本大法，也是执政行为之根本大法，是党处理与政权、政府等各方面重要关系的基本准则。首先要强化宪法监督。把宪法监督权力具体化。《中华人民共和国宪法》第七十一条："全国人民代表大会和全国人民代表大会常务委员会认为必要的时候，可以组织关于特定问题的调查委员会，并且根据调查委员会的报告，作出相应的决议。"法治政党的依法执政、法治政府的依法行政，是整个法治建设和"法治中国"建设的关键，在整个"法治中国"建设中具有核心地位。在依法行政与依法执政关系上，依法执政更具有决定性、根本性，所涉及的事情更为重要，它是全面推进依法治国和实现国家治理体系与治理能力现代化的治本之要。"努力实现国家各项工作法治化，向着建设法治中国不断前进"③，是法治中国建设的核心。

六、从小康社会到法治社会：政治发展的递进

社会现代化是一个整体的、革命性的变迁过程。尽管小康社会、和谐社会、法治社会不是一个严格的时间序列概念，但从"小康社会"建设到"法治社会"建设再到"法治中国"建设的演进深化过程，总体反映了从经济发展、社会发展、政治发展，再到人的全面发展的历史逻辑。

"小康社会"是中国现代化进程中第一个社会概念，是"法治中国"建设链条中的重要一环。前已述及"大同""小康"是中国古代的社会理想，包含了丰富的社会内容。宋元后，小康社会成为许多思想家和变法者们的精神蓝图。20世纪80年代后"小康社会"被赋予新的时代精神和社会内容，成为中国现代化进程中一种社会建设目标。1979年12月6日，邓小平在会见来访的日本朋

---

① [美]塞缪尔·P. 亨廷顿. 变化社会中的政治秩序 [M]. 王冠华，等译. 北京：生活·读书·新知三联书店，1989：401.
② [美]塞缪尔·P. 亨廷顿. 变化社会中的政治秩序 [M]. 王冠华，等译. 北京：生活·读书·新知三联书店，1989：87.
③ 中共中央关于全面推进依法治国若干重大问题的决定 [N]. 人民日报，2014-10-29（01）.

友大平正芳时第一次用"小康"这一概念,来描述"中国式的现代化"①。邓小平提出"小康"的构想,主要是想通过推动经济发展,来改变人民的生活状态。它是一个将民生与现代化政治发展目标融为一体的概念。以提高人民生活水平为核心内容的"三步走"发展战略和"小康社会"目标的择定,作为中国特色社会主义理论的重要组成部分,写进了1982年的党的十二大报告中。②

"和谐社会"是中国现代化进程中又一个社会概念,是"法治中国"建设链条中的重要一环。2006年,十六届六中全会审议通过《中共中央关于构建社会主义和谐社会若干重大问题的决定》,确立了"和谐社会"建设目标,当时确立了经济—政治—文化—社会四大建设框架,从而使得社会建设成为中国现代化进程的核心概念之一。核心是要实现"民主法治、公平正义、诚信友爱、充满活力、安定有序、人与自然和谐相处"③,1978年改革开放后,伴随经济的高速增长,大量社会矛盾开始呈现规模效应,进入了"社会矛盾集中反应期"。整个社会在诸多方面出现了两元结构。如社会形态上的两元,贫富差距扩大,人们有"相对剥夺感";社会群体上的两元,"高收入群体"和"弱势群体"呈现巨大落差;社会发展区域上的两元,东西部地区差距拉大;社会结构上的两元,城乡两元结构加剧。实现公平正义是社会"和谐"的基本条件,而解决好大量人民群众"最关心、最直接、最现实"的问题,是实现社会"和谐"直接面临的任务。正是在这样一种现实背景下,做出构建社会主义和谐社会的重大决策,

---

① "我们要实现的四个现代化,是中国式的四个现代化。我们的四个现代化的概念,不是像你们那样的现代化的概念,而是'小康之家'。到本世纪末,中国的四个现代化即使达到了某种目标,我们的国民生产总值人均水平也还是很低的。要达到第三世界中比较富裕一点的国家的水平,比如国民生产总值人均一千美元,也还得付出很大的努力。就算达到那样的水平,同西方来比,也还是落后的。所以,我只能说,中国到那时也还是一个小康的状态。""只是一个小康的国家。"(邓小平.中国本世纪的目标是实现小康[M]//邓小平文选:第2卷.北京:人民出版社,1994:237.)
② 党的十二大报告提出"在全面开创新局面的各项任务中,首要的任务是把社会主义现代化经济建设继续推向前进。为此,党实事求是地确定了我国经济建设的战略目标、战略重点、战略步骤和一系列正确方针"。"从一九八一年到本世纪末的二十年,我国经济建设总的奋斗目标是,在不断提高经济效益的前提下,力争使全国工农业的年总产值翻两番,即由一九八〇年的七千一百亿元增加到二〇〇〇年的二万八千亿元左右。实现了这个目标,我国国民收入总额和主要工农业产品的产量将居于世界前列,整个国民经济的现代化过程将取得重大进展,城乡人民的收入将成倍增长,人民的物质文化生活可以达到小康水平。"(胡耀邦.全面开创社会主义现代化建设的新局面[N].人民日报,1982-09-08(1-2).)
③ 中共中央关于构建社会主义和谐社会若干重大问题的决定[N].人民日报,2006-10-19(01).

使政治发展在"小康社会"建设的基础上,向更深层次的"和谐社会"迈进。①

"法治社会"是中国现代化进程中第三个社会概念,是"法治中国"建设链条中的重要环节。如果说小康社会建设本质上是夯实经济性基础,和谐社会建设本质上是夯实社会性基础,那么法治社会建设本质上是夯实中国现代化的政治性基础,核心任务是在"依法治国,建设社会主义法治国家"的总体目标下,整体地提升全社会的法治水准和素养。

1997年9月,党的十五大确立"依法治国,建设社会主义法治国家"的治国方略,拉开了"法治中国"建设的序幕,开启了我国走向伟大法治时代的步伐。党的十五大提出"依法治国,就是广大人民群众在党的领导下,依照宪法和法律规定,通过各种途径和形式管理国家事务,管理经济文化事业,管理社会事务,保证国家各项工作都依法进行,逐步实现社会主义民主的制度化、法律化,使这种制度和法律不因领导人的改变而改变,不因领导人看法和注意力的改变而改变"②。这一核心要求,有着这样三个方面的要素:一是法治的主体,是党领导下的人民;二是依法治国的目标,是"实现社会主义民主的制度化、法律化""不因领导人的改变而改变,不因领导人看法和注意力的改变而改变";三是依法治国的方式,是人民"依照宪法和法律规定,通过各种途径和形式管理国家事务"。党的十五大对"依法治国,建设社会主义法治国家"设置的主要议程是:

第一,健全民主制度。"没有民主就没有社会主义,就没有社会主义现代化。"③ 共产党执政就是领导和支持人民掌握管理国家的权力,实行民主选举、民主决策、民主管理和民主监督,保证人民依法享有广泛的权利和自由,尊重和保障人权。发展社会主义民主,制度更带有根本性、全局性、稳定性和长期性。

第二,加强法制建设。坚持有法可依、有法必依、执法必严、违法必究,是党和国家事业顺利发展的必然要求。到2010年形成有中国特色的社会主义法律体系。维护宪法和法律的尊严,坚持法律面前人人平等,任何人、任何组织

---

① 当时欧盟智库"欧洲政策中心"前主席斯坦利·克罗斯克谈到:"和谐社会"这一理念来源于中国古代哲学家有关人与人和睦相处的思想。今天这个理念的核心是缩小地区差距、城乡差距以及消除贫困。显而易见,中国领导人关注的是经济的高速增长必须与社会的和谐进步相伴随。(欧盟学者官员关注中国构建和谐社会 [EB/OL]. 新华网,2006-12-14.)
② 江泽民. 高举邓小平理论伟大旗帜,把建设有中国特色社会主义事业全面推向二十一世纪 [M] //江泽民文选:第2卷. 北京:人民出版社,2006:28-29.
③ 邓小平. 坚持四项基本原则 [M] //邓小平文选:第2卷. 北京:人民出版社,1994:168.

都没有超越法律的特权。一切政府机关都必须依法行政，切实保障公民权利，实行执法责任制和评议考核制。

第三，推进机构改革。机构庞大、人员臃肿、政企不分、官僚主义严重，直接阻碍改革的深入和经济的发展，影响党和人民群众的关系。要按照社会主义市场经济的要求，转变政府职能，实现政企分开，培育和发展社会中介组织。深化行政体制改革，实现国家机构组织、职能、编制、工作程序的法定化。

第四，完善民主监督制度。建立健全依法行使权力的制约机制。坚持公平、公正、公开的原则，直接涉及群众切身利益的部门要实行公开办事制度。把党内监督、法律监督、群众监督结合起来，发挥舆论监督的作用。防止滥用权力，严惩执法犯法、贪赃枉法。

第五，维护安定团结。满腔热情地解决人民群众生活和工作中的实际问题。区别不同情况，正确运用经济、行政和法律等手段加以处理，防止矛盾激化。

小康社会、和谐社会、法治社会建设的演进发展呈现了这样的关系：

首先，小康社会是中国现代化的基础。前文已经指出，小康目标虽是一个包含着诸多内容的价值体系，但就其主要建设内容而言，经济发展和人民物质生活是其本，脱贫攻坚是小康社会建设的核心任务。小康社会建设的着力点在于加快发展经济，提高国民收入、提升生活水平。基本任务是实现"三步走"的战略目标，为中国现代化奠定基础。经济的发展和物质生活的充裕，能为公民心智开发、为公民参政议政提供条件。

其次，和谐社会是中国现代化的内质。和谐社会建设的着力点在于以人为本，提升社会和谐度，减少和调控社会冲突，实现社会协调可持续发展。和谐社会是"椭圆型"社会，不是两头大、中间小的"藕节"社会。"和谐"的价值目标择定，显现了社会发展目标上的综合性，体现了科学发展的要求。只有把社会矛盾调整到最佳位置，"和谐"才有可能。

再次，法治社会是中国现代化的要件。法治社会建设的着力点在于推进政治结构创新，建立权力约束机制，建立法治国家。法治的推行要求实现宪法与宪治的统一，实现法律体系与法治体系的统一，实现法治治理与法治信仰的统一，实现法治社会、法治政府、法治国家的统一，实现法治民主的统一。法治是人类文明核心价值之一，是迄今人类社会所能找到的"最安全"也最能实现公平正义的治理方法，也是我国社会进步的要件。世界发达国家的法治传统，在经历了三百多年才逐渐形成。我国法治建设面对的是西方社会从刑法时代、民法时代到宪治时代的历史过程，任重而道远。

最后，沿着"经济—社会—政治—人的全面发展"的逻辑线条，面向2035远景目标的中国现代化政治发展的任务，是以人的全面发展为核心的社会建设。制度是一个社会结构的灵魂，公民精神、公民文化则是其底蕴所在。19世纪日本启蒙思想家福泽谕吉在《文明论概略》中谈到："文明就是人类智德进步的状态。"① "一个国家的治乱兴衰，也是和国民的智德有关联的。"② "如果要了解全国人民的风气，进而探讨其智德的情况时，必须从其全体活动所表现于社会上的全般情况进行研究。"③ 1784年，康德在著名的《在世界公民意图中一般历史理念》中说"人类最大的问题是要实现一个普遍法治的公民社会"。他用"普遍法治"来定义社会进步，中国同样不能越出这一文明的逻辑。社会的主体是人，人的进步是一切进步的核心。没有人的现代化，就谈不上社会的现代化。社会发展归根结底在于推动人的全面发展，实现人的现代化。

七、公共价值目标与集体行动

在政治发展和"法治中国"建设的进程中，呈现了小康社会、和谐社会、法治社会的演进路径。尽管小康社会、和谐社会、法治社会不是一个严格的社会时间递进概念，但是它们大体上呈现了"经济发展—社会发展—政治发展—人的全面发展"以及由相对"单项"到更多综合"复项"的深化过程，反映了社会进步和发展的内在逻辑。

社会进步本质上是一个先由集体目标预设后付诸集体行动的过程。只有当一个社会形成比较一致的公众价值时，社会发展才有真正的内在动力，许多学者称之为"'共同的场地'或文化的基础"④。马克思说过，任何一种解放都是把人的世界和人的关系还给自己。人类的历史，实际上是不断改变人与人之间的关系、人与社会的关系以及人与自然之间关系的历史。古希腊思想家亚里士多德深入考察了雅典城邦共和政制的法治实践，在反对君主制、主张共和制中形成了"法治"理论，提出了"法治应当优于一人之治"⑤ 的著名命题，这是人类思想史上法治理论的第一个经典论述。前已论及，我国从来就不缺少"法制"基础，少的是现代"法治"精神和它的文化基础。中国沿袭已久的人治传

---

① [日]福泽谕吉. 文明论概略 [M]. 北京编译社，译. 北京：商务印书馆，1959：42.
② [日]福泽谕吉. 文明论概略 [M]. 北京编译社，译. 北京：商务印书馆，1959：49.
③ [日]福泽谕吉. 文明论概略 [M]. 北京编译社，译. 北京：商务印书馆，1959：42-43.
④ [英]尼克·史蒂文森. 文化与公民身份 [M]. 陈志杰，译. 长春：吉林出版社，2007：110.
⑤ [古希腊]亚里士多德. 政治学 [M]. 吴寿彭，译. 北京：商务印书馆，1965：167-168.

统、缺乏法治精神的文化背景,对今天"法治中国"建设是个客观的严峻挑战。应看到,传统"法制"的实质是"治民",现代"法治"的本质是"治权"。古代"法制"关注的焦点是秩序,现代"法治"关注的焦点或者说法治的要义,是如何有效地制约和合理地运用公共权力。"法制"可以成为现代法治的支撑,也可能成为现代法治的羁绊。

实现法治与民主,是人类政治文明进步的必然要求。在经济发展、社会发展、政治发展、人的全面发展的协调推进中,实现包括法治社会、法治政府、法治国家在内的"法治中国"的建设目标,就要以马克思主义国家学说和民主理论为指导,以时代精神为取向,砥砺和激荡公民心智,强健公民品质、国家责任意识和社会公共精神。更好地通过推进开放性制度创新,建构一种"参与式"的开放性社会结构,实现社会进步与变革的内在动态平衡。总之,"法治中国"建设决定了中国现代化政治发展的质量,"法治中国"的建设行程对于21世纪中叶实现富强民主文明和谐美丽的社会主义现代化国家的建设目标,最终实现中华民族的伟大复兴,是至关重要的。

第 10 章

"集中力量办大事":现代化推动的"中国方式"

"集中力量办大事"是发展中国家破解"后发劣势"、实现历史性超越的有效举措。

国家力量大幅度介入,发挥体制性主导作用,其实是现代国家解决重大问题的常用手段,正如托克维尔在《旧制度与大革命》中谈到的:"大家都认为,若是国家不介入,什么重要事务也搞不好。"

"集中力量办大事"不是搞人海战术、搞大体量,而是一种"好钢用在刀刃上"的思想方法和战略重点的突破。"集中力量办大事"也不是政府大包大揽,妨碍市场在资源配置中发挥决定性作用,而是发挥各方积极性,通过统筹协调推进协同创新。

集中力量办大事这个"集中",不只是集中人力、物力、财力,更是集中智力、精力、创造力,以凝聚焦点,解决关键。集中力量办大事这个"力量",包括了政府凝聚力、公信力、感召力这些力量内容。集中力量办大事这个"大事",也非数量、体量之"大",而是指决定国家发展的"重大变量因素"。

"集中力量办大事"是中国特色社会主义体制特色之一,是推动现代化的"中国方式"。十九届四中全会把"坚持全国一盘棋,调动各方面积极性,集中力量办大事的显著优势"列为我国国家制度和国家治理体系"十三个显著"优势之一。[1] "70多年来,正是在各个历史时期通过集中力量办大事,国家统一有效组织各项事业、开展各项工作,才能成功应对一系列重大风险挑战、克服无数艰难险阻,始终沿着正确方向稳步前进。"[2] "集中力量办大事"在中国现代

---

[1] 中国共产党第十九届中央委员会第四次全体会议公报[N]. 光明日报, 2019-11-01(01).
[2] 习近平. 坚持、完善和发展中国特色社会主义国家制度与法律制度[EB/OL]. 求是网, 2019-12-01.

第 10 章 "集中力量办大事": 现代化推动的"中国方式"

化政治发展中是个重要的动力机制。

一、"集中力量办大事"的运行特征

所谓"集中力量办大事",是指在一定历史时期一定历史条件下,集中一定的物力资源和各方面社会力量,集中运用于事关国家总体发展全局的重大的、关键的战略事项中,以形成重点推动、重点发展和重点突破。"集中力量办大事"的本质,是办难事、办最重要的事、办最具挑战性的大事。

1857 年 8 月,马克思在《〈政治经济学批判〉导言》中谈到:"如果没有生产一般,也就没有一般的生产。生产总是一个个特殊的生产部门——如农业、畜牧业、制造业等,或者生产是总体。可是,政治经济学不是工艺学。生产的一般规定在一定社会阶段上对特殊生产形式的关系。"① 马克思强调:"生产也不只是特殊的生产,而始终是一定的社会体即社会的主体在或广或窄的由各生产部门组成的总体中活动着。"② "集中力量办大事",就具有一定社会阶段上"特殊生产形式的关系"③ 和"由各生产部门组成的总体中活动着"④ 的特点特征。"集中力量办大事"的运行特征,有两个最重要的方面。

一是"集中力量"。集中力量就是集中和调用各种资源和社会力量。在人类各个社会中,一定时期内包括各种资源在内的各种"力量",是处于匀散的"自然状态"中的。当一个社会在一定战略指导下要加快发展或实现突破时,客观上就有了如何集中一定人力、物力、财力,聚焦重大发展事项,把资源用在"刀刃"上的问题。

如何"集中力量",是有一定体制条件的。一定的体制才能担当起"集中力量办大事"的历史重任。在中国,"领导我们事业的核心力量是中国共产党。指导我们思想的理论基础是马克思列宁主义"⑤。只有中国共产党及其所领导的国家体制才堪担此任,才能快速动员和集中起各方面力量,为实现一定历史目标

---

① 马克思.《政治经济学批判》导言 [M] //马克思恩格斯选集: 第 2 卷. 北京: 人民出版社, 2012: 685-686.
② 马克思.《政治经济学批判》导言 [M] //马克思恩格斯选集: 第 2 卷. 北京: 人民出版社, 2012: 686.
③ 马克思.《政治经济学批判》导言 [M] //马克思恩格斯选集: 第 2 卷. 北京: 人民出版社, 2012: 686.
④ 马克思.《政治经济学批判》导言 [M] //马克思恩格斯选集: 第 2 卷. 北京: 人民出版社, 2012: 686.
⑤ 毛泽东. 为建设一个伟大的社会主义国家而奋斗 [M] //毛泽东文集: 第 6 卷. 北京: 人民出版社, 1999: 350.

而运筹帷幄、决胜千里。

二是"办大事"。如前述"办大事"的本质是办难事、办最重要的事、办最具挑战性的事。"大事"者,具有全局性、战略性、基础性、根本性的特征,具有"四两拨千斤"的效能特征,更是合乎广大人民群众利益和愿望的。如改革开放后我国在发展中,首先是集中力量"办"了战略先导产业,形成能够突破弱势窘境向优势跨越转变的强劲增长极,有效破解后发国家资本稀缺下战略性先导产业不能快速发展的瓶颈;其次是集中力量"办"了重大尖端科技攻关,突破了后发国家科技落后的瓶颈。改革开放前成功研制"两弹一星"、杂交水稻、青蒿素等,新时代天宫、蛟龙、天眼、悟空、墨子、大飞机等重大尖端科技攻关的成功突破,提升了综合国力,同时为向战略性优势跨越提供了引擎。最后是集中力量"办"重大基础设施建设,有效突破了基础设施落后的瓶颈。如信息科技、西气东输、南水北调、高铁建设等"大事"的办成,为突破弱势窘境向优势跨越转变,提供了良好的基础设施支撑。①

"集中力量办大事"本质上是一种跨界领导力。"跨界,主要是指个人、组织或事件,在横向上是对于不同元素、学科、专业、组织、行业、领域、界别和文化的交叉、跨越、重组与合作,如跨界音乐是组合了不同形式和风格的音乐;在纵向上是对系列的环节、阶段的超越和整合,或者是对自身所处境界的提升和超越,以及社会发展历史阶段上的转型或跨越等。"② 跨界领导力,本质上是一种覆盖性、穿越性的整合力、统筹力,它突破了领域、区域、部门的界限而成为"办大事"的基础性综合领导力。如当年"两弹一星"研发,三峡工程、青藏铁路的建设,北京奥运会、上海世博会的举办,全国脱贫攻坚中"我们构建专项扶贫、行业扶贫、社会扶贫互为补充的大扶贫格局,形成跨地区、跨部门、跨单位、全社会共同参与的社会扶贫体系"③,都显示了这种跨界整合、统筹的领导力具有"办成大事"的特征。研制"两弹一星"过程中,在中央统一领导下全国一盘棋,调动和整合了26个部委、20多个省区市、1000多家单位的精兵强将和优势力量大力协同集中攻关,实现了攻克尖端科技难关的伟大目标。

---

① 郑有贵. 集中力量办大事与中国的历史性跨越发展 [J]. 中共党史研究 2020 (3): 5-13.
② 奚洁人. 跨界、跨界思维和跨界领导力——跨界领导力研究的时代意义和社会价值 [J]. 领导科学, 2014 (20): 17-20.
③ 习近平. 在全国脱贫攻坚总结表彰大会上的讲话 [N]. 人民日报, 2021-02-26 (02).

在中国，"东西南北中，党政军民学，党是领导一切的"①。只有中国共产党才具备这种领导体制、领导能力和高度的整合能力。作为全局性政治领导的历史担当者，只有中国共产党才能担当起凝聚全国力量、实现中华民族伟大复兴的"大事"。坚持中国共产党的领导，是"集中力量办大事"最突出的政治优势和体制条件。

二、"集中力量办大事"领导方式的历史演进

"'社会变化'是一种连贯一致的普遍现象，大范围社会变化的主要进程出自不同的社会，经由一系列标准阶段，每一阶段比前一阶段更高级。"②"集中力量办大事"，其本质特征是办难事，办最重要、最具挑战性、最事关民族生存和复兴的大事，体现了社会化大生产规律的要求。就"集中力量办大事"的领导方式演进特点来说，可分为三个历史时期：

一是社会主义革命与建设时期。这一阶段"集中力量办大事"领导方式的主要特点，是高瞻远瞩应对国内外各种挑战，甚至是"生存性"的压力，战略统筹能力极为强健。1945年4月，毛泽东在中共七大作政治报告《论联合政府》时谈到："就整个来说，没有一个独立、自由、民主和统一的中国，不可能发展工业。"③"没有独立、自由、民主和统一，不可能建设真正大规模的工业。"④中华人民共和国建立初期，在资本、技术、人才等条件极为缺乏的情况下，以毛泽东为核心的第一代领导集体审时度势，在十分困难艰苦的条件下，集中有限的人力、物力、财力搞建设。20世纪50年代实施建设了156项重点工程，实现了全国工业的初步布局。20世纪60年代至70年代基于国际冷战的局势开展备战和改善全国生产力区域的布局，在三线地区实施建设了一大批大中型工矿企业。20世纪70年代为改善民生和提升工业技术装备水平，实施建设了引进国外先进工业技术装备的"四三方案"等。经过集中力量办大事、办难事，20世纪70年代末中国初步成功地建立起独立的、比较完整的工业体系和国民经济体系。总体上用不到30年的时间，基本形成了完整的工业体系，为使我国从落后

---

① 习近平．在第十三届全国人民代表大会第一次会议上的讲话［N］．人民日报，2018-03-21（2）．
② ［美］艾拉·卡茨纳尔逊．马克思主义与城市［M］．王爱松，译．南京：江苏教育出版社，2013：17．
③ 毛泽东．论联合政府［M］//毛泽东选集：第3卷．北京：人民出版社，1991：1080．
④ 毛泽东．论联合政府［M］//毛泽东选集：第3卷．北京：人民出版社，1991：1080．

的农业国转变为工业国打下基础,为中国今天的发展奠定了重工业基础、军工业基础、科技基础、制造业基础。正如邓小平在1979年指出的:"三十年来……我们毕竟在工农业和科学技术方面打下了一个初步的基础。"①

二是改革开放新时期。"新时期最突出的标志是与时俱进。"② 这一阶段"集中力量办大事"领导方式的主要特点,是审时度势,实事求是,解放思想,对外开放,对内搞活,显现出带领人民群众追求美好生活的伟大气魄和高超水平。

改革开放之初,整个国家面临的迫切问题是如何才能吃饱饭、有衣穿。改革开放初期,我国农村劳动力占全社会劳动力总量的76.3%,且81.91%的农村劳动力滞留于农作物种植业上,90.58%的农村劳动力集中在农林牧副渔业中,农民生活相当贫困。十一届三中全会后,以邓小平为核心的第二代领导集体做出了实行家庭联产承包责任制的重大决策,到1983年年底,全国有99.5%和97.1%的生产队和农户实行了家庭联产承包责任制,解决了几亿人饿肚子的大问题,也为"集中力量办大事"提供了基本物质支撑。

1985年3月,中央做出关于科学技术体制改革的决定,同年5月做出关于教育体制改革的决定,明确了科技体制和教育体制改革的任务和方向。随着改革开放战略的铺开,中央做出了"试办经济特区"的重大决策和"西部大开发"及"振兴东北老工业基地"等战略布局。1999年3月22日,《国务院关于进一步推进西部大开发的若干意见》提出了推进西部大开发10条意见,开启了西部大开发征程,通过东西部战略合作协议和中央转移支付,从东部引进大量的资金、人力、物力到西部欠发达地区,帮助西部欠发达地区发展经济、改善民生状况,实现了东西部资源的优势互补、良性循环。③

当时邓小平强调:"全国各行各业都要通力合作,集中力量打歼灭战。每一行都要树立明确的战略目标。我们过去打仗就是用这种方法。"④ 其时,邓小平强调集中力量办大事的领导思维,一个着重点是建构激发大中型企业的活力,

---

① 邓小平.社会主义也可以搞市场经济[M]//邓小平文选:第2卷.北京:人民出版社,1994:232.
② 胡锦涛.高举中国特色社会主义伟大旗帜,为夺取全面建设小康社会新胜利而奋斗[M]//胡锦涛文选:第2卷.北京:人民出版社,2016:619.
③ 杨承训."经济突围"需实施大企业带动战略——学习邓小平"集中力量办大事"的感悟[J].红旗文稿,2012(16)17-20.
④ 中共中央文献研究室.邓小平年谱(1975—1997)[M].北京:中央文献出版社,2004:1336-1337.

让大中型企业成为中国经济增长的"节点"。邓小平指出："把经济搞上去，关键是国营大中型企业要搞活、要发展，搞不活，隔几年上个台阶就落实不了，这个问题关系大局。"① 他还说："大中型企业不搞活，社会主义优势在哪里？"② 这是一种世界眼光。世界上许多国家的崛起，都是依靠大型企业带动发展起来的。19世纪末20世纪初，美国率先产生了"托拉斯"，出现了福特、摩根、洛克菲勒等大型企业，超越老牌经济强国英国居全球第一。德国赶超起家靠的也是大企业，以"西门子"为代表的制造业巨头、大型钢铁企业，至今在世界500强中仍有30多家，成为德国实体经济重要根基。韩国钢铁、造船、电子等10多个大企业占国内生产总值的42%。从全球经济较发达的国家平均来看，大企业占经济总量的比例约在40%以上。我国用不到30年的时间基本形成比较完整的工业体系，也主要是靠近200个大中企业的群体带动效应。由此邓小平要求每个大中企业，都要拿出自己的拳头产品，形成中国品牌，在科技上占得一席之地。

　　20世纪90年代和进入21世纪后，国内外环境有了重大变化，以江泽民为核心的第三代领导集体和以胡锦涛为总书记的领导集体及时对"集中力量办大事"提升层级、选好目标，瞄准重点领域和方向，集中力量取得实质性突破。1992年10月12日，江泽民在十四大上提出，"集中必要的财力物力进行重点建设"③，"集中必要的力量，高质量、高效率地建设一批重点骨干工程，抓紧长江三峡水利枢纽、南水北调、西煤东运新铁路通道、千万吨级钢铁基地等跨世纪特大工程的兴建"④，"齐心协力办好几件大事，走出一条既有较高速度又有较好效益的国民经济发展路子"⑤。2011年7月1日，胡锦涛在庆祝中国共产党成立90周年大会上指出，中国特色社会主义制度有利于集中力量办大事，并要求"拜人民为师，把政治智慧的增长、执政本领的增强深深扎根于人民的创造

---

① 中共中央文献研究室. 邓小平年谱（1975—1997）[M]. 北京：中央文献出版社，2004：1348.
② 中共中央文献研究室. 邓小平年谱（1975—1997）[M]. 北京：中央文献出版社，2004：1346.
③ 江泽民. 加快改革开放和现代化建设步伐，夺取有中国特色社会主义事业的更大胜利[M]//江泽民文选：第1卷. 北京：人民出版社，2006：227.
④ 江泽民. 加快改革开放和现代化建设步伐，夺取有中国特色社会主义事业的更大胜利[M]//江泽民文选：第1卷. 北京：人民出版社，2006：231-232.
⑤ 江泽民. 加快改革开放和现代化建设步伐，夺取有中国特色社会主义事业的更大胜利[M]//江泽民文选：第1卷. 北京：人民出版社，2006：225.

性实践之中"①,"坚持问政于民、问需于民、问计于民,真诚倾听群众呼声,真实反映群众愿望,真情关心群众疾苦,依法保障人民群众经济、政治、文化、社会等各项权益"②。

1994年4月15日,国务院印发《国家八七扶贫攻坚计划》,提出从1994年到2000年,集中人力、物力、财力,动员社会各界力量,力争用7年左右的时间,基本解决当时全国农村8000万贫困人口的温饱问题。通过努力,"到2020年稳定实现农村贫困人口不愁吃、不愁穿,义务教育、基本医疗、住房安全有保障,是贫困人口脱贫的基本要求和核心指标"③。1998年,长江中下游地区遭遇百年不遇的特大洪水,人民群众生命财产受到严重威胁。2003年,我国出现不明原因的非典型性肺炎,一时全国陷入恐慌状态。2008年,发生汶川大地震,困难一个接一个,中国共产党组织和动员广大人民群众,集中社会力量办大事,取得了抗洪救灾、抵御非典、抢险救援、灾后重建的一系列重大胜利。

这一时期提出加快发展新型工业化战略,调整优化产业结构的主战场。积极发展结构优化、技术先进、清洁安全、附加值高、吸纳就业能力强的现代产业体系,提高工业发展质量和效益,特别是大力培育发展战略性新兴产业,推动重大技术突破,加快形成先导性、支柱性产业,切实提高产业核心竞争力和经济效益,同时大力保障和改善民生,为全面建设小康社会、加快推进社会主义现代化奠定坚实的物质基础,④都显现了"集中力量办大事"的强大领导力和实事求是、开放务实的高超领导思维。

三是中国特色社会主义新时代。我国社会主要矛盾已经转化为人民日益增长的美好生活需要和不平衡不充分的发展之间的矛盾。这一阶段"集中力量办大事"领导方式的主要特点,是紧紧把握时代发展的主题,推进国家治理体系和治理能力现代化。在短短几年时间里,解决了许多长期想解决而没有解决的难题,办成了许多过去想办而没有办成的大事。

十八大以来,我国做出了经济建设、政治建设、文化建设、社会建设、生态文明建设"五位一体"总体布局和全面建成小康社会、全面深化改革、全面

---

① 胡锦涛. 在庆祝中国共产党成立九十周年大会上的讲话 [M] //胡锦涛文选:第3卷. 北京:人民出版社,2016:532.
② 胡锦涛. 在庆祝中国共产党成立九十周年大会上的讲话 [M] //胡锦涛文选:第3卷. 北京:人民出版社,2016:532.
③ 习近平. 着力解决"两不愁三保障"突出问题 [M] //习近平谈治国理政:第3卷. 北京:外文出版社,2020:159.
④ 黄鑫. 走新型工业化之路,从工业大国迈向工业强国 [N]. 经济日报,2012-06-01(08).

第10章 "集中力量办大事"：现代化推动的"中国方式"

推进依法治国、全面从严治党"四个全面"的战略部署，制定了治理生态环境保持青山绿水的生态文明战略、上马大飞机项目、建造国产航母、港珠澳跨海大桥建成通车、扶贫攻坚战、全国对口支援新疆、西藏建设、"一带一路"倡议、开展人类命运共同体建设等，体现出新的历史条件下"集中力量办大事"的巨大统筹能力和坚强的领导力。

十八大后仍有几千万贫困人口。"小康路上一个都不能少"，实现共同富裕是社会主义制度优越性的体现，中央决定用4年左右的时间，也就是至2020年年底彻底解决贫困问题。在对全国贫困人口全面摸底的基础上，打响了精准扶贫攻坚战。中央部委和东部发达地区省市县，均对口扶贫一两个西部贫困区县；落实扶贫责任制，要求没有脱贫的县市主要领导不能变动工作岗位，不脱贫绝不收兵。脱贫攻坚战中广大干部驻村挂点，责任到户，战斗在脱贫攻坚的一线，精准扶贫成效显著。2018年2月12日，习近平在打好精准脱贫攻坚战座谈会上发表讲话，讲话中谈到构筑了全社会扶贫强大合力，"坚持政府投入的主体和主导作用，深入推进东西部扶贫协作、党政机关定点扶贫、军队和武警部队扶贫、社会力量参与扶贫"[①]。同时"建立了中国特色脱贫攻坚制度体系"，主要是建立各负其责、各司其职的责任体系，精准识别、精准脱贫的工作体系，上下联动、统一协调的政策体系，保障资金、强化人力的投入体系，因地制宜、因村因户因人施策的帮扶体系，广泛参与、合力攻坚的社会动员体系，多渠道全方位的监督体系和最严格的考核评估体系，为脱贫攻坚提供了有力制度保障。

2019年12月19日，全国扶贫开发工作会议在北京召开，当时预计2019年减少贫困人口1000万人以上，340个左右贫困县脱贫摘帽。2021年两会上，李克强总理在《政府工作报告》中谈到："脱贫攻坚成果举世瞩目，5575万农村贫困人口实现脱贫，960多万建档立卡贫困人口通过易地扶贫搬迁摆脱了'一方水土难养一方人'的困境，区域性整体贫困得到解决，完成了消除绝对贫困的艰巨任务。"[②] 这创造了中国扶贫史上也是世界扶贫史上的最好成绩。

这个制度体系中，根本的是中央统筹、省负总责、市县抓落实的管理体制，从中央到地方逐级签订责任书，明确目标，增强责任，强化落实。这些制度成

---

① 习近平．谱写人类反贫困历史新篇章[M]//习近平谈治国理政：第3卷．北京：外文出版社，2020：149.
② 李克强．政府工作报告——2021年3月5日在第十三届全国人民代表大会第四次会议上[N]．新华每日电讯，2021-03-13（01）.

果，为全球减贫事业贡献了中国智慧和中国方案。①

生态文明建设是件关乎中华民族长远发展的"大事"，党中央国务院做出生态文明发展战略布局，集中力量办大事，"还碧水蓝天、青山绿水"，取得良好成效。一些地方转变发展观念，关停了一批高耗能、高污染企业，生态人居环境明显好转，人民群众的幸福感和获得感大大增强。这一过程较为复杂、牵涉面广，只有打破地方保护主义和本位主义，只有各地区各部门强化大局观念和责任意识，才能攻坚克难集中力量把生态环境治理好。

三、"集中力量办大事"成功案例

集中力量办大事助力中华民族实现从站起来、富起来到强起来的历史性飞跃。中华人民共和国成立初期，国家面临一穷二白、百废待兴的局面，为了尽快建立独立的工业体系，改变贫穷落后面貌，我们党发挥社会主义制度集中力量办大事的优势，将有限的人力、物力、财力集中起来推动社会主义工业化建设，在很短时间里形成了独立的工业体系和国民经济体系。为了加快实现工业、农业、国防和科学技术现代化，我们党发挥集中力量办大事的制度优势，在极其艰难的环境下研制成功"两弹一星"，保障了国家安全，提高了国际地位。改革开放以来，相继建成三峡水利枢纽、青藏铁路、载人航天、高速公路网、高速铁路网、西气东输、南水北调、特高压电网等许多国家重大工程，在新时期展示了集中力量办大事的巨大优越性。进入新时代以来，凭借集中力量办大事的制度优势，我国在国产大飞机、港珠澳大桥、"蓝鲸1号"钻井平台、北斗系统、超级计算机、"天眼"探空等一大批重大创新工程上取得突破，标志着我国已经处于世界科技创新的先进水平。"集中力量办大事"优势在防灾救灾、脱贫攻坚、生态保护等领域也得到重要体现。

我国"两弹一星"研制成功，是"集中力量办大事"的典范。新中国是在破烂摊子上建立起来的，当时别说核武器，就是制造常规武器的国防工业水平都相当落后。聂荣臻元帅曾谈到，新中国建立后我们还在医治战争创伤，世界上一些大国已进入了"原子时代"和"喷气时代"。当时斯大林不赞成中国搞核武器，理由是社会主义阵营有苏联核保护伞，不必搞核武器。在这种情势下中央做出重大决策，自力更生、奋发图强，一切立足自己，从零干起。

---

① 习近平.谱写人类反贫困历史新篇章[M]//习近平谈治国理政：第3卷.北京：外文出版社，2020：151.

第 10 章 "集中力量办大事"：现代化推动的"中国方式"

1950 年春，中国科学院近代物理研究所成立，原子科学起步。同时从各方面抽调力量，组织机构，培养人才，但当时经济极为困难，无经费，也买不到被西方国家禁运的仪器设备。1955 年 4 月 27 日，我国与苏联签订了发展原子能协定，由苏方帮助中国建造一座功率为 7000 千瓦的重水实验反应堆以及一台磁极直径为 1.2 米的回旋加速器，接受中国工程技术人员和核物理研究人员赴苏培训和实习。[1]

1955 年 10 月 8 日，以钱学森为院长的导弹研究院成立，中国导弹事业开始走上轨道。1957 年 10 月 15 日，中苏签署《国防新技术协定》，由苏联援助中国建立综合性原子工业、研究和生产原子弹、提供原子弹的教学模型和图纸资料；向中国出售用于铀浓缩处理的工业设备；帮助中国进行导弹研制和发射基地的工程设计，提供导弹样品和有关技术资料，派遣技术专家的帮助仿制导弹。在苏联专家的帮助下，实验性反应堆和回旋加速器相继建成，同时培养了一批科技人才。苏方援助是有条件的，要求建立长波电台和共同潜艇舰队，因涉及我国主权而被拒绝。1960 年 7 月 16 日，苏方召回全部在华工作的专家和顾问，还撤销了 12 个协定，终止了 343 项专项合同和 257 个科学技术合作项目，并要求中国归还在朝鲜战争期间购买苏联武器装备的 350 亿元债务。苏方援建的 9 个项目成烂尾工程，即将建成的一些项目也因为缺少配套图纸资料延缓了建成时间。

1960 年年底，我国原子弹研发进入决战阶段，当时组织汇集了更多各方面专家参与到研发中来。有从苏联归来的王淦昌，曾在苏联原子核研究所当副所长，从事基本粒子研究；有在英国留学并师从马克思·玻恩（量子力学奠基人）的彭桓武，受命参与建设中国原子能反应堆工程；有在美国康奈尔大学当教授的郭永怀，1956 年冲破阻挠回国，担任中科院力学研究所副所长；有在英国皇家化学工业研究所就职的程开甲，同样师从著名科学家马克思·玻恩，[2] 同时从全国调集了 200 多名高、中级科技人员到核武器研究所工作。

1963 年 7 月 25 日，美苏英三国签署《部分禁止核试验条约》，全面禁止在大气层、外层空间和水下进行一切核武器试验。1963 年 11 月，美苏做出部

---

[1] 对于中国希望发展导弹事业的请求，苏联认为中国的基础不牢固，建议从培养干部开始，比如接受 50 名中国留学生前往苏联学习，等时机成熟后，再来谈其他。也由于苏联的犹豫拖延，中方在第二个五年计划中，只能紧缩投资，减少国防建设项目。

[2] 王淦昌主管核武器爆轰物理研究；彭桓武主管核武器的理论研究；郭永怀主管武器研制的实验和武器化工作；程开甲主管状态方程及爆轰物理的理论研究。

署，欲对我国核试验基地罗布泊进行打击。美国在冲绳部署多枚战略导弹，作战半径覆盖包括北京、上海、西安、香港等大部分重点城市的中国大部分区域。1963年12月24日，聚合爆轰试验进入倒计时。1964年春，托举原子弹的百米铁塔在罗布泊建成。1964年8月初，青海金银滩第一颗原子弹总装。1964年9月，美国《星期六晚邮报》发文章称："总统和他的核心顾问们原则上都认为，必须不惜一切代价来阻止中国成为一个核国家，让中国共产党在核方面绝育。"

1964年10月16日14时40分，我国成功进行原子弹核试验。香港《新晚报》以《石破天惊是此声》为题，说"这是几千年来中国人最值得自豪的一天，1964年10月16日这几个字应该用金字记载在中国的历史上"！香港《晨报》以《中国人的光荣》为题，说"中国之月亮原来也是圆的"。

1967年6月17日，我国第一颗氢弹爆炸成功。距离我国第一颗原子弹爆炸成功仅两年零八个月。而美国用了七年零三个月，苏联用了四年，英国五年零两个月。当时法国戴高乐总统把他的原子能总署官员叫到办公室，质问为何氢弹迟迟搞不出来，中国抢到前面了。同年钱学森研制的"红旗二号"地对空导弹成型开始装备部队，生产了12000枚。

氢弹试验成功后地下核试验是我国攻克的下一个目标。1969年9月15日，地下核试验准备就绪。9月23日首次地下核试验成功。9月29日在罗布泊核试验场又成功进行了氢弹空爆试验。1970年4月24日，我国成功发射第一颗人造卫星，高度2384公里，用20.009兆周频率播送《东方红》乐曲。[1] 在极为艰苦的环境下我国"两弹一星"的研制成功，充分表明这一时期"集中力量办大事"的优越性。

1986年3月，王大珩、王淦昌等科学家向党中央提出跟踪世界先进水平、发展高技术的建议（后称"八六三计划"）。邓小平等领导人很快做出批示。1986年11月，中共中央、国务院决定实施发展高技术的"八六三计划"，我国科技事业得到极大推动。20世纪80年代中后期，每秒一亿次的"银河"计算机系统、高能加速器北京正负电子对撞机、重离子加速器、同步辐射实验室、

---

[1] 根据智 sir《两弹一星往事：背后的艰辛超乎你想象》、赵炜《西花厅岁月》；迪克·威尔逊《周恩来传》、纪录片《两弹元勋邓稼先》《东方巨响》；电影《横空出世》、沈志华《中苏关系史纲》、许鹿希《邓稼先传》、叶永烈《钱学森传》、奚启新《朱光亚传》、郭兆甄《王淦昌传》、王霞《彭桓武传》、梁东元《原子弹调查》、西德尼·德莱尔《中国制造原子弹》等材料综合整理，谨向原材料作者谢忱。

第 10 章 "集中力量办大事"：现代化推动的"中国方式"

运载火箭发射卫星等一批高科技成果达到世界先进水平。①

十三五期间我国创新型国家建设成果丰硕，在载人航天、探月工程、深海工程、超级计算、量子信息、"复兴号"高速列车、大飞机制造等领域取得一批重大科技成果。② 二十大报告谈到："载人航天、探月探火、深海深地探测、超级计算机、卫星导航、量子信息、核电技术、新能源技术、大飞机制造、生物医药等取得重大成果，进入创新型国家行列。"③

消除绝对贫困也是"集中力量办大事"的生动例子。2021 年 2 月 25 日，习近平在全国脱贫攻坚总结表彰大会上宣告，经过全党全国各族人民共同努力，在迎来中国共产党成立一百周年的重要时刻，我国脱贫攻坚战取得了全面胜利，现行标准下 9899 万农村贫困人口全部脱贫，832 个贫困县全部摘帽，12.8 万个贫困村全部出列，区域性整体贫困得到解决，完成了消除绝对贫困的艰巨任务，创造了又一个彪炳史册的人间奇迹。

贫困是人类社会的顽疾。反贫困始终是古今中外治国安邦的一件大事。一部中国史，就是一部中华民族同贫困作斗争的历史。党的十八大以来，我国把脱贫攻坚始终摆在治国理政的突出位置，把脱贫攻坚作为全面建成小康社会的底线任务，组织开展了声势浩大的脱贫攻坚人民战争。平均每年 1000 多万人脱贫，相当于一个中等国家的人口脱贫。贫困人口收入水平显著提高，全部实现"两不愁三保障"，脱贫群众不愁吃、不愁穿，义务教育、基本医疗、住房安全有保障，饮水安全也都有了保障。2000 多万贫困患者得到分类救治，曾经被病魔困扰的家庭挺起了生活的脊梁。近 2000 万贫困群众享受低保和特困救助供养，2400 多万困难和重度残疾人拿到了生活和护理补贴。110 多万贫困群众当上护林员，守护绿水青山，换来了金山银山。行路难、吃水难、用电难、通信难、上学难、就医难等问题得到历史性解决。义务教育阶段建档立卡贫困家庭辍学学生实现动态清零。具备条件的乡镇和建制村全部通硬化路、通客车、通邮路。新改建农村公路 110 万公里，新增铁路里程 3.5 万公里。贫困地区农网供电可靠率达到 99%，大电网覆盖范围内贫困村通动力电比例达到 100%，贫困村通光纤和 4G 比例均超过 98%。790 万户、2568 万贫困群众的危房得到改造，累

---

① 中共中央党史研究室. 中国共产党简史［M］. 北京：中共党史出版社，2001：187.
② 中华人民共和国国民经济和社会发展第十四个五年规划和 2035 年远景目标纲要［N］. 光明日报，2021-03-13（05）.
③ 习近平. 高举中国特色社会主义伟大旗帜，为全面建设社会主义现代化国家而团结奋斗：在中国共产党第二十次全国代表大会上的报告［M］. 北京：人民出版社，2022：8.

计建成集中安置区3.5万个、安置住房266万套，960多万人"挪穷窝"，摆脱了闭塞和落后，搬入了新家园。①

我国提前10年实现《联合国2030年可持续发展议程》减贫目标，减贫人口占同期全球减贫人口70%以上。近期联合国秘书长古特雷斯致函习近平祝贺中国脱贫攻坚取得重大历史性成就，称"这一重大成就为实现2030年可持续发展议程所描绘的更加美好和繁荣的世界作出了重要贡献"②。这是在党的领导下我国又一"集中力量办大事"的生动案例。

四、"集中力量办大事"若干启示

启示一："集中力量办大事"是发展中国家破解"后发劣势"、实现历史性超越的有效举措

中华人民共和国70多年的历史性成就，突出体现了成功突破"后发劣势"的历史过程。我国用几十年时间走完了发达国家几百年走过的工业化历程，实现了大跨度发展。这种对"后发劣势"的成功突破，是通过"举国体制"即集中力量办大事来实现的，它是中国道路的一部分。

20世纪50年代英国李约瑟（Joseph Needham）曾提出一个问题，被称为"李约瑟之问"：在古代技术发明居有领先地位的中国，为何没有先于世界发生工业革命？其中一个重要原因，是古代中国的社会制度严重抑制了工业革命和科技革命兴起的可能性。正如马克思在《鸦片贸易史》中谈到中华帝国时指出的："一个人口几乎占人类三分之一的大帝国，不顾时势，安于现状，人为地隔绝于世并因此竭力以天朝尽善尽美的幻想自欺。"③ 正因为这样的社会制度，长期抑制了社会现代化的发展。直到20世纪前半叶，中国仍处于徘徊甚至下降的历史趋势。有数据显示，1913年至1950年，世界的GDP年均增长率为1.82%，中国为-0.02%。中华人民共和国成立初期仍处于农业社会，只有采矿业和简单的加工业，只能生产纱、布、火柴、肥皂、面粉等为数甚少的日用生活消费品。1949年，中国主要工业品原煤、原油、钢的产量分别为美国的7.34%、0.05%和0.22%。就农业而言，1949年中国粮食、棉花、油料和糖料的人均产量，分别只有208.95公斤、0.82公斤、4.73公斤和5.23公斤。当时不仅面对着如何

---

① 习近平. 在全国脱贫攻坚总结表彰大会上的讲话［N］. 人民日报，2021-2-26（2）.
② 联合国秘书长古特雷斯致函习近平祝贺中国脱贫攻坚取得重大历史性成就［N］. 人民日报，2021-03-10（01）.
③ 马克思. 鸦片贸易史［M］//马克思恩格斯选集：第1卷. 北京：人民出版社，2012：804.

第10章 "集中力量办大事": 现代化推动的"中国方式"

解决好全国人民温饱这一历史性难题,同时还面临着各个方面都制约着工业化发展和整个经济社会发展的问题。1949年中国的文盲人口率,高达80%,而小学学龄儿童的入学率、初中阶段的毛入学率,分别只有20%和3%。高等院校在校生只有11.7万人,使建立在现代科学技术基础上的工业化发展,缺乏基本人力资本的支撑。

中华人民共和国面对着两大历史困境:一是历史延续、长期积累的社会落后的现实困境;二是"后发劣势"的约束。马克思在《分工和工场手工业》中指出:"一切发达的、以商品交换为中介的分工的基础,都是城乡的分离。可以说,社会的全部经济史,都概括为这种对立的运动。"[①] 随着工业革命的兴起,工业先发国家的生产率快速提升,但当时中国,仍处于一体化的典型农业社会,与工业化先发国家在发达程度上日益分化且差距拉大。与第二次世界大战以来世界上许多国家一样,中国也面临着如何破解"后发劣势"这一困境的历史性难题。

1949年至1978年,中国主要工业产品钢铁、原煤、原油的产量分别由15.8吨、0.32亿吨、12万吨快速增加到3178万吨、6.18亿吨、1.04亿吨。1952年至1978年,中国工业增加值由119.8亿元增加至1622亿元,按不变价格计算增长15.9倍,年均增长11.5%。同期,随着国家工业化的快速推进,中国的产业结构发生了历史性变化,工业增加值在国内生产总值中的份额,由17.6%增加为最高峰值的44.1%,实现了由中华人民共和国成立初期的以农业为主向以工业为主的产业结构转变。

正如邓小平在著名的南方谈话中指出的:"从国际经验来看,一些国家在发展过程中,都曾经有过高速发展时期,或若干高速发展阶段。日本、南朝鲜、东南亚一些国家和地区,就是如此。现在,我们国内条件具备,国际环境有利,再加上发挥社会主义制度能够集中力量办大事的优势,在今后的现代化建设长过程中,出现若干个发展速度比较快、效益比较好的阶段,是必要的,也是能够办到的。我们就是要有这个雄心壮志!"[②] 可以看到,"集中力量办大事"是发展中国家成功破解后发劣势、实现历史性跨越的有效之招。

启示二:"集中力量办大事"不是搞人海战术、搞大体量,而是一种"好钢

---

① 马克思. 资本论:第1卷[M]//马克思恩格斯选集:第2卷. 北京:人民出版社,2012:215.
② 邓小平. 在武昌、深圳、珠海、上海等的谈话要点[M]//邓小平文选:第3卷. 北京:人民出版社,1993:377.

用在刀刃上"的思想方法和战略重点的突破

"集中力量办大事"是结合国家所处的实际、依据国家发展需求设定目标、在市场失灵的领域实现对资源的有效配置,并在此基础上有效地整合社会资源,通过规划、动员与组织优势力量,把有限的人力、物力资源集中起来投放于关键性的"刀刃"之举。如中华人民共和国建立初期,以毛泽东为核心的党中央统揽全局,应对国际国内错综复杂的形势,做出了大力恢复国民经济,把有限的资本、技术、人才等资源整合到办工业化这一"大事"上。当时调动了各方面资源和力量,建成了许多重大关键性工业项目,如鞍山钢铁公司无缝钢管厂等三大工程,中国第一个生产载重汽车的工厂——长春第一汽车制造厂生产出第一辆"解放"牌汽车,中国第一个飞机制造厂——沈阳飞机制造厂生产出第一架喷气式飞机,中国第一个制造机床的工厂沈阳第一机床厂建成投产,武汉长江大桥、南京长江大桥等建成通车,等等。

可以看到,"集中力量办大事"重在通过国家宏观谋划运筹,抓重点、补短板、强弱项,去赢得一定时期内的高速发展,而要防止好大喜功,搞大体量、大运动,搞投入大产出小的"人海战术"。在今天,就是要瞄准全球发展现状,紧密结合国家战略需求和经济社会发展,通过攻克关键技术瓶颈,抓重大、抓尖端、抓基本,形成自主创新发展的合力,最大化创造巨大的经济社会效益、促进新兴产业发展,实现预定的关键性目标。

启示三:"集中力量办大事"不是政府大包大揽,妨碍市场在资源配置中发挥决定性作用,而是发挥各方积极性,通过统筹协调推进协同创新

国家力量大幅度介入,发挥体制性主导作用,是现代国家解决重大问题的常用手段。如托克维尔在《旧制度与大革命》中说到的:"大家都认为,若是国家不介入,什么重要事务也搞不好。"[1] 当年我国在政治环境十分严峻、国民经济极端困难条件下,通过国家的"组织力",突破了一些重大结构性难题,体现了"集中力量办大事"的智慧和领导力。在今天建设小康社会过程中,通过国家顶层设计和聚力调配,通过对口帮扶、精准扶贫,全面实现小康,体现了"集中力量办大事"的智慧和领导力。在科技领域,今天我们聚焦国家发展中的重大科技基础设施建设问题,协同创新,破瓶颈制约,解难点痛点,体现了"集中力量办大事"的智慧和统筹领导力。如中科院作为承担我国重大科技基础设施建设和运行的主要力量,目前重大科技基础设施建设包括时间标准发布、

---

[1] [法]托克维尔. 旧制度与大革命 [M]. 冯棠, 译. 北京:商务印书馆, 1992:109.

第 10 章 "集中力量办大事"：现代化推动的"中国方式"

遥感、粒子物理与核物理、天文、同步辐射、地质、海洋、生态、生物资源、能源和国家安全等众多领域，共有运行设施 20 个，在建设施 11 个。① 这些重大科技基础设施，极大提升了我国基础前沿研究水平，拉动了国家高新技术发展，为国家大型科研基地建设奠定基础，为国家发展提供了保障，也提升了我国参与国际合作的地位。

但是如果简单地把国家行为等同于"集中力量办大事"，那么现代国家都是"办大事"的，如美国里根时期的星球大战计划（SDI）、苏联"东方-1"号升空和人类首次太空飞行等，都是"集中力量办大事"。若以"体量"论，当年秦始皇建长城、隋炀帝开运河，也是"集中力量办大事"。现代国家治理有所为，有所不为。如果什么事情都由国家包揽下来，冠以"集中力量办大事"，既不利于一个国家的长远发展，又与"放管服"改革、与发挥市场对资源配置的决定性作用、与加快转变政府职能等重要目标背道而驰。

由此"集中力量办大事"重在发挥体制能集中人力物力财力的聚合优势和社会动员优势，而不是靠行政力量自身来包揽多少事、主导资源配置。集中力量办大事这个"集中"，不只是集中人力、物力、财力，更是集中智力、精力、创造力，以凝聚焦点，解决关键。同时集中力量办大事这个"力量"，还包括了政府凝聚力、公信力、感召力这些力量内容。集中力量办大事这个"大事"，也非数量、体量之"大"，而指决定国家发展的"重大变量因素"。从方法论看，当年毛泽东强调"党委决定，各方去办"②；历届党代会报告中强调"总揽全局，协调各方"，这个"各方"，就是要发挥各方面为主体的积极性和创造力。③ 在新时代，贯彻新发展理念、构建新发展格局，在迈向 2035 远景目标和现代化新征程中，进一步发挥好"集中力量办大事"的体制优势，是发挥中国特色社会主义制度优越性的重要方面。

---

① 这些基础设施按应用目的可分为三类：一是为特定学科领域的重大科学技术目标建设的专用研究设施，如北京正负电子对撞机、兰州重离子研究装置等；二是为多学科领域的基础研究、应用基础研究和应用研究服务的，具有强大支持能力的公共实验设施，如上海光源、合肥同步辐射装置等；三是为国家经济建设、国家安全和社会发展提供基础数据的公益科技设施，如中国遥感卫星地面站、长短波授时系统等。
② 毛泽东．工作方法六十条（草案）[M]//毛泽东文集：第 7 卷．北京：人民出版社，1999：355．
③ 秦德君．"国家体制"与社会参与[J]．上海宣传通讯，2020（6）：28-30．

第 11 章

中国国家制度型构与"更加成熟更加定型"基础

中国国家制度体系是一个有着不同层级的型构体系，有"生成性"与"创制性"的双重特性。1954 年 9 月，第一届全国人民代表大会第一次会议的召开，标志着人民代表大会制度在全国的确立。

1992 年 1 月，邓小平提出"恐怕再有三十年的时间，我们才会在各方面形成一套更加成熟、更加定型的制度"①。1992 年 10 月，十四大报告提出，"到建党一百周年的时候，我们将在各方面形成一整套更加成熟更加定型的制度"②。

2013 年 11 月，《中共中央关于全面深化改革若干重大问题的决定》提出到 2020 年"使各方面制度更加成熟更加定型"③。2019 年 10 月，《中共中央关于坚持和完善中国特色社会主义制度，推进国家治理体系和治理能力现代化若干重大问题的决定》提出到党成立 100 年时"在各方面制度更加成熟更加定型上取得明显成效"；2035 年"各方面制度更加完善"；到新中国成立 100 年即 2049 年"使中国特色社会主义制度更加巩固、优越性充分展现"。

一个国家政治发展最显性地带是所形成的国家制度体系。2019 年 10 月，十九届四中全会通过的《中共中央关于坚持和完善中国特色社会主义制度，推进国家治理体系和治理能力现代化若干重大问题的决定》提出："到我们党成立一百年时，在各方面制度更加成熟更加定型上取得明显成效；到二〇三五年，各

---

① 邓小平. 在武昌、深圳、珠海、上海等的谈话要点 [M]//邓小平文选：第 3 卷. 北京：人民出版社，1993：372.
② 江泽民. 全面建设小康社会，开创中国特色社会主义事业新局面 [M]//江泽民文选：第 1 卷. 北京：人民出版社，2006：253.
③ 中共中央关于全面深化改革若干重大问题的决定 [N]. 人民日报，2013-11-16（01）.

方面制度更加完善，基本实现国家治理体系和治理能力现代化；到新中国成立一百年时，全面实现国家治理体系和治理能力现代化，使中国特色社会主义制度更加巩固、优越性充分展现。"[1] 并把这一制度更加成熟更加定型目标，作为"坚持和完善中国特色社会主义制度、推进国家治理体系和治理能力现代化的总体目标"[2]。中国国家制度不断走向成熟定型的过程，既是政治发展之果，又是推进新的政治发展的动因。

一、中国国家制度体系：层级与构成

政治学家萨缪尔·亨廷顿（Samuel P. Huntington）在谈到政治发展时认为，政治发展是现代化的政治性后果。国家制度体系是一个国家公共生活的基本框架。分析一个国家的制度体系，"型构"（configuration type）是个重要的观察点。制度之"型构"，反映了一国规制体系综合配置构成和公共生活的质量。对于一个国家的制度建设来说，更重要的是"型构"而不是"构型"（construct）。

中国国家制度和治理体系是具有强大生命力和巨大优越性的制度和治理体系，是能够持续推动拥有近14亿人口大国进步和发展、确保拥有5000多年文明史的中华民族实现"两个一百年"奋斗目标进而实现伟大复兴的制度和治理体系。[3] 一定意义上，我们可以把1949年中华人民共和国成立以来特别是1978年中国改革开放以来所有的进步，都归结为制度与体制的进步。是哪些制度担当了国家治理的规制主体？一种国家制度具有怎样的型构和内生逻辑？进而，国家制度体系如何实现更加成熟和定型并实现效能产出最大化？这是国家制度分析中尤应关切的问题。

中国国家制度体系是一个有着不同层级的结构体系。概括来说，第一层级是包括人民代表大会制度、中国共产党领导的多党合作和政治协商制度、民族区域自治制度和基层群众自治制度等在内的根本政治制度和基本政治制度。第二层级是以这些基本制度为基础的经济体制、政治体制、文化体制、社会体制、生态文明体制。第三层级是国家治理体系，本质任务是把国家制度效能放到最

---

[1] 中共中央关于坚持和完善中国特色社会主义制度，推进国家治理体系和治理能力现代化若干重大问题的决定 [N]. 人民日报，2019-11-06（02）.
[2] 中共中央关于坚持和完善中国特色社会主义制度，推进国家治理体系和治理能力现代化若干重大问题的决定 [N]. 人民日报，2019-11-06（02）.
[3] 中共中央关于坚持和完善中国特色社会主义制度，推进国家治理体系和治理能力现代化若干重大问题的决定 [N]. 人民日报，2019-11-06（01）.

大。第四层级是各种微观制度、各领域制度以及地方治理制度（见表1）。

表1 中国国家制度体系层级

制度层级	治理界面	制度形态
第一层级	国家治理界面	国家基本政治制度和根本政治制度
第二层级	分项治理界面	经济、政治、文化、社会、生态文明体制
第三层级	治理技术界面	国家治理体系
第四层级	基层治理界面	各种微观制度、各领域治理制度、地方治理制度

中国国家制度集中体现了"生成性"（文化、传统、民族性）与"创制性"（依据国家特点和政治发展进行制度供给）的双重特性。改革开放40多年来中国政治发展的制度成果，推进了政党制度、政权制度、民主制度、基层自治制度和国家和平统一制度的发展和完善，它们共同构成了中国国家制度的型制体系（见表2）。

表2 中国国家制度型构与特征

类别	政制	特征
国家政党制度	中国共产党领导的多党合作制	一党执政、多党参政
国家政权制度	人民代表大会制度	"一院制"与代议制
国家民主制度	政治协商制度	以"协商民主"为基本特点，与"选举民主"相辅相成
国家基层制度	民族区域自治制度	实行少数民族管理区域内部事务
国家基层制度	基层群众自治制度	"村民委员会""居民委员会""企业职工代表大会"为基本方式
国家和平统一制度	"一国两制"	允许香港、澳门、台湾保留资本主义制度。"港人治港""澳人治澳"、高度自治

这五方面构成了国家制度体系。它们建立在以马克思主义原理为指导、立足中国实际并以政治发展实践性、探索性为前提这一基础之上。

国家制度体系是制度"更加成熟更加完善"的主线。国家制度成熟定型的过程，是坚持和完善这一制度体系、推进国家治理体系和治理能力现代化的过程，这是新时代中国政治发展的主要目标，正如《中共中央关于坚持和完善中国特色社会主义制度，推进国家治理体系和治理能力现代化若干重大问题的决定》中指出的:"既要保持中国特色社会主义制度和国家治理体系的稳定性和延续性,又要抓紧制定国家治理体系和治理能力现代化急需的制度、满足人民对美好生活新期待必备的制度,推动中国特色社会主义制度不断自我完善和发展、永葆生机活力。"①

二、中国特质与文化根基:中国国家制度的内生逻辑

《中共中央关于坚持和完善中国特色社会主义制度,推进国家治理体系和治理能力现代化若干重大问题的决定》指出,中国特色社会主义制度和国家治理体系"植根中国大地、具有深厚中华文化根基"②,它的形成发展过程显现了强大的内生逻辑。

(一)政党制度:中国共产党领导的多党合作制

"政党是现代政治特有的组织形式,但从另一种意义上说它又不是完全现代的制度。"③ 自17世纪第一个政党产生算起,政党政治已逾300多年历史。全球范围内,200多个国家、地区大都实行政党政治。"政党必然反映政治的逻辑而非效率的逻辑。"④ 在不同国家,作为政党政治的现代政党制度表现为不同的政党制度体系。

中国政党制度是中国共产党领导的多党合作制。它不是多党制,也不是一党制,而是一种新型合作制。中国共产党同各民主党派"长期共存、互相监督、肝胆相照、荣辱与共",共同治理国家。这一政制型构孕育于民主革命时期,确立于中华人民共和国成立后,进一步发展于十一届三中全会后改革开放的历程中。

在民主革命时期,各民主党派同中国共产党长期合作,为争取新民主主义革命胜利和建立新中国做出重要贡献。1949年9月,在京召开由各民主党派、人民团体、爱国民主人士、华侨代表和少数民族代表参加的中国人民政治协商

---

① 中共中央关于坚持和完善中国特色社会主义制度,推进国家治理体系和治理能力现代化若干重大问题的决定[N]. 人民日报,2019-11-06(06).
② 中共中央关于坚持和完善中国特色社会主义制度,推进国家治理体系和治理能力现代化若干重大问题的决定[N]. 人民日报,2019-11-06(01).
③ [美]塞缪尔·P. 亨廷顿. 变化社会中的政治秩序[M]. 王冠华,刘为,等译. 北京:生活·读书·新知三联书店,1989:85.
④ [美]塞缪尔·P. 亨廷顿. 变化社会中的政治秩序[M]. 王冠华,刘为,等译. 北京:生活·读书·新知三联书店,1989:85.

会议，制定具有临时宪法性质的《共同纲领》。1956年，社会主义改造基本完成后中央提出"多党合作比只有一个党好"和"长期共存、互相监督"方针①并载入八大《决议》，作为一种基本政治制度确定下来。1979年6月，邓小平代表中央宣布，我国社会阶级状况发生了根本变化，各民主党派已成为各所联系的社会主义劳动者和拥护社会主义的爱国者政治联盟。1982年9月，十二大提出"长期共存，互相监督，肝胆相照，荣辱与共"方针；1987年10月，十三大把共产党领导的多党合作和政治协商制度，同人民代表大会制度并列为中国社会主义政治制度。

1989年12月30日发出《中共中央关于坚持和完善中国共产党领导的多党合作和政治协商制度的意见》（中发〔1989〕14号），对党际关系做出界定："中国共产党是社会主义事业的领导核心，是执政党"，各民主党派是"同中共通力合作、共同致力于社会主义事业的亲密友党，是参政党"。② 2005年2月18日，为适应国际国内形势的深刻变化，中央提出《关于进一步加强中国共产党领导的多党合作和政治协商制度建设的意见》（中发〔2005〕5号），进一步规范政治协商的内容、形式和程序。2012年11月，十八大提出"把政治协商纳入决策程序，坚持协商于决策之前和决策之中，增强民主协商实效性"③。2017年10月，十九大进一步拓展"协商"概念，"统筹推进政党协商、人大协商、政府协商、政协协商、人民团体协商、基层协商以及社会组织协商"④，使协商民主得到进一步拓展。

中国共产党同各民主党派政治协商，主要采取民主协商会、小范围谈心会、座谈会等形式。除会议协商外，民主党派中央可向中共中央提出书面建议。协商内容包括：中共全国代表大会、中共中央委员会的重要文件；宪法和重要法律的修改建议；国家领导人的建议人选；关于推进改革开放的重要决定；国民

---

① 中国共产党吸收各民主党派的代表人物担任中央和地方人民政府领导职务，包括中央人民政府副主席、政务院副总理、各部部长、副部长等。至"文革"前历届全国人民代表大会的代表、常委会委员和副委员长中，中国人民政治协商会议全国委员会的委员、常委和副主席中，民主党派人士都占有相当比例。各民主党派对于巩固新生的人民政权、完成新民主主义革命发挥了重要作用。

② 中共中央关于坚持和完善中国共产党领导的多党合作和政治协商制度的意见［N］. 人民日报，1990-02-08（01）.

③ 胡锦涛. 坚定不移沿着中国特色社会主义道路前进，为全面建成小康社会而奋斗［M］//胡锦涛文选：第3卷. 北京：人民出版社，2016：634.

④ 习近平. 决胜全面建成小康社会，夺取新时代中国特色社会主义伟大胜利［M］//习近平谈治国理政：第3卷. 北京：外文出版社，2020：30.

经济和社会发展的中长期规划；关系国家全局的一些重大问题；通报重要文件和重要情况并听取意见，以及其他需要同民主党派协商的重要问题等。① 前民建国会中央主席、全国人大常委会副委员长成思危曾做过一个比喻："西方的政党制度是'打橄榄球'，一定要把对方压倒。我们的政党制度是'唱大合唱'……这个指挥无论从历史还是现实来看，都只有中国共产党才能胜任。唱大合唱，就要有主旋律，这个主旋律就是建设中国特色社会主义。"② 中国共产党领导的多党合作制作为一种政治合作方式，在世界范围内提供了一种党际关系的新范式。

（二）政权制度：人民代表大会制度

广义的国家制度，可以从政体和国体两方面来认识。"国体"（Form of State）是指国家的性质。同一类型国家有不同的国体。"政体"（Form of Government）是国家政权方式。亚里士多德在谈到古希腊城邦政制时说："政体可以说是一个城邦的职能组织，由以确定最高统治机构和政权的安排"。③ 历史上出现过"君主制"（Monarchy，包括国王、皇帝、大公、苏丹、沙皇在内的国家元首政体）④、"贵族制"（Aristocracy，以贵族和上层代表为统治者的政体）⑤、"共和制"（Republicanism，权力机关和国家元首由选举产生的政体）、"政教合一制"（Caesaropapism，政权神权合为一体）等多种政体。现代国家共和制中，则有"内阁制"（Cabinet System，对议会负责，内阁总揽国家行政权力）、"总统制"（Presidential Government，总统为国家元首和政府首脑，只向人民负责不对议会负责）、"委员会制"（Councillor Government，实行合议制，国家立法机关与行政机关议行合一）、"苏维埃制"（Soviet System）⑥ 和我国人民代表大会制

---

① 中共中央颁发《关于进一步加强中国共产党领导的多党合作和政治协商制度建设的意见》[N]. 人民日报，2005-03-21（01）.
② 成思危谈政党制度：中国民主党派不是政治花瓶 [EB/OL]. 凤凰网，2006-9-20.
③ [古希腊] 亚里士多德. 政治学 [M]. 吴寿彭，译. 北京：商务印书馆，1965：178.
④ 君主制包括君主专制制、等级君主制和君主立宪制。它是人类历史上最古老、最普遍的政体形式。目前世界上保留君主制的国家有20多个。
⑤ 贵族制有两种形式：存在于奴隶制国家的贵族共和制（如公元前5—公元1世纪的罗马共和国）和存在于封建制国家的贵族君主制（如中世纪初期欧洲的法国、德国和俄国一些大公国）。
⑥ 前苏联议会是"人民代表苏维埃"，常设机构为两院制最高苏维埃（联盟院和民族院）。1988年，人民代表苏维埃改为"苏联人民代表大会"（常设机构仍称最高苏维埃）。1993年10月，叶利钦宣布废除苏维埃制度，建立新的联邦议会，上院称联邦委员会，下院称国家杜马。

等不同政体型构。从制度分析看,人民代表大会制度是一种"吸纳型""渐进型"和"生长型"制度型构。

其一,兼容并蓄,具有历史渊源性。它是在长期革命斗争中根据巴黎公社和苏维埃制度原则总结了革命根据地政权建设经验,又结合了现实情况后形成的,甚至容纳了古希腊"公民大会"的民主元素。早在第一次国内革命战争时期,出现了罢工工人代表大会和农民协会等组织。第二次国内革命战争时期"工农兵代表大会"成为根据地政权组织形式。抗日战争时期根据地政权组织中有参议会。第三次国内革命战争时期在农会、贫农团等基础上,建立了区乡两级人民代表会议。1949 年中华人民共和国成立后在地方召开各界人民代表会议,并代行地方人民代表大会职权。

1950 年,毛泽东指出:"人民政府的一切重要工作都应交人民代表会议讨论,并作出决定。必须使出席人民代表会议的代表们有充分的发言权,任何压制人民代表发言的行动都是错误的。"[①] 1953 年,通过普选,各地陆续召开各级人民代表大会。1954 年 9 月,第一届全国人民代表大会第一次会议在京召开,人民代表大会制度建立起来。1982 年,宪法进一步规定了包括人民代表大会制度在内的国家政治制度和经济制度。可以看到,这一制度具有历史性、渐进性而非纯主观建构。

其二,它是一种"代议制",体现了"现代性"(modernity)特质。政治理论家 J. S. 密尔(John Stuart Mill)曾指出:"代议制政体就是,全体人民或一部分人民通过由他们定期选出的代表行使最后的控制权。"[②] 人类代议制的核心要素,是由通过普选产生的代表组成议会,代表民意行使国家权力。我国人民代表大会不仅行使立法权,而且由它产生行政、监察、审判、检察等国家机关,向人民代表大会负责并受其监督。

其三,反映"国体"的性质。恩格斯曾指出:"如果说有什么是毋庸置疑的,那就是,我们的党和工人阶级只有在民主共和国这种形式下,才能取得统治。民主共和国甚至是无产阶级专政的特殊形式。"[③] 人民代表大会制度一个重要特性是它的"人民性",即"民主共和"特质,体现了包括工人、农民、知

---

① 毛泽东. 为争取国家财政经济状况的基本好转而斗争[M] //毛泽东文集:第 6 卷. 北京:人民出版社,1999:71.
② [英] J. S. 密尔. 代议制政府[M]. 汪瑄,译. 北京:商务印书馆,1982:68.
③ 恩格斯. 1891 年社会民主党纲领草案批判[M] //马克思恩格斯选集:第 4 卷. 北京:人民出版社,2012:294.

识分子等在内的广大劳动者这一最大的包容性，凸显了"人民民主""以人民为中心"的国家性质。

（三）民主制度：协商民主制度

协商民主是"有事好商量"[①]的制度化。它以政治协商为特色，是对人类代议民主、间接民主、远程民主的补充，为当代民主形式增添了新型构。我国长期政治实践中两种民主方式成为基本方式，即以投票、选举行使公民权利的"选举民主"和在重大决策前和过程中社会各方开展充分协商、取得共识的"协商民主"。2006年2月8日，《中共中央关于加强人民政协工作的意见》中指出："人民通过选举、投票行使权利和人民内部各方面在重大决策之前进行充分协商，尽可能就共同性问题取得一致意见，是我国社会主义民主的两种重要形式。"这一论述界定了"协商民主"与"选举民主"的联系和区别，揭示了"协商民主"在国家治理中的重要作用，为推进协商民主拓展了空间。

作为国家民主政治的主体性构建，协商民主一是实施于政治协商中。新中国成立初期主要以"双周座谈会""协商座谈会""最高国务会议"等方式开展。改革开放后，政协全体会议、常务委员会会议、主席会议、常务委员专题座谈会、各专门委员会会议等成为协商的基本渠道。无论是中共全国代表大会和中央全会做出各项决定，还是国民经济与社会发展中长期规划；无论是宪法修改，还是政府工作报告，都注重听取各民主党派、无党派人士的意见建议。如2017年8月党的十九大报告初稿形成，习近平主持召开党外人士座谈会听取各民主党派中央、全国工商联领导人和无党派人士意见建议。2022年8月二十大报告形成后，8月31日中共中央在中南海召开党外人士座谈会，征求各民主党派中央、全国工商联负责人和无党派人士代表对报告的意见建议。

二是实施于智力支持中。各界人士通过专题调研报告、提案、建议案等反映社情民意。各民主党派中央、全国工商联和无党派人士曾就西部大开发、中部崛起、振兴东北、宏观调控、建设新农村、乡村振兴战略等建言献策，提供智力支撑。即使是中共党内建设也充分听取意见，如《关于加强党的执政能力建设的决定》初稿形成后，中央即专门听取各民主党派中央、全国工商联领导人和无党派代表人士的意见，22条建设被采纳。

---

① 习近平. 决胜全面建成小康社会，夺取新时代中国特色社会主义伟大胜利［M］//习近平谈治国理政：第3卷. 北京：外文出版社，2020：29.

三是实施于民主监督中。政协委员、各民主党派成员和无党派人士通过受聘于政府部门和司法机关，开展监察、督查、检查等工作，并通过各种途径方式对重大决策、重大方针政策以及对领导干部履职和清廉情况展开民主监督，形成对党内监督、法律监督、行政监督的补充。

四是实施于合作共事之中。在各个历史阶段，各民主党派、无党派和各界人士参与国家大政方针、法律法规的制定执行。毛泽东曾强调，"国事是国家的公事，不是一党一派的私事。因此，共产党员只有对党外人士实行民主合作的义务，而无排斥别人、垄断一切的权利"①。改革开放40多年来全国各级人大、政府机构中党外人士不断增多，他们担任领导职务与党内干部享有同等权力。

人类民主具有复杂的谱系，从民主方式看，有直接民主与间接民主；从民主性质看，有精英民主与草根民主；从民主类型看，有选举民主和协商民主；从民主领域看，有政党民主、社会民主与国家民主；从民主历程看，有古代民主与现代民主。协商民主在人类政治实践中有久远的历史，协商民主的"中国方式"，拓展了人类民主方阵。"协商于决策之前和决策执行过程中"已在国家治理和地方治理中形成较为成熟的机制，协商民主和功能价值不断放大。新时代随着经济社会主要矛盾和社会结构的深刻变化，这种民主方式越来越成为扩大政治参与，进行诉求表达的主渠道。

（四）自治制度：民族区域自治制度与基层群众自治制度

这一制度型构的基本内容是：以少数民族聚居区为基础建立民族自治地方，根据宪法和法律设置自治机关，行使自治权。这一制度安排基于不同民族、不同地方社会经济和文化差异的实际状况，为激发和保持地方活力、尊重各民族的主体地位，提供了空间。从制度学和国家治理考量，这一制度也是对国家幅员辽阔、政策效能产生落差这一现状的一种有效补益。

从制度内生性看，中国社会实际状况是这一制度型构确立的内在动因。历史上各民族交错聚居，交流频繁，形成了丰富灿烂的各民族文化。新民主主义革命中就形成了民族区域自治的做法，1941年陕甘宁边区政府在关中正宁县建立"回民自治乡"、在城川建立"蒙古族自治区"。1947年建立起第一个省级自治区"内蒙古自治区"。1949年9月中国人民政治协商会议第一届全体会议认

---

① 毛泽东.在陕甘宁边区参议会的演说［M］//毛泽东选集：第3卷.北京：人民出版社，1991：809.

为，实行民族区域自治，是各民族在国内实行平等、团结、联合最适当的形式。在《中国人民政治协商会议共同纲领》和《中华人民共和国宪法》中，将这一制度作为基本制度确定下来。

1950年，毛泽东强调："按照共同纲领的规定，少数民族地区的风俗习惯是可以改革的。但是，这种改革必须由少数民族自己来解决。"[①] 1955年至1965年新疆维吾尔自治区、宁夏回族自治区、广西壮族自治区和西藏自治区等先后成立。1980年8月18日，邓小平在中央政治局扩大会议上提出"要使各少数民族聚居的地方真正实行民族区域自治"[②]。1984年5月，第六届全国人大二次会议通过《中华人民共和国民族区域自治法》，到1991年年底建立民族自治地方156个，包括5个自治区、30个自治州、121个自治县旗，还建立起1571个民族乡。自治人口占到全国少数民族总人口90%以上。

这一制度型构不仅对"单一制"结构下尊重各民族主体地位、激发创造精神，发挥出重要作用；还对不同区域和地方差异科学投放公共政策，确保政策效能和治理绩效，提供了法律渠道。它是对"单一制"国家结构非常重要的制度补充。

所谓基层自治制度，是根据宪法和法律规定，基层群众在所居住的区域内依法直接行使民主权利，进行自我管理、自我教育、自我服务的国家制度。主要包括三方面：（1）农村社区村民自治制度（建立村民委员会）；（2）城市社区居民自治制度（建立居民委员会）；（3）以职工代表大会为基本形式的企事业单位民主管理制度（职工代表大会）。这一制度型构的最大预期，是尊重基层群众主体地位，容纳更广泛的公民有序政治参与。

中国基层自治制度发端于城市管理。1949年中华人民共和国成立初期，上海许多里弄和居民点在接管专员办事处的帮助下，成立自来水管理委员会、居民卫生小组、反轰炸人民防护队、里弄福利会等组织。这些群众组织解决了大量民生问题。1950年11月，根据"冬防"（防特、防匪、防空、防火）统一要求，上海组建了里弄组织"人民冬防服务队"2020个。冬防服务队组织发动群众，巩固社会治安，同时为居民福利服务。1951年4月，上海市人民政府召开街道里弄代表会议，总结街道里弄居民组织建设经验，提出搞好街道里弄的福利和安全工作，将抗美援朝爱国主义运动贯彻到群众中去。会

---

① 毛泽东. 不要四面出击[M]//毛泽东文集：第6卷. 北京：人民出版社，1999：75.
② 邓小平. 党和国家领导制度的改革[M]//邓小平文选：第2卷. 北京：人民出版社，1994：339.

议提出将原有"人民冬防服务队"改组为"街道里弄居民委员会"的方案，并确定以当时工人居住集中的普陀区"梅芳里"为试点，探索建立居民委员会的经验。

1954年12月31日，第一届全国人大常委会第四次会议通过《城市居民委员会组织条例》，从法律上界定居民委员会为"群众自治性的居民组织"。1980年1月19日，全国人大常委会重新颁布这一条例，城市基层群众自治制度得以恢复发展。两年后颁布新宪法，将城市基层群众自治制度推广到农村，规定成立村民委员会。1987年，全国人大通过《中华人民共和国村民委员会组织法（试行）》。1989年12月26日，第七届全国人大常委会第十一次会议通过并颁布《中华人民共和国城市居民委员会组织法》，从1990年1月1日起施行[①]。2018年12月29日，第十三届全国人大常委会第七次会议对《中华人民共和国城市居民委员会组织法》做出修正。

严格意义上的农村基层群众自治，产生于十一届三中全会之后。20世纪80年代初，在实行家庭联产承包责任制中一些地方农民自发成立了"村管会""议事会"，制定村规民约，成为基层自治的先声。1982年宪法规定，在全国范围内通过试点建立村民委员会。1985年生产队改村民委员会在全国基本结束，建立起村民委员会92万多个。1987年11月24日第六届全国人大23次会议审议通过《中华人民共和国村民委员会组织法（试行）》，1988年6月1日起试行，标志着村民自治进入有法可依阶段。1990年在全国开展村民自治示范活动，建立一大批示范县（市）、乡（镇）、村。[②] 1998年11月4日第九届全国人大常委会五次会议通过村民委员会组织法，2010年10月28日第十一届全国人大常务委员会第十七次会议修订。2018年12月29日第十三届全国人大常委会七次会议对《村民委员会组织法》做出修改[③]。至此基层群众自治制度基本确定。

1992年十四大报告和1997年十五大报告都论及了民族区域自治制度。十四大报告提出"坚持和完善民族区域自治制度"[④]，十五大报告提出"坚持和完善

[①] 1954年12月31日，全国人大常委会通过的《城市居民委员会组织条例》同时废止。

[②] 秦德君. 中国政治发展中的政制安排——论中国特色社会主义政治发展道路[J]. 学习与实践，2007（12）：54-61.

[③] 将第十一条第二款修改为："村民委员会每届任期五年，届满应当及时举行换届选举。村民委员会成员可以连选连任。"

[④] 江泽民. 加快改革开放和现代化建设步伐，夺取有中国特色社会主义事业的伟大胜利[M]//江泽民文选：第1卷. 北京：人民出版社，2006：236.

人民代表大会制度和共产党领导的多党合作、政治协商制度以及民族区域自治制度"①。2007年,十七大报告首次把"基层群众自治制度"② 列入中国特色政治制度范畴,并强调"扩大基层群众自治范围"③。基层群众自治制度作为推进基层民主的基础性工程,为我国发展民主政治提供了制度框架。

(五) 国家和平统一制度:"一国两制"

在国家主体实行社会主义制度条件下,允许香港澳门台湾实行资本主义制度,这是根据实际情况确立的恢复对港澳行使主权、促使台湾和平回归的战略构想。1979年元旦,全国人大常委会发表《告台湾同胞书》,宣布和平统一祖国的方针。1979年1月,邓小平提出"只要台湾回归祖国,我们将尊重那里的现实和现行制度"④。1981年9月30日,时任全国人大常委会委员长的叶剑英发表谈话,阐明台湾回归祖国,实现和平统一的九条方针。提出国家统一后"台湾可作为特别行政区,享有高度的自治权,并可保留军队,中央政府不干预台湾地方事务","台湾现行社会、经济制度不变,生活方式不变,同外国的经济、文化关系不变。私人财产,房屋、土地、企业所有权、合法继承权和外国投资不受侵犯","台湾当局和各界代表人士,可担任全国性政治机构的领导职务,参与国家管理"⑤ 等。表述了"一国两制"基本构想。

1982年9月,邓小平在会见英国首相撒切尔夫人时,首提用"一个国家,两种制度"来解决香港问题。同年《中华人民共和国宪法》草案新增第三十一条:"国家在必要时得设立特别行政区。在特别行政区实行的制度按照具体情况由全国人民代表大会以法律规定。"⑥ 1982年12月,第五届全国人大五次会议通过宪法,使"一国两制"获得宪法依据。1984年5月,全国两会《政府工作

---

① 江泽民.高举邓小平理论伟大旗帜,把建设有中国特色社会主义事业全面推向二十一世纪[M]//江泽民文选:第2卷.北京:人民出版社,2006:17.
② 胡锦涛.高举中国特色社会主义伟大旗帜,为夺取全面建设小康社会新胜利而奋斗[M]//胡锦涛文选:第2卷.北京:人民出版社,2016:635.
③ 胡锦涛.高举中国特色社会主义伟大旗帜,为夺取全面建设小康社会新胜利而奋斗[M]//胡锦涛文选:第2卷.北京:人民出版社,2016:636.(十八大报告强调"完善基层民主制度""实行群众自我管理、自我服务、自我教育、自我监督"。)
④ 中共中央文献研究室.邓小平年谱(1975—1997):上册[M].北京:中央文献出版社,2004:478.
⑤ 叶剑英.关于台湾回归祖国,实现和平统一的方针政策[M]//中共中央文献研究室.一国两制重要文献选编.北京:中央文献出版社,1997:5-7.
⑥ 彭真.关于中华人民共和国宪法修改草案的报告[N].人民日报,1982-12-06(02).

报告》正式提出"一国两制"方针，成为一项基本国策。

1985年、1988年全国人大分别成立香港特别行政区基本法起草委员会和澳门特别行政区基本法起草委员会。1990年4月4日，第七届全国人大三次会议通过《中华人民共和国香港特别行政区基本法》，1993年3月31日，第八届全国人大一次会议通过《中华人民共和国澳门特别行政区基本法》。"一国两制"构想首先运用于解决香港问题，继而运用于解决澳门问题。1984年12月19日和1987年4月13日中国政府先后与英国政府和葡萄牙政府签订《关于香港问题的联合声明》和《关于澳门问题的联合声明》。1997年7月1日和1999年12月20日中国政府分别对香港和澳门恢复行使主权。

根据《中华人民共和国香港特别行政区基本法》，香港特别行政区不实行人民代表大会制度，也不采用"三权分立"制度，它兼顾到各阶级、阶层的利益，同香港社会经济制度相适应。"一国两制"是中国特色社会主义的一个伟大创举，坚持"一国"是实行"两制"的前提和基础，"两制"从属和派生于"一国"并统一于"一国"之内。[①]

台湾问题不同于香港、澳门，但同样适用"一国两制"。1995年1月30日，江泽民发表《为促进祖国统一大业的完成而继续奋斗》的讲话，就推进祖国和平统一进程提出"八项看法和主张"[②]。1992年两岸分别授权的海协会、海基会达成"九二共识"并于翌年举行首次"汪辜会谈"，实现1949年以来两岸高层人士的首次公开会谈。2005年3月14日，第十届全国人大三次会议通过《反分裂国家法》，提出在三种情况下大陆可用"非和平手段"处理台湾问题。这是对"一国两制"和平统一制度的重要补充。

十七大报告、十八大报告、十九大报告、二十大报告都专章论述"一国两制"。十九大报告强调"必须把维护中央对香港、澳门特别行政区全面管治权和保障特别行政区高度自治权有机结合起来，确保'一国两制'方针不会变、不

[①] 中共中央关于坚持和完善中国特色社会主义制度，推进国家治理体系和治理能力现代化若干重大问题的决定[N]. 人民日报，2019-11-06（06）.

[②] "八项看法和主张"内容：（1）坚持一个中国的原则，是实现和平统一的基础和前提；（2）对于台湾同外国发展民间性经济、文化关系，我们不持异议；（3）进行海峡两岸和平统一谈判，是我们的一贯主张；（4）努力实现和平统一，中国人不打中国人；（5）面向21世纪世界经济的发展，要大力发展两岸经济交流与合作，以利于两岸经济共同繁荣，造福整个中华民族；（6）中华各族儿女共同创造的五千年灿烂文化，始终是维系全体中国人的精神纽带，也是实现和平统一的一个重要基础；（7）要充分尊重台湾同胞的生活方式和当家做主的愿望，保护台湾同胞的一切正当权益；（8）我们欢迎台湾当局的领导人以适当身份前来访问，我们也愿意接受台湾方面的邀请，前往台湾。

动摇，确保'一国两制'实践不变形、不走样"①。二十大报告强调"一国两制""是中国特色社会主义的伟大创举，是香港、澳门回归后保持长期繁荣稳定的最佳制度安排，必须长期坚持"②。世界上各种纷争一直伴随人类漫长的历史，找到一条新路解决好争端，是一种政治智慧。"一国两制"包含的指导原则和哲学理念，也为解决国际争端拓展了思路，它是和平与发展时代践行马克思主义的原则性、尊重事物的多样性、体悟政治过程灵活性的成功典范。

三、夯实制度"更加成熟更加定型"的基础

1992年1月18日至2月21日，邓小平先后视察武昌、深圳、珠海、上海等地。在这一视察南方的著名谈话中邓小平谈到：

> 恐怕再有三十年的时间，我们才会在各方面形成一套更加成熟、更加定型的制度，在这个制度下的方针、政策，也将更加定型化。③

1992年10月，十四大报告提出"到建党一百周年的时候，我们将在各方面形成一整套更加成熟更加定型的制度"④，首次把"更加成熟更加定型"时间确定在2021年。2013年11月《中共中央关于全面深化改革若干重大问题的决定》提出到2020年"形成系统完备、科学规范、运行有效的制度体系，使各方面制度更加成熟更加定型"⑤。2019年10月《中共中央关于坚持和完善中国特色社会主义制度，推进国家治理体系和治理能力现代化若干重大问题的决定》做出调整，提出三段时间表：到党成立100年时即2021年"在各方面制度更加成熟更加定型上取得明显成效"；2035年"各方面制度更加完善，基本实现国家治理体系和治理能力现代化"；到新中国成立100年即2049年"全面实现国家治理体系和治理能力现代化，使中国特色社会主义制度更加巩固、优越性充分展现"。

---

① 习近平. 决胜全面建成小康社会，夺取新时代中国特色社会主义伟大胜利 [M] //习近平谈治国理政：第3卷. 北京：外文出版社，2020：20.
② 习近平. 高举中国特色社会主义伟大旗帜，为全面建设社会主义现代化国家而团结奋斗：在中国共产党二十次全国代表大会上的报告 [M]. 北京：人民出版社，2022：57.
③ 邓小平. 在武昌、深圳、珠海、上海等的谈话要点 [M] //邓小平文选：第3卷. 北京：人民出版社，1993：372.
④ 江泽民. 全面建设小康社会，开创中国特色社会主义事业新局面 [M] //江泽民文选：第1卷. 北京：人民出版社，2006：253.
⑤ 中共中央关于全面深化改革若干重大问题的决定 [N]. 人民日报，2013-11-16（01）.

中国国家制度的更加成熟更加定型，是中国特色社会主义经漫长探索历程取得的巨大成就，具有世界性意义。从人类制度文明经验看，一种制度实现"更加成熟、更加定型"，须立足于四方面的基础性支撑：

（一）经岁月检验后的稳定

人类秩序的显性表征是"稳定"，这种"动态稳定"是由制度来提供和维系的，它"将变动控制在现存结构的限定之内"①。而制度本身的"稳定"又是人类秩序的重要条件，这种制度稳定，是经岁月不断检验后获得的制度衡定状态。"制度自信"是基于对制度型构、制度内质、制度功能特别是制度价值、制度效率的理性认知经和制度比较所获得的一种制度信念。"制度自信"是一个国家制度成熟、定型的精神力量，否则就成为马克思批评的"没有精神的制度"。

一方面，经中华人民共和国成立70多年特别是改革开放40多年的探索实践，我国国家制度日趋成熟定型；另一方面，制度的成熟定型又是一个长期过程。2014年2月，习近平在省部级主要领导干部全面深化改革专题研讨班上谈到："英国从1640年发生资产阶级革命到1688年'光荣革命'形成君主立宪制度，用了几十年的时间，而这套制度成熟起来时间就更长了。美国从1775年开始独立战争到1865年南北战争结束，新的体制才大体稳定下来，用了将近90年的时间。法国从1789年发生资产阶级革命到1870年第二帝国倒台、第三共和国成立，其间经历了多次复辟和反复辟的较量，用了80多年时间。就是日本，1868年就开始了明治维新，但直到第二次世界大战结束后才形成了现在这样的体制。"② 制度成熟定型后亦非一成不变，还要不断熔铸时代精神，不断与时俱进。按照制度经济学家诺斯（Douglas C. North）的说法，"制度变迁决定了社会演进的方式"③。社会进步发展，就是通过制度的不断变迁和推陈出新来体现的。制度目标的"稳定"，是一种动态性稳定。

---

① ［美］劳伦斯·迈耶，约翰·伯内特，苏珊·奥格登. 比较政治学：变化世界中的国家和理论［M］. 罗飞，张丽梅，冯涛，等译. 北京：华夏出版社，2001：87. 亨廷顿的研究表明，一个国家政治稳定与现代性的复合指数之间的相关量为0.625（n=62）。
② 习近平. 制度成熟需要时间［M］//人民日报评论部. 习近平讲故事. 北京：人民出版社，2017：157. 完善和发展中国特色社会主义制度，推进国家治理体系和治理能力现代化［N］. 人民日报，2014-02-18（01）.
③ ［美］道格拉斯·C. 诺斯. 制度、制度变迁与经济绩效［M］. 刘守英，译. 上海：上海三联书店，1994：3.

（二）持续良好的制度效能

人类之所以需要制度，是因为制度"有用"。"制度通过向人们提供一个日常生活的结构来减少不确定性"[1]，"制度构造了人们在政治、社会或经济方面发生交换的激励结构"[2]，一种能够提供有效激励的制度是保证经济增长的决定性因素。更重要的是一个国家发展质量和综合竞争力，根本上取决于制度供给的质量；一个国家"规则政治"则体现于"政治规则"的质量和层级。亨廷顿认为："各国之间最重要的政治分野，不在于它们政府的形式，而在于它们政府的有效程度。"[3] 持续良好的制度效能，包括制度功能和制度效率，最主要体现在两方面：一是能提供公共秩序的基本框架来提升公共生活质量；二是能提供激励，即一种制度能激励社会成员人心向善、参与社会创造。

改革开放以来我国通过不断的制度创新，制度效能不断放大，"如集中力量办大事"在多方面得到体现。但制度效率根本上体现于制度功能的"社会速度"，不是决策时段上的"单位时间"。决策单位时间的"疾""缓"并不能真正反映真实的制度效能。制度成熟定型，建立在制度效能效率提升的基础上；而社会生活制度化的推进有利于提升制度效能、夯实制度成熟定型的基础。

（三）经改革获得的制度认同

制度认同是制度成熟定型的内在支撑。制度认同的本质，是对制度体系在价值层面的接纳。先有制度的认同，再有政治的认同。制度认同的前提，是制度能不断熔铸时代精神与时俱进，不仅给国民带来"利好"，更能形塑一个社会的公共道德和社会品质。

制度是经济社会发展的重要变量。推动经济增长的因素包括资本、劳动力、自然资源、技术和制度，其中制度是最重要的"发动机"。1980 年 8 月 18 日，邓小平在中央政治局扩大会议上指出："党和国家现行的一些具体制度中，还存在不少的弊端，妨碍甚至严重妨碍社会主义优越性的发挥。如不认真改革，就

---

[1] [美] 道格拉斯·C. 诺斯. 制度、制度变迁与经济绩效 [M]. 刘守英，译. 上海：上海三联书店，1994：4.
[2] [美] 道格拉斯·C. 诺斯. 制度、制度变迁与经济绩效 [M]. 刘守英，译. 上海：上海三联书店，1994：3.
[3] [美] 塞缪尔·P. 亨廷顿. 变化社会中的政治秩序 [M]. 王冠华，等译. 北京：生活·读书·新知三联书店，1989：1.

很难适应现代化建设的迫切需要，我们就要严重地脱离广大群众"①，并强调"如果不坚决改革现行制度中的弊端，过去出现过的一些严重问题今后就有可能重新出现"②。当时提出这一问题就是要推动制度改革，提升制度社会认同，具有高瞻远瞩的"制度自省"和远见卓识。

十九大报告强调"坚决破除一切不合时宜的思想观念和体制机制弊端，突破利益固化的藩篱，吸收人类文明有益成果，构建系统完备、科学规范、运行有效的制度体系"③，十八届三中全会审议通过的《关于全面深化改革若干重大问题的决定》提出60个方面的改革任务，多属体制机制方面的结构性问题。正视改革，使制度认同度不断提升，要通过进一步改革，促使各民族在制度认同、政治认同、国家认同的框架中取得更强的凝聚力和向心力。

（四）制度比较中的"型构特质"

制度是一个社会结构的灵魂。一种制度的成熟定型，在于它既吸纳了人类制度文明的相关成果，又获得了不同于其他规制的"型构特质"，而且这种"型构特质"在历史的方位中是站得住的。由政党制度、政权制度、民主制度、基层自治制度、一国两制和平统一制度组成的中国国家制度体系，融汇了丰富的"中国特质"，既不同于其他国家的制度，也有别于传统社会主义模式。亚里士多德在论及古希腊城邦制度时谈到："任何制度，凡先前的总是比较粗疏，而后起的就可以更加周到。"④ 中国40多年改革开放带来翻天覆地的巨大变化，实现了从高度集中的计划体制到充满活力的社会主义市场体制、从封闭半封闭到全方位开放的伟大历史转折。经济总量跃至世界第二位，人均GDP从40多年前第120多位，提升到现在的60多位。中国城镇化率57.4%，⑤ 基本完成从农村社会向城市社会的转型。这种改革实践的历史性变迁，成为中国社会不断进步的巨大动力，也使制度历经风雨洗涤而更具开放性特征，不断熔铸新的时代精神而不断完善，成为制度成熟定型的又一重要支撑。

---

① 邓小平. 党和国家领导制度的改革 [M]//邓小平文选：第2卷. 北京：人民出版社，1994：327.
② 邓小平. 党和国家领导制度的改革 [M]//邓小平文选：第2卷. 北京：人民出版社，1994：333.
③ 习近平. 决胜全面建成小康社会，夺取新时代中国特色社会主义伟大胜利 [M]//习近平谈治国理政：第3卷. 北京：外文出版社，2020：17.
④ ［古希腊］亚里士多德. 政治学 [M]. 吴寿彭，译. 北京：商务印书馆，1965：92.
⑤ 秦德君. 推进国家制度体系更加成熟 [N]. 解放日报，2018-08-07（09）.

第 11 章 中国国家制度型构与"更加成熟更加定型"基础

习近平在中央政治局第十七次集体学习时强调:"要加强对中国特色社会主义国家制度和法律制度的理论研究,总结 70 年来我国制度建设的成功经验,构筑中国制度建设理论的学术体系、理论体系、话语体系,为坚定制度自信提供理论支撑。"① 强化对于中国国家制度型构的研究,对于彰显中国特色社会主义制度优势,推进中国制度理论建设意义重大。

在新时代进一步完善和发展中国特色社会主义制度体系,创造体制机制新动能,以制度创新实现动能转换,才能实现新发展,展现更为蓬勃的制度生命力,也才能促使制度"更加成熟更加定型",为人类制度文明贡献新的中国业绩。

---

① 习近平在中央政治局第十七次集体学习时强调:继续沿着党和人民开辟的正确道路前进,不断推进国家治理体系和治理能力现代化[N]. 人民日报,2019-09-25(01).

第12章

科学执政：执政资源的支配、运用和配置科学化

2001年7月，庆祝中国共产党成立80周年大会上提出"改进党的领导方式和执政方式"。2004年9月审议通过的《中共中央关于加强党的执政能力建设的决定》首提"科学执政、民主执政、依法执政"。

2006年6月，中央政治局第三十二次集体学习专题论述"科学执政、民主执政、依法执政"。2007年10月，十七大修订《中国共产党章程》，"坚持科学执政、民主执政、依法执政"写入总纲。2019年10月，十九届四中全会提出"坚持和完善党的领导制度体系，提高党科学执政、民主执政、依法执政水平"制度建设要求。

实现"科学执政、民主执政、依法执政"的核心是处理好党宪、党法、党政、党际、党群关系。实现"科学执政、民主执政、依法执政"的基础是实现对执政资源科学配置、科学支配和科学运用。

党的长期执政能力建设，是推进国家治理体系和治理能力现代化的关键。十九大报告强调"全面增强执政本领""党既要政治过硬，也要本领高强"。[1] 现代"执政"，是指政党通过选举或其他政治方式，执掌国家公共权力。所谓科学执政，就是要深刻把握中国共产党的执政规律、社会主义建设规律和人类社会发展规律，不断提高以科学的思想、科学的制度、科学的方法领导中国特色社会主义事业的本领。

执政资源是执政和领导得以实施和实现的基本依托，是实现"科学执政、民主执政、依法执政"的重要变量。考察和优化执政资源的科学支配和配置，是今天加强执政能力建设的题中应有之义。实现国家治理体系和治理能力现代化，一个基本前提，是实现执政资源支配、运用和配置的科学化。正确地认识

---

[1] 习近平. 习近平谈治国理政：第3卷［M］. 北京：外文出版社，2020：53.

执政资源，科学地运用执政资源，不仅是实现"科学执政、民主执政、依法执政"所要求的，也是实现国家治理体系和治理能力现代化这一改革总目标和推进政治发展所要求的。

一、执政的特质：与古代"执政"之迥异

中国早期古籍文献中，有关于"执政"的记载。如《左传·昭公十六年》："辟邪之人而皆及执政，是先王无刑罚也。"其中执政，系指国家政事。《左传·襄公三十一年》："郑人游于乡校，以论执政。然明谓子产曰：'毁乡校，何如？'子产曰：'何为？夫人朝夕退而游焉，以议执政之善否……'"这里的"执政"，系指执掌国事的政治家子产。

《史记·文帝本纪》中有"唯二三执政犹吾股肱也"的记载；北宋王禹偁《待漏院记》中有"棘寺小吏王禹偁为文，请志院壁，用规于执政者"的记载，其中说的"执政"，亦主要是指掌理国家政事的大臣或当政者。北宋著名政治家范仲淹在倡言改革弊政、推行"庆历新政"的《上执政书》中，"执政"也指朝中当事者。

1924年，第二次直奉战争中直系军阀曹锟、吴佩孚失败，直系控制的政府垮台。张作霖和冯玉祥推段祺瑞组织北京临时政府，段祺瑞任"执政"主持国政。1926年4月，直奉军阀联合迫使段祺瑞下台，由张作霖组成大元帅府。其所谓"执政"，亦为行政的当事者。

论及"执政"，不能不提及古希腊城邦和古罗马著名的"执政官"（Archon、Consul）。古希腊称执政官为"雅康"（Archon），即领导人和统治者。雅典约于公元前682年从贵族中选出执政官，开始是终身制，后有任期（初由3人组成，公元前7世纪中叶另增司法执政官6人）。古罗马共和国时代，称执政官为"康梭"（Consul），公元前510年始设（从百人团大会中选出2人，任期一年，当年以其名字纪年）。执政官拥有最高民政权和军事指挥权，在对外事务中代表国家，是事实上的国家元首。

中国古代社会和古希腊、古罗马社会中的"执政"和"执政官"，或指政事，或指执掌国事的行政首长，与现代政治形态中以政党为主体的执政性质是不同的。现代"执政"，是指人类"政党时代"执政党作为一种政治集团，通过选举或其他政治方式执掌国家公共权力。严格说，这种"执政"不是行政当事者的个体行为，而是一种政党行为，或者说是以执政党为主体的政权执掌行为。今天世界范围内，虽仍有个别国家的元首（如圣马力诺）仍保留着"执政

官"称谓，但就全球范围来说，政党执政系指政党经过宪法程序或其他政治程序，执掌国家公共权力。这是人类"现代性"的表征之一。

二、"执政"与"领导"：政党政治的不同界面

在两党制或多党制国家，执政党又称在朝党，与在野党对称，通常在议会选举中获得多数议席（如英国），或在总统选举中胜出（如美国）负责组织政府的政党。实行多党制的国家，内阁如由几个政党联合组成，这几个政党都是执政党。在社会主义国家，执政党是取得国家政权的马克思主义政党。在现代政治境遇中，执政党的"执政"与执政党的"领导"，是两种不同的政治行为：执政是反映国家政权归属关系的概念；领导则是反映群体中控制与服从关系的概念。如果我们把两者做个简单比较，其界面特征就更为清晰：

其一，如前述一个政党执政，系指通过宪法程序或其他政治途径执掌国家权力。作为一种法理行为，执政其所要处理的基本关系，是党和国家、党与他党的关系。领导是为确定和实现目标而影响群体活动的作业过程，是社会性的组织、动员、引领。领导所要处理的基本关系，是党与社会、社会组织和民众的关系。如果说执政体现了政权所属，领导则体现了政权营运。执政反映的是一种"法理正义"（Rational-legal Justice），领导反映的则是一种"伦理正义"（Ethical Justice）。

其二，执政主要表明作为政治组织的政党，在国家政治体系中的法定地位和公共责任，所指涉的是国家权力法理上的归属；领导则表明一个政党的社会动员和组织能力的幅度，所指涉的是政党所要实现的各种战略和战术目标。领导之绩效，是领导主体、领导客体和主客体所处环境三种因素的函数。由此，执政本质上是一种统治（Rule），领导本质上则是一种治理（Governance）。执政具有法理上的抽象意义，领导则具有伦理上的具体意义。

其三，从行为过程特征看，执政偏属于静态的体制层面，领导则偏属于动态的运行层面。执政取决于是否合乎"形式正义"即宪法和法律上的正当性；领导则涉及民意、社会意识形态和社会认同等，其实现率取决于是否合乎"实质正义"（民众体认的合法性）。

今天全球约232个国家和地区中的政党，执政方式各有不同。一般来说，国家政治生活和社会生活的"领导"，是通过选举获胜的政党组阁所组成的政府来体现的，即执政党通过议会和政府进行施政。具体来说，执政党行使国家政权的主要职能和途径，主要表现在三个方面：

第 12 章 科学执政：执政资源的支配、运用和配置科学化

一是通过党政一体化行使政权。在发达国家"政党大选获胜的回报就是政府的职位和权力"①，执政党组织政府，政党领袖必然地出任最高行政长官（总统、总理、首相等）。同时，由政党领袖依据取得政权过程中功绩的大小，来任命各类政府内阁成员。

二是通过议会党团控制议会。议会是各政党纵横捭阖政坛的主要场所，谁控制了议会多数议席，谁就能在议会推行和通过本党政策，使之上升为国家方略得到贯彻。但由于政党内部的复杂性，在通过有争议法案时，只有统一全体党属议员意志才有保证，由此，议会中形成了各政党的议会党团。议会党团领导人一般是该党领袖，督导员则负责督促本党议员表决时无条件与党保持一致。

三是通过行政手段推行政党的政策。政党在筹备选举活动中，将政党政纲和政策向选民宣传，一旦选举获胜，就可运用整个行政系统将党的政治主张上升为国家法律、法令。如果不能通过议会党团力量，便可通过宪法规定的行政权予以贯彻。政党在推行其政党主张时，必须依据宪法和法律，否则会受到相应制裁和谴责。

可以看到，现代政治形态下的执政与领导，虽都以权力为基础，但是"执政"主要与国体（国家性质）相联系，即与国家政权形式相关联；"领导"则与更多政体（国家政权形式）相关联。在中国，中国共产党既是执政党，又是领导党，党是国家政治运行的实际中轴。"领导党"的一个基本特征，是它作为完整、系统、独立的治政组织，领导包括政府在内的整个社会的公共事务。中国共产党从中央到地方的各级党组织，与同级政府系统具有同构性。这一点亦区别于世界各国其他政党，也是体现党的领导的一个重要方面。

"科学执政是马克思主义政党执政成功的前提条件。"② 在我国，对于科学执政、民主执政、依法执政，是一个逐步认识完善提高并强调的历史过程。2001 年 7 月 1 日，江泽民在庆祝中国共产党成立八十周年大会上发表讲话，提出"改进党的领导方式和执政方式"③。2002 年 11 月，党的十六大报告阐述"提高依法执政的能力"④ 问题。2004 年 9 月，审议通过的《中共中央关于加强

---

① ［美］米切尔·罗斯金，等.政治科学［M］.林震，等译.北京：华夏出版社，2001：218.
② 胡锦涛.科学执政、民主执政、依法执政［M］.胡锦涛文选：第 2 卷.北京：人民出版社，2016：461.
③ 江泽民.在庆祝中国共产党成立八十周年大会上的讲话［M］//江泽民文选：第 3 卷.北京：人民出版社，2006：288.
④ 江泽民.全面建设小康社会，开创中国特色社会主义事业新局面［M］//江泽民文选：第 3 卷.北京：人民出版社，2006：570.

党的执政能力建设的决定》首提"科学执政、民主执政、依法执政是执政党建设的目标之一"。2006年6月，中央政治局第三十二次集体学习时，胡锦涛对"科学执政、民主执政、依法执政"问题作专题讲话，提出"坚持科学执政、民主执政、依法执政，对我们党治国理政提出了新的更高的要求，是我们党为人民执好政、掌好权必须紧紧抓住并认真解决的重大课题"①。2007年10月21日十七大通过的《中国共产党章程（修正案）》中，以党规党法的形式把"坚持科学执政、民主执政、依法执政"确定下来。2019年10月31日，十九届四中全会通过的《中共中央关于坚持和完善中国特色社会主义制度，推进国家治理体系和治理能力现代化若干重大问题的决定》提出"坚持和完善党的领导制度体系，提高党科学执政、民主执政、依法执政水平"②五个方面的制度建设。而实现"科学执政"的一个重要方面，是要实现对执政资源的科学配置、科学支配和科学运用。

三、执政资源是实现"科学执政"的重要变量

现代国家政党执政，是指经过宪法程序或其他政治程序执掌国家公共权力。执政作为政党为主体的国家政治行为，以执政收益最大化为目标。执政效能是一个政党执政产出与执政资源消耗之比，而执政能力本质上是如何科学运用执政资源实现执政产出最大化的能力。

2015年10月党的十八届五中全会对我国发展环境和形势有个总体的研判：我国发展仍处于可以大有作为的重要战略机遇期，也面临诸多矛盾叠加、风险隐患增多的严峻挑战，要求准确把握战略机遇期内涵的深刻变化，更加有效地应对各种风险和挑战，集中力量把自己的事情办好，不断开拓发展新境界。这之前《中共中央关于全面深化改革若干重大问题的决定》提出了"我国发展进入新阶段，改革进入攻坚期和深水区"的总体判断，提出必须最大限度集中全党全社会智慧，推动中国特色社会主义制度自我完善和发展。③深入研究和把握

---

① 胡锦涛. 科学执政、民主执政、依法执政 [M]. 胡锦涛文选：第2卷. 北京：人民出版社，2016：463-464.
② （1）建立不忘初心、牢记使命的制度；（2）完善坚定维护党中央权威和集中统一领导的各项制度；（3）健全党的全面领导制度；（4）健全为人民执政、靠人民执政各项制度；（5）健全提高党的执政能力和领导水平制度；（6）完善全面从严治党制度。[中共中央关于坚持和完善中国特色社会主义制度，推进国家治理体系和治理能力现代化若干重大问题的决定 [N]. 人民日报，2019-11-06（01）.]．
③ 中共中央关于全面深化改革若干重大问题的决定 [N]. 人民日报，2013-11-16（01）.

执政资源与科学执政的相互关系，才能更好地提升执政效能和产出，推动执政能力建设上一个新台阶，加快推进国家治理体系与治理能力现代化的进程。

资源（Resource）总体上指物力、财力。《词源》对"资源"的界定是"资财的来源，一般指天然的财源"。通常人们把资源界定为生产资料或生活资料的天然来源，如地下资源、水力资源、人力资源等，但显然，这些对"资源"的认知都基于资源的物质性内容，今天看都是不甚完整的。因为事实上，资源虽以物质性为基础，但它绝不仅仅限于有形的物质。资源可分为有形资源和无形资源，有形资源包括物质资源、人力资源、货币资源；无形资源包括时空资源、信息资源、信誉资源等。对一定社会中的主体来说，凡可资籍的社会、精神、人文、传统、物资等方面的东西，都可以成为一种资源。

与世界上大多数执政党不同，中国共产党既是执政党，又是领导党，担负的任务非常艰巨。从执政与领导的法理关系看，"执政"主要表明一个政党在国家政治体系中的法定地位和公共责任，所指涉的是公共权力的（形式上）归属；"领导"则表明一个政党的社会动员和组织能力的幅度，所指涉的是政党所要实现的各种战略和战术目标。重要的一个基本事实是，无论执政还是领导，都以大量资源为凭借。任何执政行为和领导行为的实施，都以一定资源消耗为条件、为前提。脱离执政资源的执政行为是无绩效行为；资源损耗巨大的执政行为是低绩效行为。毫无疑问，执政资源是执政和领导得以实施和实现的基本依托，是实现"科学执政"的重要变量。考察和优化执政资源的科学支配和配置，是执政能力建设的题中应有之义。

从整体上考察，一定社会政治环境中不同的执政资源配置和运行模式，对执政效能产生不同影响。对执政资源的科学配置并形成一定运行模式是执政能力建设的重要内容。那么，执政资源主要有哪些？其构成方面有哪些？其性态是什么？这是执政过程需搞清楚、需认真把握的问题。

四、多维性与有限性：把握执政资源的类别性态

总体上，执政资源是指执政可予支配的物力、财力、人力、智力、领导力等资源，如政治资源、经济资源、文化资源、精神资源、社会资源等。从现代国家政党执政过程看，可以把执政资源分为七种主要类型。

（一）物质性态资源

人类社会是个"物质"世界，任何执政行为首先是一种物质行为，以一定物质耗费为其前提。正如人类林林总总的活动都是物质活动一样，执政也首先是一种物质活动。物质资源是执政得以实现和持续的基本条件。物质性态资源是指执政过程可支配的"物化"形态的资源，从各种自然产品到各种人工产品，从一定的产业、军队、警力到办公用品。物质性态资源是执政行为最基础、最重要的资源。

（二）精神性态资源

现代国家的执政又是一种以一定价值、理念为指导的政治行为，这种行为须拥有一定可予支配和凭借的精神旗帜和价值系统，有可以用来整合自身、整合社会、整合民众的精神和理论系统。执政过程所依赖和资用的价值、理念、思想、理论、学说等意识形态，都是执政的精神性态资源。精神性态资源对实现执政目标至关重要，对政党的凝聚力和社会核心价值观起着举足轻重的作用。尤其是精神性态资源常常表现为对执政合法性来源的解释和支撑。

（三）组织性态资源

人类现代社会人们的经济、政治和社会需要，大部分是通过社会"组织"来满足的。任何社会都是有组织的社会，这不仅表现为它任何时候都是高度组织化的，更表现为社会本身就是由一个个组织所构成。执政是一种有组织的活动，它既依托于一定组织，又是组织行为的一种表现。执政必须依托健全、规整的组织架构才可运行，一个"弱组织形态"的执政，是低绩效的。组织作为一个开放系统，时刻与环境进行物质、能量、信息的交换。组织性态资源主要指执政主体得以正常维系的组织架构、组织体系和组织模式以及组织体系能支配的种种东西。除了执政主体自身健全的组织建构是一种基本力量外，组织性态资源还包括与执政行为相关联或执政行为可予凭借的各政党组织、政府组织、社会组织等。

（四）地位性态资源

在社会学或人类学上，社会地位指个体或群体在社会中的位置、排名、荣誉和声望，亦是个体或群体在社会中的身份。可由两种方式达到。一是先赋地位，即通过承袭得到社会分层体系中所处的位置；二是自致地位，即通过知识、技能、专长或其他努力取得的结果。本质上现代国家的执政是一种宪治行为，它是一种自致同时通过宪法确认的法定地位。这种法定地位本身，是一种可资运用的政治资源。地位性态资源是一个政治结构执政中所拥有的法定层级和相应的"支配便利"。今天我们强调"执政意识",其实包括了执政"地位资源"意识。当然对于地位性态的运用必须是制度化、法治化、节制性的。一定的地位性态资源不仅决定了一定的权力和权利,也决定了相应的责任和义务。

(五)信誉性态资源

信誉是人和社会团体获得的社会评估,是社会主体长期行为营造产生的社会认同。信誉构成了社会交往和基础。人类政治经验表明,信誉是一种无形资产。信誉是国家治理体系中一种极为重要的资源。实际上,信誉性态资源反映了执政的社会信任状况。一个执政主体政治信誉高,执政绩效就高;一个执政主体政治信誉差,执政绩效就低。政治信誉高的执政行为过程磨擦系数小、政治损耗低。据统计我国存在"裸官"118万,平均每个市县50多人。近30年外逃官员已超4000人,卷走资金4000多亿,人均卷走1亿赃款。这对执政信誉性态资源形成极大挑战。一个政党拥有多少可资运用的信誉性态资源,对于执政绩效高低相当重要。一种好的执政信誉,取决于是否有良好的执政伦理和良好的执政行为。

(六)人力性态资源

人作为生产力的第一要素,是执政过程中最为活跃的因素。执政作为一种人力资源的耗费,使人力性态资源成为特殊而又重要的资源,是执政过程中最具"弹性"的部分。执政的人力性态资源,主要指执政主体拥有的可予支配和调运的人力群体(如政治家群体、国务活动家群体、公务员群体、党员群体、干部群体等)。除了自身系统中最为基本的人力资源资凭,友党、民众、一定的社群、团体等,都是可能的人力资源。英国经济学家哈比森在《国民财富的人力资源》中认为:人力资源是国民财富的最终基础。所谓"得人者昌,失人者亡",执政过程中能否形成"正淘汰机制"(而非"逆淘汰机制")对于执政主体能否拥有强大、明亮的人力性态资源,是至关重要的。

(七)感召性态资源

"天心与人事相倚伏,人事与天心相感召",感召是一种巨大的力量。所谓感召性态资源,是指执政主体所拥有的使一个社会和民众服膺的业绩、资历、政治声誉以及在一定时间、空间内执政主体所能动员、组织、凝聚民众和社会的力量，它能凝聚社会、渗透社会资力。执政主体的感召能力反映了其社会动员力和组织能力，反映了执政质量。一个执政主体所具有的感召能力，是一种可资运用的资源。

倡导用实验方法研究人的行为的英国政治学家、教育家格雷厄姆·沃拉斯（Graham Wallas）在《政治中的人性》一书中指出："一个政治家的智力经历要被公众铭记在心，必须要么基于顽固地坚持一成不变的见解，要么基于一个缓慢、简单和一贯的发展过程。"过去老一辈革命家和革命功勋构成了很大的感召性支配资源，但这方面资源，已不可能通过传奇性革命经历和"卡理斯玛"（超凡魅力）来再生，必须有新的感召性资源替代。执政为民、不谋私利的公信力是现代政党执政的感召性资源来源；二十大报告提出要必须坚持发展为了人民、发展依靠人民、发展成果由人民共享，作出更有效的制度安排，使全体人民在共建共享发展中有更多获得感，也是构建新的感召性资源的有效举措。"郑卫繁声，抑扬绝调，足使风云变动，性灵感召"（《七召·声色》），本质上，感召性态资源反映了民众对执政主体的向心力或者说执政主体对民众的凝聚力。

五、科学配置与审慎支配执政资源

资源的稀缺性假设是经济学的逻辑起点之一。正如现实世界任何资源都是有限的一样，执政资源也是有限的。不同地域政治中，执政主体所可支配的执政资源，尽管在数量、质量、规模、性态、种类、层级上不尽相同，但无论是相对于执政主体的需求还是相对于资源的客观总量，执政资源都是有限的，同样有着生态、循环、可持续、资源效能最大化的要求。

执政资源的有限性，首先表现在人类社会赖以生存发展的自然资源是有限的，其中许多具有不可再生性。其次表现在执政行为得以推行、持续和执政主体赖以"合法性"生存的社会、人文、精神资源，总体上也是有限的。人类的知识、文化、经验积累需要时间和过程。再次表现在国家治理体系与治理能力现代化过程，是一种政治"输入—输出"（Input-Output）的运营过程，其有效"输入"和有效"输出"所需的资源损耗，相较于民众的承担能力和社会的承担容量也是有限的。执政资源的有限性，本质上受制于自然资源的有限性、社会资源的有限性以及人的认识能力和创造能力的有限性。

正是由于执政赖以进行的自然资源的有限性、社会资源的有限性和人文资源的有限性，我们对执政资源的支配和使用必须审慎而节制。目前用于行政的费用所占国民生产总值的比例我国为25.6%，印度6.3%，美国3.4%，日本

2.8%。我国用于行政的费用所占国民生产总值的比例是印度的4.1倍,美国的7.5倍,日本的9.1倍。而用于教育医疗的费用所占国民生产总值的比例我国是3.8%,印度是19.7%,美国是21.5%,日本是23.3%;这方面比例印度是中国的5.2倍,美国是中国的5.7倍,日本是中国的6.1倍。我国用于公务支出的比例超过37.6%,是美国公务支出12.5%的3倍。从世界范围的经验看,由于执政主体掌握着大量资源,不计成本、不惜代价、不恤民力很容易出现在日常的政治—行政过程的各个方面。在推进国家治理体系与治理能力现代化过程中特别是在"十四五"和迈向2035远景目标过程中,执政行为应体现二十大强调的"创新、协调、绿色、开放、共享"的发展理念,大力推行"成本执政",即推行低资源消耗型的"节简型执政",注重对执政过程开展"成本—收益"分析。

"成本执政"不仅仅是一个经济概念,也不仅仅是检测执政绩效优劣高低的显性指标,更成为区别正义政体与非正义政体的分水岭。历史上,一切非人民性的权力体制都是大量耗费民脂民膏、不体恤民力、不计成本、不惜代价的。可以看到,当今世界执政成本问题早已超越纯粹的经济学意义而成为一个涉及执政伦理、执政正义、执政合法性的重大问题。

对于资源有限性的认识和树立"成本执政"的理性,要求在整个执政过程中认真规避各种"高资源消耗行为",遏制各种形式主义以免耗费大量成本;遏制各种名目繁多的形象工程、政绩工程、面子工程,以免耗费大量成本;遏制包括结构性腐败、体制性腐败、社会性腐败等在内的各种腐败,以免耗费大量成本。凡是不计成本、不惜代价、不恤民力,高投入、低产出以及短期收益,长期亏损;表面收益,实质损益等行为现象,都应切实加以遏制、规避和治理。

六、治理执政损耗实现执政效能最大化

所谓执政绩效,是执政收益与执政成本之比,它是一种政治产出。可持续地支配和运用执政资源的基本要则,是要减少执政损耗,以最小执政成本实现执政收益最大化。从历史经验的角度看,执政过程存在着各种客观的损耗,影响着执政运行成本。应通过各种措施着重从五个方面来更好地减少执政损耗,增大执政的公共产出。

(一)治理体制性损耗

由于体制设置的不合理,或体制结构上存在过多环节,执政的决策和效能会产生损耗。科学合理的体制结构有利于执政产出最大化,不合理的体制结构会减弱执政绩效。因此，提升执政绩效在很大程度上是要通过体制改革、优化组织结构来实现。党的二十大报告提出构建发展新体制，必须把发展基点放在创新上，形成促进创新的体制架构等要求，有其现实性。十八届三中全会在反腐败上有个重要贡献，即改革完善了纪检监察体制，把原来属地方的纪检监察体制改为由中央与地方双重管理。规定查办腐败案件以上级纪委领导为主，线索处置和案件查办在向同级党委报告的同时必须向上级纪委报告。各级纪委书记、副书记的提名和考察以上级纪委会同组织部门为主。这就大大提升了纪检监察的反腐败效率，这是一个减少和避免反腐败体制性损耗的成功举措。如能在这一基础上进一步推进到纪检监察体制的"直线制"，即垂直体制，体制性损耗还会更大幅度地减少。

(二) 治理观念性损耗

观念会造成执政的很大损耗。改革、创新之所以那么艰难，之所以成本总是那么高昂，就在于总是存在种种反向的精神力量，亦即观念形态东西的束缚和狙击。改革开放40多年来我们展开过一次又一次耗费时日的观念突围。因此《中共中央关于全面深化改革若干重大问题的决定》强调，"敢于啃硬骨头，敢于涉险滩，以更大决心冲破思想观念的束缚"，提升执政绩效的一个重要方法是突破观念束缚，同时要淡化"观念创造"，认识到社会发展更多是一个"试错"的过程。不要急于去建立一套永恒的观念系统，正如马克思在《政治经济学的形而上学》中指出的：

> 人们按照自己的物质生产率建立相应的社会关系，正是这些人又按照自己的社会关系创造了相应的原理、观念和范畴。所以，这些观念、范畴也同它们所表现的关系一样，不是永恒的。它们是历史的、暂时的产物。[①]

我们在建立观念系统时要审慎，秉承科学精神。这不仅是一种应有的科学态度，更是一种推进社会文明进步的公共生活大智慧。

(三) 治理区域性损耗

由于我国幅员辽阔，各地社会经济发展不平衡，执政行为反映到不同地区上，会产生较大的不同形貌。我国是"单一制"国家，公共治理具有统一性。

---

① 马克思. 哲学的贫困 [M] //马克思恩格斯选集：第1卷. 北京：人民出版社，2012：222.

由于客观上地区差异大,在同一个执政方式下会产生不同的结果。此外,执政效能的地区损耗还表现为五方面:①政策敷衍,有令不行;②政策选择,为我所用;③政策捆绑,搭顺风车;④政策截留,上下其手;⑤政策变形,偷梁换柱。有效减少地区损耗,首先要提升执政实施的针对性、务实性;其次应强化政令执行的监督体系,查处治理"上有政策,下有对策""只拣对己有利的执行"等现象;最后合理划定"央—地"事权,简政放权,赋予地方更多的政策创投空间。可以由地方解决的事情,决不拿到上面来做。

(四) 治理偏好性损耗

偏好是微观经济学价值理论最基本的假设,在执政领域也存在偏好并具有传递性、非饱和性、完全性等特性。偏好性损耗是执政过程的"常态遭遇",这种"行政偏好"是主观的、相对的行为,它是非直观的。由于对执政政令理解上的差异,对同一个执政行为侧重点理解不同,在执政输出过程中时常会遭遇"无意识偏好"行为。同时"有意识偏好"行为如果按照主观倾向和理解行事;如果按照习惯、惯例、传统等行事;如果按照对自己有利、责任最轻的"理性原则"行事等,客观上也会造成对整体执政的很大损耗。此外,部门偏好、行业偏好、利益偏好、热点偏好、倾向偏好、情感偏好等都会构成对执政过程的影响,甚至成为实现执政效能的制约因素。

(五) 治理规制性损耗

由于规制是执政的显性存在和政治输出,规制的质量影响着执政效能。好的执政首先表现为好的规制的执政。《贞观政要》中记载:"贞观十年,太宗谓侍臣曰:'国家法令,惟须简约……数变法者,实不益道理,宜令细审,毋使互文。'"[1] 唐太宗对大臣强调,规则法令制定得不好,损害极大。国家法令必须简约。如果经常改变法令,不是好的治国之道,应当仔细审定法令,不要有重复、含义相同的条文。"贞观十一年唐太宗又谈到:"朝廷发布命令、文告等格式,若不常久稳定,就会使人心迷惑不解,奸诈之事愈益发生。"任何社会,规制一旦形成,就会对集体生活发生巨大作用。在执政领域,科学、合理、适时的规制有助于提升执政效能;不合理、不能与时俱进、繁杂抵牾、缺乏操作性、体现部门利益的规制则有害于执政效能,更谈不上实现执政效能最大化了。

---

[1] [唐] 吴兢:《贞观政要·论赦令》第三十二。

规制性损耗首先表现为旧的不合时宜的条条框框的束缚。改革开放之初就有很大精力和成本耗费在打破束缚生产力发展的各种条条框框上。其次表现为"规制供给"不足，同时简报政治、会议政治、讲话政治、视察政治等"任性政治"盛行，无"制"可依，或有"制"不依，治政行为的有序化、制度化程度低。最后表现为规制稳定性差，朝令夕改。规制本身的缺陷和不足表现为或架床叠屋，或繁杂难懂，或规则间相互抵牾冲突。按照《中共中央关于全面深化改革若干重大问题的决定》提出的要求，"到2020年，在重要领域和关键环节改革上取得决定性成果……形成系统完备、科学规范、运行有效的制度体系，使各方面制度更加成熟更加定型"，这是减少执政损耗的根本之道。

毫无疑问，在中国式现代化的历史进程中，有针对性地治理和遏制各种执政损耗，才能更好地提升执政能力，实现执政效能和执政产出的最大化，才能在即将开始的"十三五"期间为加快推进国家治理体系与治理能力现代化，为实现全面建成社会主义现代化强国的宏伟目标构建新的动力机制。

第 13 章

从"党要管党""从严治党"到"全面从严治党"

1962年11月,邓小平在接见参加组织工作会议和全国监察工作会议时,提出"党要管党,一管党员,二管干部"。1985年11月,《关于农村整党工作部署的通知》首提"从严治党"概念。1992年10月党的十四大把"从严治党"写入党章作为党的建设总体方针。

1994年9月第十四届四中全会和1997年9月召开的党的十五大均提出"党的建设的新的伟大工程"。2002年11月,党的十六大提出"全面推进党的建设新的伟大工程。治国必先治党,治党务必从严"。2004年9月,《中共中央关于加强党的执政能力建设的决定》把从严治党聚焦到"执政能力建设"上。2007年10月,党的十七大提出"以改革创新精神全面推进党的建设新的伟大工程","必须把党的执政能力建设和先进性建设作为主线"。2009年9月,《中共中央关于加强和改进新形势下党的建设若干重大问题的决定》提出"四个不等于"[①]。

2014年12月,首提"四个全面","全面从严治党"成为"四个全面"战略布局重要组成部分。从"党要管党"到"从严治党"再到"全面从严治党",构成了党的建设新的伟大工程的历史流程,是中国政治发展重要组成部分。

执政党建设是一个国家政治发展、政治建设的重要组成部分。我国相继实现了从半殖民地半封建社会到民族独立、人民当家做主的新社会的历史性转变,从新民主主义革命到社会主义革命和建设的历史性转变,从高度集中的计划经

---

① 即"党的先进性和党的执政地位都不是一劳永逸、一成不变的,过去先进不等于现在先进,现在先进不等于永远先进;过去拥有不等于现在拥有,现在拥有不等于永远拥有"。

济体制到充满活力的社会主义市场经济体制、从封闭半封闭到全方位开放的历史性转变，这是中国共产党人认识世界、改造世界的伟大创举，是根本改变中华民族命运、深刻影响人类历史进程的伟大变革。实践证明，办好中国的事情关键在党，关键在切实抓好全面从严治党，不断汲取历史经验和优良传统，与时俱进地推进党的建设新的伟大工程。

一、历史性三阶段：新中国以来党的建设历史演进

从党的建设的历史进程考察，1949 年中华人民共和国成立以来我们党的建设，大致可分为三个相互紧密联系的历史阶段，即从"党要管党"到"从严治党"再到全面"从严治党"，它们构成了党的建设的演进流程和历史逻辑，成为中国政治发展进程的重要组成部分。

"党要管党"，就概念缘起而言，是在新中国成立后中央提出的。1963 年 1 月 21 日，中央在对《全国组织工作会议纪要》的批示中说："党要管党。……党不管党，党的路线和方针政策就不可能贯彻实现，党的组织就有蜕化变质的危险。"[①] 1962 年 11 月 29 日，邓小平在接见组织工作会议和全国监察工作会议的同志时，提出"党要管党，一管党员，二管干部。对执政党来说，党要管党，最关键的是干部问题，因为许多党员都在当大大小小的干部"[②]。当时"党要管党"就侧重点而言，内涵相对狭小，主要是强调要"管"住党员和干部。如 1963 年 1 月 21 日，中央在对《全国组织工作会议纪要》的批示中强调："管理党员和管理干部，是党的建设中两项主要工作。其中，管好干部，对于党的建设，关系尤为重大。"[③]

1983 年 10 月 11 日，中共十二届二中全会通过《中共中央关于整党的决定》，决定从 1983 年下半年开始用三年时间进行一次全面整党，整党的任务有四个方面，即统一思想、整顿作风、加强纪律、纯洁组织，重点是清理"三种人"[④]。1985 年 11 月 24 日，中共中央整党工作委员会发出《关于农村整党工作部署的通知》，提出"要从严治党，坚决反对那种讲面子不讲真理，讲人情不讲

[①] 中共中央文献研究室. 建国以来重要文献选编：第 16 册 [M]. 北京：中央文献出版社，1997：92.
[②] 邓小平. 执政党的干部问题 [M] // 邓小平文选：第 1 卷. 北京：人民出版社，1994：328.
[③] 中共中央文献研究室. 建国以来重要文献选编：第 16 册 [M]. 北京：中央文献出版社，1997：94.
[④] "三种人"即追随林彪、江青反革命集团造反起家的人、帮派思想严重的人、打砸抢分子。

原则,讲派性不惜牺牲党性的腐朽作风"①,这是中央文件首次明确提出"从严治党"的概念,可以视为新时期"管党"理念的历史起点。

从"党要管党"推进到"从严治党",1987年10月召开的十三大是个重要节点:十三大报告提出"必须从严治党,严肃执行党的纪律";中顾委向十三大提交的报告中也提出"改革开放的新形势新环境,更加要求坚持从严治党的原则"。1989年6月16日,邓小平在同当时中央几位负责同志谈话时提出:

> 还有一点,常委会的同志要聚精会神地抓党的建设,这个党该抓了,不抓不行了。②

这是我国进入改革开放新时期后面对新情况、新态势对"管党"紧迫性最直接明了的表达,其意涵也大为拓展,可视为新时期"管党"理念的逻辑起点。

1992年10月召开的十四大并提了"党要管党"和"从严治党"两个概念。③ 十四大通过的《中国共产党章程(修正案)》提出"必须紧密围绕党的基本路线加强党的建设,坚持从严治党"。从十四大开始"从严治党"写入党章。而自"从严治党"这一党建原则提出至今,又可分为三个阶段。

(一)从十四大到十五大:"从严治党"确立为党的建设的总体方针

十四大提出"坚持从严治党"并把"从严治党"写进党章,成为党的建设的总体方针。1997年9月召开的十五大强调:"各级党委要坚持'党要管党'的原则,把从严治党的方针贯彻到党的建设的各项工作中去,坚决改变党内存在的纪律松弛和软弱涣散的现象。"④ 2000年10月11日,江泽民在十五届五中

---

① 中共中央整党工作指导委员会关于农村整党工作部署的通知[N].人民日报,1985-11-25 (01).
② 邓小平.第三代领导集体的当务之急[M]//邓小平文选:第3卷.北京:人民出版社,1993:314.
③ 十四大报告:"我们一定要结合新的实际,遵循党的基本路线,坚持党要管党和从严治党,加强和改进党的建设,努力提高党的执政水平和领导水平。"(江泽民.加快改革开放和现代化建设步伐,夺取有中国特色社会主义事业的更大胜利[M]//江泽民文选:第1卷.北京:人民出版社,2006:245.)
④ 关于"管党"的具体要求,十五大报告表述:"这就要严格按党章办事,按党的制度和规定办事;就要对党员特别是领导干部严格要求,严格管理,严格监督;就要在党内生活中讲党性,讲原则,开展积极的思想斗争,弘扬正气,反对歪风;就要严格按照党章规定的标准发展党员,严肃处置不合格党员;就要严格执行党的纪律,坚持在纪律面前人人平等。"

全会上发表讲话,提出"全面推进党的建设新的伟大工程"①。2001年7月1日,江泽民在庆祝中国共产党成立八十周年大会上进一步强调党要管党和从严治党,并提出从严治党"四个严格"的概念:

> 必须坚持党要管党的原则和从严治党的方针,各级党组织必须对党员干部严格要求,严格教育,严格管理,严格监督,坚决克服党内存在的消极腐败现象。②

> 治国必先治党,治党必须从严,要深刻认识和吸取世界上一些长期执政的共产党丧失政权的教训。③

同时要求"从严治党,必须全面贯彻于党的思想、政治、组织、作风建设,切实体现到对各级党组织和广大党员、干部进行教育、管理、监督的各个环节中去"④。这一阶段的总体特征是把"党要管党"向"从严治党"推进,特别强调把"从严治党"方针贯彻到党的建设的各项工作中去。

(二)从十六大到十七届四中全会:确立"从严治党"的目标任务

2002年11月,十六大强调"全面推进党的建设新的伟大工程。治国必先治党,治党务必从严",确立"从严治党"的目标任务是"着力解决党的思想作风、学风、工作作风、领导作风和干部生活作风方面的突出问题,特别是要防止和克服形式主义、官僚主义"⑤,强调"加强对权力的制约和监督","重点加强对领导干部特别是主要领导干部的监督"⑥,"进一步解决提高党的领导水平和执政水平、提高拒腐防变和抵御风险能力这两大历史性课题"⑦。

---

① 江泽民.在新世纪把建设有中国特色的社会主义事业继续推向前进[M]//江泽民文选:第3卷.北京:人民出版社,2006:134.
② 江泽民.在庆祝中国共产党成立八十周年大会上的讲话[M]//江泽民文选:第3卷.北京:人民出版社,2006:290.
③ 江泽民.在庆祝中国共产党成立八十周年大会上的讲话[M]//江泽民文选:第3卷.北京:人民出版社,2006:290.
④ 江泽民.在庆祝中国共产党成立八十周年大会上的讲话[M]//江泽民文选:第3卷.北京:人民出版社,2006:290.
⑤ 江泽民.全面建设小康社会,开创中国特色社会主义事业新局面[M]//江泽民文选:第3卷.北京:人民出版社,2006:573.
⑥ 江泽民.全面建设小康社会,开创中国特色社会主义事业新局面[M]//江泽民文选:第3卷.北京:人民出版社,2006:557.
⑦ 江泽民.全面建设小康社会,开创中国特色社会主义事业新局面[M]//江泽民文选:第3卷.北京:人民出版社,2006:568.

第 13 章　从"党要管党""从严治党"到"全面从严治党"

2004 年 9 月，十六届四中全会通过《中共中央关于加强党的执政能力建设的决定》，进一步明确把从严治党聚焦到"执政能力建设"上来，"以提高执政能力为重点，持之以恒地加强和改进党的建设，使党的各方面建设成效最终都体现到提高党的执政能力、完成党的执政使命上来"①。这一阶段多次提出"从严治党"的要求，但在阶段性总体特征上"治党"布局仍较多处于"管党"的内容体系。2007 年 10 月，十七大提出"以改革创新精神全面推进党的建设新的伟大工程"，并提出"必须把党的执政能力建设和先进性建设作为主线"。②

2009 年 9 月，十七届四中全会通过的《中共中央关于加强和改进新形势下党的建设若干重大问题的决定》，提出"四个不等于"：

> 党的先进性和党的执政地位都不是一劳永逸、一成不变的，过去先进不等于现在先进，现在先进不等于永远先进；过去拥有不等于现在拥有，现在拥有不等于永远拥有。③

同时强调"坚持和健全民主集中制，积极发展党内民主"，要求"勇于变革、勇于创新，永不僵化、永不停滞，继续推进党的建设新的伟大工程，确保党在世界形势深刻变化的历史进程中始终走在时代前列，在应对国内外各种风险和考验的历史进程中始终成为全国人民的主心骨，在发展中国特色社会主义的历史进程中始终成为坚强的领导核心"④。在总体特征上，这一时期"治党"布局已实现从"管党"到"从严治党"的全面推进。

（三）2014 年党的群众路线教育实践活动至今：提出"全面从严治党"

2014 年 10 月 8 日，"党的群众路线教育实践活动"总结大会在京召开，习近平在讲话中提出"全面推进从严治党"的重大战略，并对新形势下推进"全面从严治党"提出"八点要求"。⑤ 强调全面从严治党成为这一阶段的突出特

---

① 中共中央关于加强党的执政能力建设的决定 [N]. 人民日报，2004-09-27（01）.
② 胡锦涛. 高举中国特色社会主义伟大旗帜，为夺取全面建设小康社会新胜利而奋斗 [M]. 胡锦涛文选：第 2 卷. 北京：人民出版社，2016：652.
③ 中共中央关于加强和改进新形势下党的建设若干重大问题的决定 [N]. 人民日报，2009-09-28（01）.
④ 中共中央关于加强和改进新形势下党的建设若干重大问题的决定 [N]. 人民日报，2009-09-28（01）.
⑤ 即"落实从严治党责任，坚持思想建党和制度治党紧密结合，严肃党内政治生活，坚持从严管理干部，持续深入改进作风，严明党的纪律，发挥人民监督作用，深入把握从严治党规律"。

229

征。2014年12月，习近平在江苏调研时提出："协调推进全面建成小康社会、全面深化改革、全面推进依法治国、全面从严治党，推动改革开放和社会主义现代化迈上新台阶。"①首提"四个全面"概念。由此"全面从严治党"成为"四个全面"战略布局的重要组成部分，"全面从严治党"提升到一个新的战略高度。

2019年10月31日，十九届四中全会通过《中共中央关于坚持和完善中国特色社会主义制度，推进国家治理体系和治理能力现代化若干重大问题的决定》，在"坚持和完善党的领导制度体系，提高党科学执政、民主执政、依法执政水平"部分，提出"完善全面从严治党制度"建设的要求。②

二、"治党"与"管党"：结构、治理逻辑与侧重点分析

自人类产生政党政治以来，政党治理已成为全球性命题。法国政治学家莫里斯·迪韦尔热（Maurice Duverger）是最早系统提出政党分类的学者之一，他把世界政党分为三种描述性的类别，即所谓"群众型""干部型"和"信徒型"政党。"群众型"政党的主要特征是大众性、开放式，尽可能多地招收成员，西方政党多属此类。"干部型"政党（公认的如中国共产党、印度国大党）主要特征是"从积极的政治活动精英人物中选拔成员"和"高度的组织性"。"信徒型"政党（如希特勒纳粹党）主要特征是"组织结构是围绕一个领袖来安排"。③显然"干部型"政党客观上更具有强健的政党治理和"从严治党"的客观需求。正如亨廷顿指出的，一个国家政治稳定的先决条件，与在现代化过程中产生出来的政党制度的质量有关。④改革开放以来，我们在实践中形成并不断完善的"党要管党—从严治党—全面从严治党"的理念与路向，在世界政党文化中独树一帜，体现了以高度组织性和先进性为特征的马克思主义政党的重要特征，也体现了我国政党治理的特色与取向。

如前所述，党的建设是一个"党要管党"—"从严治党"—"全面从严治

---

① 习近平. 协调推进"四个全面"战略布局［M］//习近平谈治国理政：第2卷. 北京：外文出版社，2017：22.
② 中共中央关于坚持和完善中国特色社会主义制度，推进国家治理体系和治理能力现代化若干重大问题的决定［N］. 人民日报，2019-11-06（05）.
③ ［美］迈克尔·罗斯金，罗伯特·科德，沃尔特·琼斯，等. 政治科学［M］. 林震，等译. 北京：华夏出版社，2001：221.
④ ［美］塞缪尔·P. 亨廷顿. 变化社会中的政治秩序［M］. 王冠华，等译. 北京：生活·读书·新知三联书店，1989：388.

党"("四个全面"战略布局之一)的循序渐进、不断演进的逻辑过程。"管党"和"治党"是一个关联性很强的整体结构,"党要管党"是"从严治党"的发端和"前形态";"从严治党"则是对"党要管党"的拓展、深化和推进。在内涵侧重点上,前者注重治理突出问题;后者注重治理更长远的思想、作风、制度性问题。前者是一种"问题性"治理,后者是一种"结构性"治理。

(一)"管党"的结构性分析:主体、客体、方式、特征

(1)"管党"的主体:主要是党的高层和党的各级组织;(2)"管党"的客体:主要是党员和党的干部(邓小平提出的"管好党,主要是管好党员和干部",党的十六大报告强调的党要管党要"重点加强对领导干部特别是主要领导干部的监督");(3)"管党"的方式:运用组织化手段,通过"手术式""定点式"(重点问题)整治,并通过大面积思想教育活动等方式来推进;(4)"管党"的特征:阶段性、动态性、管控性、重点整治性。

(二)"治党"的结构性分析:主体、客体、方式、特征

(1)"治党"的主体:党的组织体系、各民主党派、人民群众、社会团体等构成了主体的不同部分。

(2)"治党"的客体:不仅是党员和领导干部,而且思想、党内制度、组织体制变革创新等深层次方面,更有治本之要。

(3)"治党"的方式:运用各种社会化手段和党内外相结合的方法,通过制度化、机制性方式来推进深化。

(4)"治党"的特点:整体性、稳态性、长期性、全面治理性。

可以看到,"管党"主要是依托组织体系自上而下地推行和管理。"治党"则是一种多维的"平行四边形"的运力过程。如在主体上除了党领导机构外,更以广大基层党员参与为基础,以民主党派和人民群众参与为依托,更有长远性和可持续性。

从治理层级看,"治党"要比"管党"要求更严,内容更丰富,方式方法更多样,而且更趋向于制度化、体制性结构治理。从治理方式看,"管党"主要做"减法",即以消除党内特定不良消极现象为目标,如清理"三种人",整治腐败,反对形式主义、官僚主义等。"治党"则在此基础上重在增强党的肌体、机能和功能,是体制、机制上的完善,是一种"加法性"的功能建设。

毫无疑问,"治党"与"管党"是一个整体,但两者在整体中又有区别。

"治党"是"管党"的升级版;"全面从严治党"又是"从严治党"的深化版、拓展版,有着更高更全面的政党治理预期。"党要管党"—"从严治党"—"全面从严治党"构成了今天党的建设新的伟大工程的历史流程。

三、构筑面向新时代的"全面从严治党"战略体系及其重点

若从历史渊源考察,1942年延安整风运动是"从严治党"的滥觞,所谓"滥觞透迤,周流兰殿",也开始了党的建设伟大工程的实际步伐。[①] 1939年,毛泽东在《〈共产党人〉发刊词》中,第一次把党的建设称为"伟大的工程"[②]。1994年9月28日,十四届四中全会首提"党的建设新的伟大工程"。2002年,江泽民在十六大报告中提出"全面推进党的建设新的伟大工程"的总目标和总要求。十六届六中全会通过的《中共中央关于加强党的执政能力建设的决定》,是全面推进党的建设新的伟大工程的纲领性文件,提出要以加强党的执政能力建设为重点,全面推进党的建设新的伟大工程。今天所谓党的建设新的伟大工程,就是推进"全面从严治党"的工程,它蕴含了新目标、新内容、新考验、新要求,是对世界政党治理的新贡献。

所谓"全面从严治党",不是"一面",不是几面,而是各个方面如价值之面、制度之面、体制之面、能力之面、纪律之面、廉政之面……所谓"从严",不仅是态度之"严"、处置之"严",更是规制之严,体制、机制之严,这是"全面从严治"的题中之义。这就要在"党要管党"的基础上,构建面向新时代的治党战略体系。

构建全面治党战略体系是广义上国家治理体系与治理能力现代化的重要构成部分,也是实现政党现代化的生命力所在。从党承担的历史任务和面临的执政与领导的创新命题看,战略规划、目标设定、组织体系、体制安排、制度设计、政策创制、方法程序等构成了这一战略体系的主要内容。同时在思想方法层面,构筑面向新时代的"全面从严治党"战略体系,有六个应深入研究和把握好的问题:

[①] 1942年起,在延安全党开展了一个马克思列宁主义的思想教育运动。主要内容是反对主观主义以整顿学风,反对宗派主义以整顿党风,反对党八股以整顿文风。通过这一教育运动,全党进一步掌握了马克思列宁主义的普遍真理与中国革命的具体实践相统一这样一个基本方向。这其实是党的历史上"从严治党"的一个开端。

[②] 毛泽东:"建设这样一个党的主观客观条件也已经大体具备,这件伟大的工程也正在进行之中。帮助进行这件伟大的工程,不是一般党报所能胜任的,必须有专门的党报。"(毛泽东.《共产党人》发刊词[M]//毛泽东选集:第2卷.北京:人民出版社,1991:602.)

第 13 章　从"党要管党""从严治党"到"全面从严治党"

(一) 处理好技术性治党与思想性治党的关系

政治价值是政党的灵魂。所谓思想性治党,就是依据党的基本原则和价值体系,通过凸显思想建设这一主线来统摄党的建设与治理的价值主导形态。所谓技术性治党,是指过程性、程序性、随机性和"应用主义"的治理形态。现代政党理论中有一种对处于政治体系中的政党互动模式的"三分框架"理论,即将政党分为"原则性的政党"(party of principle)、"纲领性的政党"(programmatic party)、"权宜之计的政党"(expediential party)。"原则性政党"是指那些目的在于推动和最终实现一套原则或意识形态的政党。它们所倡导的政策抉择或采用的政治行动,都是为了实现包含在那些原则或意识形态里的价值。[①] 思想理念领先是"原则性政党"的特质之一。

党的十八大以来开展了党的群众路线教育实践活动、"三严三实"专题教育活动和"两学一做"学习教育活动,思想性治党取得良好成效[②],也积累了较多经验。推进"全面从严治党"就一定要按照习近平总书记的要求,处理好技术性治党与思想性治党的内在关系,既要注重治党的技术过程,更要注重理想、信念和价值系统的强化而不落入短期行为的窠臼。从热播的电视剧《人民的名义》中可以看到,思想价值是干部队伍建设也是整个政党建设的灵魂。注重政治理念领先,尤其要注重夯实党的思想基础、提升政治价值的凝聚力来推进政党治理的现代化。

(二) 处理好伦理性治党与制度化治党的关系

全面从严治党也有一个"法治"与"人治"的问题。"法治和人治问题是人类政治文明史上的一个基本问题,也是各国在实现现代化过程中必须面对和解决的一个重大问题。综观世界近现代史,凡是顺利实现现代化的国家,没有

---

① [美]劳伦斯·迈耶,约翰·伯内特,苏珊·奥格登. 比较政治学:变化世界中的国家和理论 [M]. 罗飞,张丽梅,冯涛,等译. 北京:华夏出版社,2001:69.
② 2013 年 5 月 9 日,中共中央下发《中共中央关于在全党深入开展党的群众路线教育实践活动的意见》(中发〔2013〕4 号)。2014 年 4 月 1 日,中央党的群众路线教育实践活动领导小组印发《关于在教育实践活动中学习弘扬焦裕禄精神、践行"三严三实"要求的通知》;2015 年 4 月 19 日,中共中央办公厅印发《关于在县处级以上领导干部中开展"三严三实"专题教育方案》。2016 年 2 月 28 日,中共中央办公厅印发《关于在全体党员中开展"学党章党规、学系列讲话,做合格党员"学习教育方案》并发出通知,要求各地区各部门认真贯彻执行。

一个不是较好解决了法治和人治问题的。"① "全面从严治党"的精髓,在于实现"制度从严",最根本的是实现习近平总书记提出的"全方位扎紧制度笼子,更多用制度治党、管权、治吏"② 这一要求。

十八大以来制度化治党日益成为共识。十八届四中全会提出了一系列制度安排,包括建立法律顾问制度,完善党政部门依法决策机制,建立行政机关内部重大决策合法性审查机制,建立重大决策终身责任追究制度及责任倒查机制,建立领导干部干预司法活动、插手具体案件处理的记录、通报和责任追究制度,建立法治建设成效考核制度,等等。③ 十八届六中全会通过的《关于新形势下党内政治生活的若干准则》和《中国共产党党内监督条例》,对党内政治生活进一步做出制度性规范和"滥权必追责的制度安排",显示出强健的制度理性导向。

处理好制度化治党与伦理性治党的关系,首先要强化"制度理性",从习惯"说道理"、习惯诉诸道德转向习惯运用法治规制的力量来推进党内治理,推进党内治理创新。其次要按照十八届四中全会通过的《中共中央关于全面推进依法治国若干重大问题的决定》关于"依据党内法规管党治党"和"既要求党依据宪法法律治国理政,也要求党依据党内法规管党治党"④ 的要求,把治党全过程纳入规制的轨道,防止和治理三种常见的情形,即"规则阙失"(制度漏洞)、"规则无效"(制度质量低劣,中看不中用)和"规则频变"(规则变异幅度过大,动辄"更新")。最后要把全体党员特别是"关键少数"的党员领导干部纳入法治管理,使他们既熟悉和善于进行制度化治理,又受制于制度化治理,尽快实现十八届六中全会关于"党的各级组织和领导干部必须在宪法法律范围内活动,决不能以言代法、以权压法、徇私枉法"这一目标要求。可以进一步预期的是,二十大后我国政党治理将更加走向制度化、法治化。

---

① 中央文献研究室. 习近平关于全面依法治国论述摘编[M]. 北京:中央文献出版社,2015:12.
② 习近平. 在参加十二届全国人大三次会议上海代表团审议时的讲话[M]//中共中央纪律检查委员会,中共中央文献研究室. 习近平关于严明党的纪律和规矩论述摘编. 北京:中央文献出版社,中国方正出版社,2016:59-60.
③ 习近平. 在省部级主要领导干部学习贯彻党的十八届四中全会精神全面推进依法治国专题研讨班上的讲话[M]//中共中央纪律检查委员会,中共中央文献研究室. 习近平关于严明党的纪律和规矩论述摘编. 北京:中央文献出版社,中国方正出版社,2016:58-59.
④ 中共中央关于全面推进依法治国若干重大问题的决定[N]. 人民日报,2014-10-29(01).

（三）处理好问题式治党与结构性治党的关系

"问题式治理"是"定点"清除式、消除特定问题的治理形态；"结构性治理"则是立足整体，注重长远性地解决体制性、制度性、枢纽性问题的治理形态。注重"存量"问题的解决和特定问题的治理是非常必要的，但"全面"从严治党，根本上要整体地而不是个别地、系统地而不是孤立地、长远地而不是短期地、平稳地而不是突击地强健党的肌体功能，提升党的整体战斗力。

十八大后惩治腐败问题成为我国公共生活的热点，形成了惩治腐败的高压态势。历史经验表明，遏制腐败、建设廉洁政治的根本出路在于实现制度化、法治化，通过科学的制度设计和体制安排走向规制治理的常态化。[①] 十八届三中全会在反腐败上有个重要贡献，是改革完善了纪检监察体制，强化了上级纪委对下级纪委的领导。规定查办腐败案件以上级纪委领导为主，线索处置和案件查办在向同级党委报告的同时必须向上级纪委报告。各级纪委书记、副书记的提名和考察以上级纪委会同组织部门为主。这一"结构性"变革，大大强化了地方纪委的体制功能，提升了反腐败效率。从体制结构原理看，在此基础上如进一步建构纪检监察的"直线体制"，即由中央和地方"双重"管理体制推进到中央直属的垂直体制，将会更好地提升反腐败的效率。列宁生前曾构想建立直线制的反腐败体制，由于他过早去世，这一构想未能付诸实施。

北京市、山西省、浙江省等地都开展了监察委试点，即"结构性治理"的一种有益尝试。将政府的监察厅（局）、预防腐败局及人民检察院查处贪污贿赂、失职渎职以及预防职务犯罪等部门的相关职能整合至监察委员会。监察委员会由省（市）人民代表大会产生。党的纪律检查委员会、监察委员会合署办公，并建立监察委员会与司法机关的协调衔接机制。[②] 这一体制性探索有利于提升监察职能的独立性，解决长期存在的"上级监督太远、同级监督太软、下级监督太难"等体制性难题。

---

① 王邦佐，秦德君. 政治学研究亟须关注的四个问题 [N]. 人民日报，2016-05-09 (16).
② 2016年11月7日，中央办公厅印发《关于在北京市、山西省、浙江省开展国家监察体制改革试点方案》，确定了监察体制改革思路。强调从体制机制、制度建设上先行先试、探索实践，为在全国推广积累经验。试点地区监察委员会按照管理权限，对本地区所有行使公权力的公职人员依法实施监察；履行监督、调查、处置职责，监督检查公职人员依法履职、秉公用权、廉洁从政以及道德操守情况，调查涉嫌贪污贿赂、滥用职权、玩忽职守、权力寻租、利益输送、徇私舞弊以及浪费国家资财等职务违法和职务犯罪行为并做出处置决定，对涉嫌职务犯罪的，移送检察机关依法提起公诉。

全面从严治党要超越"治表",注重结构优化性的"治本",即通过行政结构、体制结构、制度结构、运行结构的完善来推进政党治理现代化进程。注重结构性全面从严治党,不仅有利于解决各种突出的"存量问题",还能通过结构性优化,消除和减少各种突出问题产生的根源,具有更高更长远的治理效能。

(四) 处理好科层式治党与参与式治党的关系

"科层制"理论由德国著名社会学家马克斯·韦伯((Max Weber)提出。"科层式治理"基于传统的组织模式和运行机制,通过层级化、官僚化、专门化、自上而下、一级对一级进行管理。"科层式"政党治理模式主要以上级机构布置任务、下级组织执行、逐级负责、完成指定任务为基本特征。"科层式治理"关心的是组织运行效率(包括组织间的沟通效率、任务设计、工作下达等)。相对于更为传统的低规制、低程序、低效率的方式,科层式管理是一种历史性的进步。然而面向新时代的中国政党治理,除了要发挥好科层式治理的长处外,还要更加注重推行"参与式治理"。

"参与式"政党治理是基层党员和人民群众广泛参与、上下互动、党内外联动并形成良好的党内民主、强健的民主监督机制的政党治理形态,正如亨廷顿在谈到政党的政治参与功能时论述的:"政党及政党体系的稳定和强大,取决于其制度化水平和政治参与水平。"[①] 一定程度上,政党治理现代化取决于基层和社会的参与程度。全面从严治党本质上是一种党内外"集体行动",它是一个开放式体系和过程。"参与式"政党治理有利于从单一视角拓展到多维视角,从单一监督主体拓展到多维监督主体。"必须尊重党员主体地位、保障党员民主权利,落实党员知情权、参与权、选举权、监督权,保障全体党员平等享有党章规定的党员权利。"[②] 只有最大限度吸纳广大基层党员参与,充分扩展党内民主,同时吸纳更多党外人士和社会力量参与进来,党的治理才能有源源不绝的动力。由此要通过更多方式,组织更多基层党员和社会力量参与到党的建设新的伟大工程中来。

(五) 处理好暂态式治党与常态化治党的关系

我们党在1942年、1950年、1957年、1983年先后开展过四次大规模的整

[①] [美]塞缪尔·P. 亨廷顿. 变化社会中的政治秩序 [M]. 王冠华, 等译. 北京: 生活·读书·新知三联书店, 1989: 370.
[②] 关于新形势下党内政治生活的若干准则 [N]. 人民日报, 2016-11-03 (05).

第 13 章 从"党要管党""从严治党"到"全面从严治党"

风运动,其中以 1942 年延安整风运动最著名,解决了很多突出问题。① 通过集中运动的办法进行整治十分必要,但同时要防止以"运动思维"来主导党内治理,注重从"暂态"走向"常态"。1962 年 2 月 6 日,邓小平在七千人大会上发表讲话,赞同刘少奇对"滥用群众运动"的批评,指出"这几年我们搞了许多大运动,差不多是把大运动当作我们群众路线的唯一的形式,天天运动,这是不好的"②。同年 7 月,邓小平在与共青团三届七中全会代表讲话时谈到:"我们运动太多,统统是运动,而且统统是全国性的,看来这是搞不通的。"③ 改革开放整个过程中,邓小平多次强调"不搞运动"。2008 年 12 月 18 日,在纪念十一届三中全会 30 周年大会上,胡锦涛在讲话中强调"不动摇、不懈怠、不折腾",引起全党强烈反响。大党大国治理最忌"折腾"。

从延安整风运动到"全面从严治党"这一历史进程中,我们党取得的诸多成就中,重要的一条是逐步走出了"一条不搞政治运动,而靠改革和制度建设的新路子"④。1956 年 11 月 15 日,毛泽东在八届二中全会上发表讲话:"以后凡是人民内部的事情,党内的事情,都要用整风的方法,用批评和自我批评的方法来解决,而不是用武力来解决。"⑤ 用整风的办法而不是"武力"的办法,是一种进步;通过常态的办法突破习惯以运动的办法来推进党内治理,更是一种进步,也是中国政党治理对世界的新贡献。

实现政党治理现代化关键在于要从重点式、运动式的"暂态"治理走向制度化的"常态"治理。"常态"才能"稳态","稳态"才能"正态"。通过不搞运动的办法来深化国家治理和政党治理,成为一条相当重要的历史经验。一个国家、一个政党、一种制度的政治效能,表现在政治体系解决重大事件和为

---

① "整风运动"一般专指延安整风运动。除了延安整风运动,解放后进行过三次。1951 年 2 月 18 日中央发出《中共中央政治局扩大会议要点》,决定从 1951 年下半年起对党的基层组织开展有计划、有准备、有领导的普遍整顿,随后全国组织工作会议做出部署。整党运动重点是"三反"(反贪污、反浪费、反官僚主义)。1957 年全党开展了开门整风运动,重点整治"三害"(主观主义、官僚主义、宗派主义)。1983 年 10 月 11 日,十二届二中全会通过《中共中央关于整党的决定》,整党任务是统一思想,整顿作风,加强纪律,纯洁组织,重点解决"三种人"。
② 邓小平. 在扩大的中央工作会议上的讲话[M]//邓小平文选:第 1 卷. 北京:人民出版社,1989:314.
③ 邓小平. 怎样恢复农业生产[M]//邓小平文选:第 1 卷. 北京:人民出版社,1989:322.
④ 赵紫阳. 沿着有中国特色的社会主义道路前进——在中国共产党第十三次全国代表大会上的报告[N]. 人民日报,1987-11-04(04).
⑤ 毛泽东. 在中国共产党第八届中央委员会第二次全体会议上的讲话[M]//中共中央文献研究室. 毛泽东年谱(1949—1976):第 3 卷. 北京:中央文献出版社,2013:34.

使人口中占支配地位的部分获得满意和以此尽量减少对体系本身的挑战时所体现出的能力;① 而其成熟程度，很大程度表现在能否实现"常态"治理上。

应该看到，我国提出到2020年实现"各方面制度更加成熟、更加定型"的目标，同时也包含了党的建设和政党治理制度的"更加成熟、更加定型"的内容。推进"全面从严治党"，构筑面向新时代的治党战略体系，要进一步处理好"暂态手段"与"常态治理"的关系、治标与治本的关系，进一步探索不搞政治运动而通过常态式新型治理的新路，来实现有效的现代政党治理，实现政党治理效益最大化。

（六）处理好经验式治党与创新式治党的关系

党的建设新的伟大工程——这个"新"，不仅指面临的形势、任务、挑战新，更指治党的思维思路、方式方法、手段途径、技术环节都应推陈出新。党的十七大提出了"以改革创新精神全面推进党的建设新的伟大工程"的要求，但就整体状况看，党的建设和治理较多还处于经验方式，老办法老套路多，新东西少。拘囿和习惯于传统套路方法的经验式治理已不能适应新境遇、新任务的需要，亟须开创"创新式"的党内治理。

经济学上"创新"概念源于美籍经济学家熊彼特（Joseph Alois Schumpeter）1912年出版的《经济发展概论》。熊彼特强调创新是指把一种新的生产要素和生产条件的"新组合"引入生产体系。② 同样，政党治理的创新实际上是把诸多治理要素"新组合"引入治理体系和党的建设体系。创新治理的本质，是突破传统的定格和模式，采用新的综合元素优化党的建设和治理。

推进创新式政党治理，首先要不拘一格，善于突破，"坚决破除一切不合时宜的思想观念和体制机制弊端，突破利益固化的藩篱"③。其次很重要的一点，是不要动辄搞"模式"，一搞"模式"，就容易"定型"，不利于因地制宜的突破创新。最后要以开放的胸襟眼量，博采众长，既要向世界贡献我们政党治理的智慧，也要吸纳世界各国政党的新办法、新创意为我所用，丰富新的方式

---

① ［美］劳伦斯·迈耶，约翰·伯内特，苏珊·奥格登.比较政治学：变化世界中的国家和理论［M］.罗飞，张丽梅，冯涛，等译.北京：华夏出版社，2001：12.
② 它包括五种情况：引入一种新产品，引入一种新的生产方法，开辟一个新的市场，获得原材料或半成品的一种新的供应来源，新的组织形式（见［美］约瑟夫·熊彼特.经济发展理论——对于利润、资本、信贷、利息和经济周期的考察［M］.何畏，等译.北京：商务印书馆，1991：73-74）。
③ 习近平.习近平谈治国理政：第3卷［M］.北京：外文出版社，2020：17.

第13章 从"党要管党""从严治党"到"全面从严治党"

方法。

创新是党的建设源源不竭的生命力所在。"墨守成规的政治风格,在被认为对实现一个政治体制长期有效性相当重要的适应能力上,会产生机能障碍。"[1]一个民族要想走在时代前列,一刻也不能没有创新思维。同样一个政党要走在民族和时代的前列,也一刻不能没有创新思维。今天党所处的历史方位和面临的实际境遇都发生了深刻的变化,只有深刻体悟这种新变化,以宽阔的胸怀、开阔的视野开拓新境界,党的建设和治理才能"苟日新,又日新,日日新",实现"全面从严治党"新的伟大工程的新跨越。

---

[1] [美]劳伦斯·迈耶,约翰·伯内特,苏珊·奥格登. 比较政治学:变化世界中的国家和理论[M]. 罗飞,张丽梅,冯涛,等译. 北京:华夏出版社,2001:17.

第 14 章

从 20 世纪中叶向 21 世纪中叶：百年复兴与历史目标

  1894 年 11 月，孙中山喊出"振兴中华"的口号，成为激励中华民族奋起的觉醒之声。

  20 世纪 80 年代，"振兴中华，实现四化"是中国改革开放时代的精神符号。

  1997 年 11 月，江泽民访美，提出"实现中华民族的伟大复兴"。2007 年 10 月，十七大提出改革开放"目的就是要解放和发展社会生产力，实现国家现代化，让中国人民富裕起来，振兴伟大的中华民族"。

  2013 年 3 月，习近平在十二届全国人大一次会议闭幕会上提出"实现中华民族伟大复兴的中国梦，就是要实现国家富强、民族振兴、人民幸福"，这是"中国梦"的真谛。

  民族精神再造，体制和制度的变革创新，是民族复兴的条件。

  "梦想"是人类对美好事物的憧憬和渴望，是人类最天真无邪的愿景。德国现代哲学家恩斯特·卡西尔（Ernst Cassirer）认为，人之所以区别于其他动物，就在于人能超越"现实性"的规定，向着"可能性"的领域即"梦想"的领域探进。所谓"如果我不在梦想里，就是在通往梦想的路上"，有梦想的民族才具有源源不竭的前行动力。中华民族向来以务实、刚健、勤勉著称，但是中华民族同样有着自己伟大的梦想。

一、"民族振兴""民族复兴"与"中国梦"

  唐代永徽四年（公元 653 年）颁布的法律《律疏》（《唐律疏议》）中，出

第 14 章　从 20 世纪中叶向 21 世纪中叶：百年复兴与历史目标

现"中华"① 一词。1902 年，梁启超在《新民丛报》上发表《论中国学术思想变迁之大势》一文，最早使用"中华民族"概念。梁启超指出"中华民族自始本非一族，实由多民族混合而成"②。至 20 世纪 20 年代，梁启超发表了《中国历史上民族之研究》，认为"民族成立之唯一的要素，在'民族意识'之发现与确立"③。中国之政，得秦始皇而后行，正如范文澜先生论述的，"秦朝开始建立中华民族统一的国家，它的一切制度和设施，都在中央集权这一目标上面。因为集权的成功，出现了统一的大帝国"。作为多民族的共同体，中华民族为世界文明做出过巨大贡献。在雅斯贝尔斯所称的"轴心时代"（The Axial Age），中华民族就形成了自己的政治文明，形成了自己的文化传统，后来又创造出灿烂辉煌的"汉唐时代"。

近代以来，中华民族经历了一次次灾难。从鸦片战争到 1949 年，西方列强对中国发动了大小约 470 次战争，签订了 1145 个不平等条约，割占中国疆土 174 万平方千米（占当时国土面积 16%）④。第一次鸦片战争后，林则徐、魏源等人提出"师夷长技以制夷"，开始了对国家前途、民族命运的早期探索。第二次鸦片战争后，曾国藩、李鸿章、张之洞、左宗棠等人倡导"中体西用"，发起洋务运动。甲午战争后，康有为、梁启超等人推动"维新变法"，惨遭失败。1894 年 11 月，孙中山在檀香山创建兴中会，提出"振兴中华"的口号，提出要把中国建设成"世界第一富强之国"。1911 年孙中山领导的辛亥革命，打开了中华民族复兴的闸门。

1894 年 11 月 24 日，孙中山在檀香山组建中国第一个资产阶级革命反清革命团体"兴中会"。孙中山在起草的《檀香山兴中会章程》中，第一条开宗明义地提出："是会之设，专为振兴中华、维持国体起见。"⑤ 这是"振兴中华"这一口号的出处。2016 年 11 月 11 日，习近平在纪念孙中山先生诞辰 150 周年大会上说："孙中山先生为当时中国的积贫积弱痛心疾首，第一个响亮喊出'振兴中华'的口号'。"⑥

---

① 其中，对其卷三《名例》的"中华"一词释文如下："中华者，中国也。亲被王教，自属中国。衣冠威仪，习俗孝悌，居身礼仪，故谓之中华。"意思是说，凡行政区划及文化制度自属于中国的，都称为中华。
② 梁启超. 饮冰室合集：专集之四十一 [M]. 北京：中华书局，1989：4.
③ 梁启超. 饮冰室合集：专集之四十二 [M]. 北京：中华书局，1989：1.
④ 不包括被沙俄掠夺的疆土。
⑤ 孙中山. 檀香山兴中会章程 [M] //孙中山全集：第 1 卷. 北京：中华书局，1981：19.
⑥ 习近平. 在纪念孙中山先生诞辰 150 周年大会上的讲话 [N]. 人民日报，2016-11-12 (02).

"兴中会"即"振兴中华"之会。1895年2月21日，孙中山在香港建立"香港兴中会"，他在《香港兴中会章程》中指出：

> 堂堂华国，不齿于邻邦；济济衣冠，被轻于异族。有志之士，能无痛心！夫以四百兆人民之众，数万里土地之饶，本可发奋为雄，无敌于天下，乃以政治不修，纲维败坏，朝廷则鬻爵卖官，公行贿赂；官府则剥民刮地，暴过虎狼。盗贼横行，饥馑交集，哀鸿遍野，民不聊生，呜呼惨哉！方今强邻环列，虎视鹰瞵，久垂涎我中华五金之富，物产之繁，蚕食鲸吞，已效尤于踵接；瓜分豆剖，实堪虑于目前，呜呼危哉！有心人不禁大声疾呼，亟拯斯民于水火，切扶大厦之将倾，庶我子子孙孙，或免奴隶于他族。①

这里深切表达了"振兴中华""拯斯民于水火"的急切之情和胸怀。正如他1900年6月在《致港督卜力书》中说的："天下安危，匹夫有责，先知先觉，义岂容辞！"② 1904年8月31日，孙中山在《中国问题的真解决——向美国人民的呼吁》中指出："一旦我们革新中国的伟大目标得以完成，不但在我们美丽的国家将出现新纪元的曙光，整个人类也将得以共享更为光明的前景。普遍和平必将随中国的新生活接踵而至。一个从来也梦想不到的宏伟场所，将要向文明世界的社会经济活动而敞开。"③

孙中山在提出"振兴中华"这一口号的同时，还阐述了如何"振兴中华"的问题：第一，要"振兴中华"必须反对帝国主义对中国的侵略和掠夺，维护国家的独立和主权；第二，要"振兴中华"必须进行反清革命，推翻清王朝的统治，把人民从封建专制主义的压迫下解放出来；第三，要"振兴中华"必须向西方学习，发展资本主义经济，进行政治革命，创立合众政府。孙中山为此奋斗了整整40年，将一生都贡献给了"振兴中华"事业。④

自此之后，无数志士仁人为挽救民族危亡前仆后继。实现民族的图存图强和振兴繁荣，成为近代以来全民族的心声。费孝通先生在《中华民族的多元一体格局》中认为：中华民族作为一个自觉的民族实体，是近百年来中国和西方列强对抗中出现的。但作为一个自在的民族实体，则是在几千年历史过程中形

---

① 孙中山. 香港兴中会章程［M］//孙中山全集：第1卷. 北京：中华书局，1981：21.
② 孙中山. 致港督卜力书［M］//孙中山全集：第1卷. 北京：中华书局，1981：192.
③ 孙中山. 中国问题的真解决——向美国人民的呼吁［M］//孙中山全集：第1卷. 北京：中华书局，1981：255.
④ 郑大华. 孙中山"振兴中华"口号的提出［N］. 光明日报，2006-06-26（11）.

第 14 章　从 20 世纪中叶向 21 世纪中叶：百年复兴与历史目标

成的。所谓"多元"是指中国疆域内 50 多个民族单位；所谓"一体"则指中华民族。近代以来，随着民族斗争和民族运动的发展，中华民族的认同意识日益强化，民族凝聚力不断增加。在中华民族的发展历史中，源远流长、博大精深的中华文明具有极为强大的凝聚力，它是维系民族团结和国家统一的精神纽带。

20 世纪 80 年代，在改革开放的澎湃激流中，青年一代喊出了"振兴中华，实现四化""从我做起，从现在做起"的口号，一时响彻中华大地，成为整个 80 年代的精神写照和时代精神的一个符号。而"实现中华民族伟大复兴"，是十五大后世纪之交之际我们党提出的新表达。1997 年 10 月江泽民访美，11 月 1 日江泽民在哈佛大学的演讲中说：

> 中国人民所以要进行百年不屈不挠的斗争，所以要实行一次又一次的伟大变革、实现国家的繁荣富强，所以要加强民族团结、完成祖国统一大业，所以要促进世界和平与发展的崇高事业，归根到底就是为了一个目标：实现中华民族的伟大复兴，争取对人类作出新的更大的贡献。①

"实现中华民族伟大复兴"作为一个新概念，是对孙中山先生提出的"振兴中华"这一伟大目标的继承和发展。在 2002 年 11 月党的十六大绘制的政治发展蓝图中，到 21 世纪中叶新中国建立一百周年时，我国"基本实现现代化，实现中华民族伟大复兴"②，"复兴"遂成为表达"振兴"历史含义的在新的历史条件下极具感召力的凝聚目标。2007 年 10 月，十七大提出改革开放的"目的就是要解放和发展社会生产力，实现国家现代化，让中国人民富裕起来，振兴伟大的中华民族"③。2013 年 3 月，习近平在十二届全国人大一次会议闭幕会上的讲话进一步对"中华民族伟大复兴"的内涵做出表述："实现全面建成小康社会、建成富强民主文明和谐的社会主义现代化国家的奋斗目标，实现中华民族伟大复兴的中国梦，就是要实现国家富强、民族振兴、人民幸福。"④

"人生若无梦，终世无鸿荒。"一个没有梦想的民族，是没有未来的。2008

---

① 江泽民. 增进相互了解，加强友好合作 [M] //江泽民文选：第 2 卷. 北京：人民出版社，2006：63.
② 江泽民. 全面建设小康社会，开创中国特色社会主义事业新局面 [M] //江泽民文选：第 3 卷. 北京：人民出版社，2006：543.
③ 胡锦涛. 高举中国特色社会主义伟大旗帜，为夺取全面建设小康社会新胜利而奋斗 [M] //胡锦涛文选：第 2 卷. 北京：人民出版社，2016：617.
④ 习近平. 在第十二届全国人民代表大会第一次会议上的讲话 [N]. 人民日报，2013-03-18 (01).

年北京奥运会提出"同一个世界、同一个梦想"（One World One Dream）的主题口号，反映了人类追求美好未来的共同愿望，也体现了团结、友谊、进步、和谐、参与的时代精神。实现中国民族伟大复兴这一"梦想"，来自现实生活和面向未来的深层次需要，它是包括海内外所有炎黄子孙在内的当代中华民族的一个伟大追求。

二、实现民族伟大复兴与个体伦理建设

"中国梦"的真谛，是国家富强，民族振兴，人民幸福，社会文明。但社会是由一个个鲜活的生命组成的。只有每个人都为美好梦想奋斗，才能汇聚起实现"中国梦"的磅礴力量。实现"中国梦"很重要的一点，是如何在集体主义和集体理性的框架中，进行个体伦理建设，建立激励机制，实现个体理性—集体理性的互动和相互促进。

"美国梦"是以个人奋斗为基础，其精神内核是不论出身、阶层，只要努力勤奋，就能获得成功。中国是一个以汉民族为主体的多民族国家，在长期的患难与共中，认识到集体的价值和力量，"中国梦"作为"国家之梦"，正是这种集体精神和社会伦理的表达。但是没有个体的强健，社会的发展和民族的复兴绝无可能。正如2013年5月习近平在"五四"讲话中谈到的："中国梦是国家的、民族的，也是每一个中国人的。国家好、民族好，大家才会好。只有每个人都为美好梦想而奋斗，才能汇聚起实现中国梦的磅礴力量。"[①]

共性寓于个性之中，充满生机活力和创造性的民族，首先得有充满生机活力的个体。长期以来，中华民族一直处于超稳定结构中，养成了消极顺应的群体心态，由于人格的扭曲，人的创造能力退化，生产、科学、艺术创造活动萎缩。近代以后，当别的民族在文明大道上快速前行时，中华民族一直在踯躅而行，丧失了一次次赶上世界文明大潮的机会。

中国传统文化历来倡导社会本位主义，重秩序，重和谐，强调共性，压抑个性，并把抑止自我、抑止个性发展作为取得和保持社会和谐的首要条件。"木秀于林，风必摧之，堆出于岸，流必湍之""人怕出名猪怕壮""出头的椽子先烂"。《诗经》上说："取彼斧斯，以伐远扬。"这种伦理精神，具有很强的发散功能，成为一种为抽象集体主义外壳包裹着的抑止个体精神的制约力量，成为

[①] 习近平在同各界优秀青年代表座谈时强调：在实现中国梦的生动实践中放飞青春梦想，在为人民利益的不懈奋斗中书写人生华章［N］. 人民日报，2013-05-05（01）.

漠视个体价值的支撑点。

美国哈佛大学麦克利兰（David C. McClelland）教授在探讨现代化的动力时发现，个体的成就感与一个国家的发展有着非常密切的关联。他通过统计资料证明，一个国家在一定历史时期高"成就欲望"的人越多，这个国家这一时期的发展程度就越高。高尔基曾谈到：一个人追求的目标越高，他的才能就发展得越快，对社会就越有益。我确信这也是一个真理。

人类历史表明，自我丧失、主体性贬值，"弱民""抑民"的封建思维，[①]必然导致民族整体素质的下降，延宕文明的发展。道理很简单，社会不是抽象的，它是由具体的一个个鲜活的生命组成的。难道我们可以脱离个体的心智精神的强健而求得民族的强盛吗？

除了强健人的主体性、个性、创造性，还有一个重要方面，是如何为"人的全面发展"提供社会条件，而这种"全面发展"首先是成长、发展（包括生活发展、职业发展、生存发展）的实现度，即一个人只要通过诚实的勤奋的努力、通过不断成长，就可以实现生活的目标和人生的梦想。

"中国梦"是国家的、民族的、集体的，也是每一个具体生命的。虽然"中国梦"与"美国梦"不同，中国由于特殊的人文地理和历史传统，"中国梦"的实现必以集体和社会为本位，但没有个人的发展、振兴、实现，没有主体意识的强健，国家和民族的振兴断无可能。由此我们不能把"中国梦"仅局限于国家主义行动，而应定位于国家—公民、集体—个体的统一体。毫无疑问，每一个平凡中国人的"平凡梦"，与"中国梦"是相辅相成、互促互动的。

三、实现民族伟大复兴与社会深度治理

实现"中国梦"还有赖于切实推进公共治理，从切实解决好当下突出问题入手。梦想不是空想。实现"中国梦"必须脚踏实地、求真务实，着眼长远、立足现实，从切实解决好当下发展中的突出问题入手。头顶有苍穹蓝天，窗外有绿水青山，桌上有干净食物，心中有道德良知，"中国梦"才有更为坚实可行的社会基础。

实现中华民族伟大复兴的"中国梦"，是从1949年到2049年的百年行程，一定意义上可以说，切实解决好当下突出的社会问题，是实现"中国梦"的逻

[①] 中国历史上，商鞅式的"弱民""抑民""制民"思维和封建专制，对社会进步起了巨大遏制作用，应予彻底摒弃。

辑起点，是非常关键的一步。1978年我国自改革开放以来经济飞速发展，成就举世瞩目。但同时在社会财富大量增长的同时，社会问题也大量涌现。20世纪90年代以来，贫富差距、腐败泛滥、失业下岗、征地拆迁、劳工权益、区域间发展不平衡等引发的社会矛盾和群体性事件不断出现。一些地方一遇矛盾危机往往惊慌失措、如临大敌，继以极端、刚性方式"维稳"，实现表面的平和状态。一些腐败分子更借"维稳"之名抑制人们的不满。这种"小安""暂安"，以积压大量社会问题甚至"积弊"为代价，隐患丛生，实际上构成了对稳定大局的最大威胁。

社会问题如果不解决或者解决不好，会影响到"中国梦"的实现。比如近年来人的生命得以延续、发展最基本也最为重要的生存环境却在不断恶化。近年各种重大环境卫生公共事件频发，弥漫于京津冀地区的"毒雾"，一次次唤起人们对生存境遇的担忧。卢梭在《日内瓦手稿》中说："我们脆弱的情操之出于我们的天性，还远不如出于我们的贪婪。"[①]

经济发展的根本目的是为了提升人民的生活质量，满足人民对美好生活的追求，提升人民的幸福指数而不是比拼GDP，这一点已为全社会所认识，已形成初步的共识。但是对于社会问题的综合治理——特别是对于深层次社会问题的化解治理，尚未真正形成清醒的认识，一些地方以"拖""掩"的方式对待社会矛盾和问题。须进一步深入反思经济发展与人民福祉的关系，以提升对于治理社会问题自觉性的认识。

以严厉的法治手段遏制唯利是图而伤天害理的行为，治理当下"生存环境"，是"中国梦"的基础，是实现"中国梦"最为基本的条件。让人们能呼吸新鲜空气，喝洁净的水，吃没有地沟油、没有三聚氰胺的食物；免除PH2.5、苏丹红、牛革奶、镉大米、毒姜、瘦肉精的毒害，让人们能够健康安全地生活，让儿童能健康安全地成长，为人民提供一个健康安全的生存环境，进而让人们看得起病、买得起房、上得起学。同时，注重从整体上提升人们的获得感、安全感、幸福感，恢复和提升全民族的道德良知。

四、实现民族伟大复兴与公共规制建设

制度与体制的进步是一个社会真正的进步，制度与体制的完善是一个社会真正的完善。人类文明的发展，归根结底是制度文明的提升。"当制度强有力

[①] [法] 卢梭. 社会契约论 [M]. 何兆武，译. 北京：商务印书馆，1980：189.

时，它们就会成为我们解释受其影响的行为的决策模式的一部分"[1]，"在协调个人理性和集体理性时，制度发挥着关键的作用，制度减少了不确定性，使世界变得更能预测"[2]。制度的竞争力是一个国家根本性的竞争力。体制则是制度的组织化，是社会事物运行的结构和样式。比起制度来，体制更具有形构性。

体制完善程度表征了一个社会的政治文明程度。体制的演变记录着一定时期人类所能达到的政治技术的高度。任何一个社会形态，制度和体制的创新与完善，是其源源不竭的前行动力。没有体制和制度的保证，"中国梦"不可能实现。中国改革开放带来的巨大变迁，根本上都是体制性、制度性的变革。1978年12月，十一届三中全会实现了意义深远的历史性转折。1984年10月，十二届三中全会通过《关于经济体制改革的决议》，提出建立现代社会主义经济体制的目标；1992年10月，党的十四大做出建立社会主义市场经济体制的重大决策，在当时促进市场对资源发挥基础性配置功能上起了决定性作用。后在市场经济体制框架中，进一步展开了金融体制、外汇管理体制、粮食流通体制、企业所得税、社会保障体制、现代企业制度等一系列重大的体制性改革。

在文化体制改革方面，2006年1月，中共中央、国务院发出《关于深化文化体制改革的若干意见》，开启了文化体制改革的先河。2006年8月，全国文化体制改革工作会议，在全国89个地区、170个单位开展文化体制改革试点；2006年9月，《国家"十一五"时期文化发展规划纲要》对文化体制改革做出部署。2011年10月，十七届六中全会通过《中共中央关于深化文化体制改革、推动社会主义文化大发展大繁荣若干重大问题的决定》，确立"加快构建有利于文化繁荣发展的体制机制"的目标，把"创新文化管理体制"列为进一步深化改革开放的重点之一。在政治体制改革方面，中国改革开放的总设计师邓小平在改革开放伊始，就提出政治体制改革的重大命题，指出没有政治体制改革的相应推进，经济体制改革不可能深入，已取得的改革成果还会得而复失。伴随改革开放的历史进程，进行了一系列政治体制改革的探索。从党的领导体制规范化、制度化、科学化到推进党内民主；从政府机构改革到废除领导干部职务终身制；从建立国家公务员制度到完善基层群众自治制度；从城乡按相同人口比例选举人大代表的改革，到建立惩治与预防腐败体系……都在体制改革上有

---

[1] [美] 卡罗尔·索尔坦. 作为政治产品的制度 [M]//薛晓源, 陈家刚. 全球化与新制度主义. 北京：社会科学文献出版社，2004：283.

[2] [美] 卡罗尔·索尔坦. 作为政治产品的制度 [M]//薛晓源, 陈家刚. 全球化与新制度主义. 北京：社会科学文献出版社，2004：288.

深入探索。2012年11月,十八大进一步强调要坚持中国特色社会主义政治发展道路,进一步推进政治体制改革。

可以看到,改革开放以来各领域每一项影响深远的改革,都是体制性制度性的变革。没有触及制度和体制的所谓"改革",不过是形式上的游戏和劳民伤财而已。放眼世界,人类历史上任何有进步意义的改革,也都是体制性和制度性的变革维新。体制与制度的创新,是社会进步的源源不竭的动力。

"中国梦"的实现有赖于体制性、制度性的变革和创新。没有体制和制度领域的革故鼎新,没有民主法治的进一步健全,没有公平正义的进一步推进,没有对腐败的遏制和荡涤,"中国梦"难以实现。正如2013年2月习近平在十八届中央政治局第四次集体学习时的讲话中指出的:"人民群众对立法的期盼,已经不是有没有,而是好不好、管用不管用、能不能解决实际问题","要完善立法工作机制和程序,扩大公众有序参与,充分听取各方面意见,使法律准确反映经济社会发展要求,更好协调利益关系,发挥立法的引领和推动作用"。[①]

推进制度和体制创新,既是实现"中国梦"的条件,又是"中国梦"本身的题中应有之义。总的看,实现中华民族伟大复兴的"中国梦",走中国特色的政治发展道路,在制度与体制创新上应聚焦三个重要的方面:

（一）通过扩大民主、推进法治建设来完善政治结构

2019年9月20日,习近平在中央政协工作会议暨庆祝中国人民政治协商会议成立70周年大会上指出:"要正确处理好一致性与多样性的关系。一致性是共同思想政治基础的一致,多样性是利益多元、思想多样的反映,要在尊重多样性中寻求一致性,不要搞成'清一色'。"[②] 社会主义民主政治,就是要确立宪法权威,让宪法在公共生活中真正发挥国家根本大法的作用,提升制度的竞争力。我国宪法史不到百年,由于政局动荡,大部分宪法所承诺的民主宪治制度有名无实。1949年中华人民共和国的建立,才有了第一部真正具有民主精神的宪法。2018年1月19日,习近平在十九届二中全会第二次全体会议上发表讲话:"全面贯彻实施宪法是全面依法治国、建设社会主义法治国家的首要任务和

[①] 习近平. 坚持法治国家、法治政府、法治社会一体建设[M]//习近平谈治国理政:第1卷. 北京:外文出版社,2018:144.

[②] 习近平. 把人民政协制度坚持好,把人民政协事业发展好[M]//习近平谈治国理政:第3卷. 北京:外文出版社,2020:296-297.

基础性工作。"① 要"采取一系列有力措施加强宪法实施和监督工作，维护宪法法律权威"②。宪法的实施、宪法至高无上的权威，是实现"中国梦"的坚强保证。

（二）推进公平正义提升民族凝聚力、养护道德良知

正如著名伦理学家罗尔斯（John Bordley Rawls）指出的："正义是社会制度的首要价值，正像真理是思想体系的首要价值一样。"③ 没有公平正义，真正意义的社会进步和繁荣昌盛就不可能。改革开放40多年来，中国社会结构转型引发了大量社会问题，如收入差距不断扩大导致两极分化；财产分布差距日益加剧；就业与劳动报酬中的歧视强化；教育领域机会和资源不均等；公共卫生资源分配和健康不平等；社会保障权利不平等；财政体制再分配上城乡之间、地区之间的差异性扩大。这些问题，都涉及社会的公平正义的秩序如何建立和维护。

一个社会如果在公平正义上出问题，被损害的不仅是民众利益，更在于会涣散社会凝聚力，整体降低甚至损毁一个民族的道德良知，毒化社会风气，后果非常严重。在实现中华民族伟大复兴"中国梦"中，公平正义起着奠定坚实现实基础的作用。在现代化政治发展中，要进一步通过推行公平正义来化解众多社会问题，养护和复元人们的道德良知，提升民族凝聚力。

（三）开阔胸襟，更多地吸纳人类文明成果"为我所用"

文明具有不同的单位和历史经历，同时文明还具有相融性、借鉴性的特征。人类任何优秀的文明文化，都可以为任何一个民族所借鉴和吸纳。今天全球化时代，随着经济、文化、政治相互交往的加深，文明之间的影响日益加剧。要结合"一带一路"和"人类命运共同体"建设，进一步放眼全球，主动扬长避短，趋利避害，放开胸襟更多地吸纳人类文明成果"为我所用"，提升参与世界的竞争力。孙中山先生在提出"振兴中华"时，在指出要摆脱西方列强欺凌的

---

① 习近平．为新时代坚持和发展中国特色社会主义提供宪法保障［M］//习近平谈治国理政：第3卷．北京：外文出版社，2020：279．
② 习近平．为新时代坚持和发展中国特色社会主义提供宪法保障［M］//习近平谈治国理政：第3卷．北京：外文出版社，2020：279．
③ ［美］约翰·罗尔斯．正义论［M］．何怀宏，何包钢，廖申白，译．北京：中国社会科学出版社，1988：3．

同时，提出必须向西方学习，学习一切可以学习的东西。如果动辄以所谓"异端邪说"来排斥人类共有的文明成果，最终只能弱我民族、毁我中华。实现"中国梦"须有足够的开阔胸襟、世界眼量和时代精神，正如2013年6月习近平在美国加州安纳伯格庄园记者会上阐述"中国梦"时谈到的："中国梦要实现国家富强、民族复兴、人民幸福，是和平、发展、合作、共赢的梦，与包括美国梦在内的世界各国人民的美好梦想相通。"①

"开元始求治，贤哲劳梦想。"从1949年到2049年即21世纪中叶，是中华民族追寻、接近和实现伟大复兴的百年政治发展的历史进程，集中显现了丰富的历史境遇与翔实的现实目标。实现中国式现代化、实现中华民族伟大复兴是一项伟大的系统工程，百业待兴，万事谋变，应有计划、有步骤地进行擘画、实施和推进。一个民族是否复兴，主要不是在纵向上形成历史比较，而是要在横向上清晰看到自身所处位置，赢得发展先机。实现中国式现代化、实现中华民族实现伟大复兴的意义，在于中华民族再一次站到世界民族之林焕发灿然光芒。但"复兴"并不是简单地回归昔日辉煌，而是在新的时代背景和历史条件下加快发展，通过经济、政治、社会、文化、生态诸多方面的革故鼎新和整体进步，以"自立于世界民族之林"②，重新站到世界前列。

---

① 从跨越太平洋的握手到跨越太平洋的合作——记中国国家主席习近平同美国总统奥巴马安纳伯格庄园会晤[N].人民日报，2013-06-11(01).
② 毛泽东.论反对日本帝国主义的策略[M]//毛泽东选集：第1卷.北京：人民出版社，1991：161.

第 15 章

结语与展望：中国政治发展的拓展空间

以"十四五"为起点开启的现代化国家建设新征程，展现出中国式现代化政治发展的三大空间，即美好生活的建设空间、生态文明建设的空间和人的全面发展的空间。

"永远把人民对美好生活的向往作为奋斗目标"，[①] 体现了马克思主义唯物史观，这是辩证唯物主义和历史唯物主义原理的生动体现。一个国家只有把人民的生活搞好了，才具有根本上的竞争力。

生态文明建设决定了未来中国现代化建设的质量，呈现了下一步国家治理和政治发展的另一个巨大空间。"文明转型"本质上是从工业文明的社会哲学，向生态文明的社会哲学转型；"社会转型"本质上从以人为中心的社会形态，转向人与自然和谐共存的社会形态即环境友好型社会、低碳环保社会转型。

人的全面发展，是社会经济发展的全部意义所在，是推进社会进步和现代化建设的灵魂。"人的全面发展"开辟了国家治理和政治发展的巨大空间。

以"十四五"为起点、以本世纪中叶全面实现现代化为目标，贯彻新发展理念、构建新发展格局，开启现代化国家建设新征程，进一步展现出下一步中国式现代化、国家治理和政治发展的建设空间。

一、"美好生活"建设的拓展空间

对美好生活的向往，一直是人类孜孜不倦的追求，成为人类文明前行源源

[①] 习近平. 决胜全面建成小康社会，夺取新时代中国特色社会主义伟大胜利[M]//习近平谈治国理政：第 3 卷. 北京：外文出版社，2020：1-2.

不绝的动力所在。人类思想长廊中，对于美好生活的向往和追寻，体现了对于生命本质的追求。正如19世纪法国哲学家亨利·柏格森（Henri Bergson）谈到的，人民被生活的激流鼓舞，组织起来参与"创造的进化"，能使人们不断"成长"。① 人类历史上对"美好生活"的不懈追求，通过不同的思想和言说方式得以表达。各种描述、阐释、憧憬和生生不息的梦想，构成人类"美好生活"思想图式的瑰丽风景线。

2012年11月15日，习近平在十八大闭幕后同采访十八大的中外记者见面时说：

> 我们的人民热爱生活，期盼有更好的教育、更稳定的工作、更满意的收入、更可靠的社会保障、更高水平的医疗卫生服务、更舒适的居住条件、更优美的环境，期盼孩子们能成长得更好、工作得更好、生活得更好。人民对美好生活的向往，就是我们的奋斗目标。②

2017年10月，十九大报告多处论及"美好生活"建设，从开篇"永远把人民对美好生活的向往作为奋斗目标"，到最后一句"实现人民对美好生活的向往继续奋斗"！"美好生活"建设是贯穿报告始终的一根红线。我国社会主要矛盾已转化为人民日益增长的美好生活需要与不平衡不充分的发展之间的矛盾，人们"不仅对物质文化生活提出了更高的要求，而且在民主、法治、公平、正义、安全、环境等方面的要求日益增长"③。"更好满足人民在经济、政治、文化、社会、生态等方面日益增长的需要，更好推动人的全面发展、社会全面进步"④，是中国未来政治发展的主线。

"永远把人民对美好生活的向往作为奋斗目标"⑤ 体现了马克思主义唯物史观，是辩证唯物主义和历史唯物主义原理的生动体现：

---

① ［美］埃德蒙·费尔普斯. 大繁荣：大众创新如何带来国家繁荣［M］. 余江，译. 北京：中信出版社，2013：292.
② 习近平. 人民对美好生活的向往，就是我们的奋斗目标［M］//习近平谈治国理政：第1卷. 北京：人民出版社，2018：4.
③ 习近平. 决胜全面建成小康社会，夺取新时代中国特色社会主义伟大胜利［M］//习近平谈治国理政：第3卷. 北京：外文出版社，2020：9.
④ 习近平. 决胜全面建成小康社会，夺取新时代中国特色社会主义伟大胜利［M］//习近平谈治国理政：第3卷. 北京：外文出版社，2020：9.
⑤ 习近平. 决胜全面建成小康社会，夺取新时代中国特色社会主义伟大胜利［M］//习近平谈治国理政：第3卷. 北京：外文出版社，2020：1-2.

第 15 章　结语与展望：中国政治发展的拓展空间

首先应当确定一切人类生存的第一个前提，也就是一切历史的第一个前提，这个前提是：人们为了能够"创造历史"，必须能够生活。但是为了生活，首先就需要吃喝住穿以及其他一些东西。①

马克思恩格斯强调："当人们还不能使自己的吃喝住穿在质和量方面得到充分保证的时候，人们就根本不能获得解放。"② 也是根本谈不上"美好生活"的。同时，人民群众是历史的创造者，也是美好生活的创造者和享有者，满足人民群众对美好生活的向往，是党和政府一切工作的出发点和落脚点。

关于这一点，早在 2000 年 10 月 11 日江泽民在十五届五中全会上就专门做出论述："不断提高人民生活水平，是我们党一切工作的根本出发点和归宿。"③ "人民对改善生活的期望很强烈。要使十二亿多人都过上小康生活，并逐步过上比较宽裕的小康生活，任务十分艰巨。在整个社会生产和建设发展的基础上，不断使全体人民得到并日益增加看得见的利益，始终是我们中国共产党人的神圣职责。"④

一切好的方针政策、一切合乎人民利益的公共决策，最后都应当归结到是不是能够有效提升人民群众的生活质量。2020 年 11 月《中共中央关于制定国民经济和社会发展第十四个五年规划和二〇三五年远景目标的建议》中，把"人民生活"提到很高的位置：

> 提高人民收入水平。坚持按劳分配为主体、多种分配方式并存，提高劳动报酬在初次分配中的比重，完善工资制度，健全工资合理增长机制，着力提高低收入群体收入，扩大中等收入群体。⑤

人类文明的历史首先是一部生活史。人类从农耕文明跨入现代文明的一个最重要的标志，是生活水准的提升。生活质量的提升是一切公共治理最根本的

---

① 马克思，恩格斯. 德意志意识形态［M］//马克思恩格斯选集：第 1 卷. 北京：人民出版社，2012：158.
② 马克思，恩格斯. 德意志意识形态［M］//马克思恩格斯选集：第 1 卷. 北京：人民出版社，2012：154.
③ 江泽民. 在新世纪把建设有中国特色的社会主义事业继续推向前进［M］//江泽民文选：第 3 卷. 北京：人民出版社，2006：121-122.
④ 江泽民. 在新世纪把建设有中国特色的社会主义事业继续推向前进［M］//江泽民文选：第 3 卷. 北京：人民出版社，2006：122.
⑤ 中共中央关于制定国民经济和社会发展第十四个五年规划和二〇三五年远景目标的建议［N］. 人民日报，2020-11-04（03）.

目标。一个国家只有把人民的生活搞好了，才具有根本上的竞争力。

由此，一切改革、发展、政策、举措、创新成功与否、好坏与否，都可以用能否真正为人们带来"美好生活"来评估。满足人们对美好生活追求，消除发展中不充分不平衡特别是解决好"发展不平衡不充分的一些突出问题"，应成为一切公共治理、公共决策和各项工作的出发点和立足点。"不平衡、不充分"表现是多方面的，如地区之间、城乡之间、产业之间、部门之间等的发展落差。要把解决新的社会主要矛盾，作为各项工作和公共决策的出发点，把解决发展"不平衡、不充分"问题，作为现代化建设的攻坚任务。由此包括公共管理、社会治理在内的一切公共决策过程，都要从实际出发，通过深化改革特别是"放管服"改革来消除发展障碍，确保最大限度体现和遵从民意，切实提高行政效率，以更好地满足"人民对美好生活的向往"，增进民众的实际福祉。

二、"生态文明"建设的拓展空间

生态文明建设决定了未来中国现代化建设的质量，呈现了下一步国家治理和政治发展的另一个巨大空间。"我们要建设的现代化是人与自然和谐共生的现代化"[1]，生态文明建设旨在构建一个以环境资源承载力为基础、以自然规律为准则、以可持续发展政策为手段的优质环境社会。从高投入、高消耗、高排放、粗放型经济发展模式，向绿色、低碳、环保、低消耗、高产出的循环经济发展模式转型，是中国现代化建设的必然选择。在未来的全球竞争中，比的是谁的生存方式和社会行为更绿色、更环保从而更可持续发展，谁的自然系统和社会系统更为和谐。

"十四五"作为中国现代化新征程的开端，整个"十四五"规划通篇是生态文明绿色，强调实现"人与自然和谐共生的现代化"，实现生态文明建设新进步，"生产生活方式绿色转型成效显著，能源资源配置更加合理、利用效率大幅提高，主要污染物排放总量持续减少，生态环境持续改善，生态安全屏障更加牢固"[2]。在2035年基本实现社会主义现代化远景目标中，提出"广泛形成绿色生产生活方式，碳排放达峰后稳中有降，生态环境根本好转，美丽中国建设目

---

[1] 习近平. 决胜全面建成小康社会，夺取新时代中国特色社会主义伟大胜利[M]//习近平谈治国理政：第3卷. 北京：外文出版社，2020：39.
[2] 中共中央关于制定国民经济和社会发展第十四个五年规划和二〇三五年远景目标的建议[N]. 人民日报，2020-11-04（01）.

第15章 结语与展望：中国政治发展的拓展空间

标基本实现"①。"坚持尊重自然、顺应自然、保护自然，坚持节约优先、保护优先、自然恢复为主，守住自然生态安全边界。深入实施可持续发展战略，完善生态文明领域统筹协调机制，构建生态文明体系，促进经济社会发展全面绿色转型。"②

生态是生物之间以及生物与环境之间存在关系呈现的面貌。生态文明有两个维度：一是客观维度，表现为人的客观世界与自然的关系；二是主观维度，表现为人的精神世界对工业文明的反思和超越。在原始文明的石器时代，采集渔猎是"顺应"大自然的，原始部落的生存发展是大自然演进的一部分。农耕文明发展起来后，人的活动大量介入自然领域，铁器等的出现提升了生产能力，在漫漫岁月中人与大自然是基本和谐的。

18世纪英国工业革命开启了人类新纪元，在工业文明的一路高歌猛进中，出现了全球性生态恶化。用金斯利·马丁的话说，对进步的崇拜已经"变成了加速前进的福音书"。"自从法国革命和第一次工业革命时代以来，我们一直在向前冲刺，不间断的迅速变化使人无暇进行调整。"③ 工业文明后期正是在对"改造自然、撷取自然"的深刻反省上，出现了以认知自然、尊重自然、遏制人类无限制破坏大自然为主要内容的生态文明观。马克思在《犟姑娘的婚礼之歌》叙事诗中说：

> 我们捕杀野兽，野兽也会挣扎吼叫，
> 我们驯服烈马，烈马也会在鞍下腾跃。
> 我们砍伐树木，树木砰然而倒，
> 它也会发出震耳的响声，宛如幽灵的惊叫。④

在人类诸多生存发展问题中，包括恐怖活动、战争、民族、宗教、生态等诸多问题中，生态问题极为突出。随着我国社会经济快速发展，资源约束趋紧、环境污染严重、生态系统退化相当严峻，发展不平衡、不协调、不可持续日益

---

① 中共中央关于制定国民经济和社会发展第十四个五年规划和二〇三五年远景目标的建议［N］.人民日报，2020-11-04（01）.
② 中共中央关于制定国民经济和社会发展第十四个五年规划和二〇三五年远景目标的建议［N］.人民日报，2020-11-04（03）.
③ ［美］乔·萨托利.民主新论［M］.冯克利，阎克文，译.上海：人民出版社，2008：538.
④ 马克思.爱之书：第一部［M］//马克思恩格斯全集：第1卷.北京：人民出版社，1995：518.

突出。毫不夸张地说，今天生态问题已影响到人们日常的生活和精神健康。

因此今天所谓"文明转型"，本质上是如何从工业文明的社会哲学，向生态文明的社会哲学转型；所谓"社会转型"，本质上是如何从以人为中心的社会形态，向人与自然和谐共存的社会形态即环境友好型社会、低碳环保社会转型。这是"文明转型"和"社会转型"的灵魂。正如恩格斯在《自然辩证法》中谈到的：

> 而这种事情发生得越多，人们就越是不仅再次地感觉到，而且也认识到自身和自然界的一体性，那种关于精神和物质、人类和自然、灵魂和肉体之间的对立的荒谬的、反自然的观点，也就越不可能成立了，这种观点自古典古代衰落以后出现在欧洲并在基督教中得到最高度的发展。[①]
>
> 但是要实行这种调节，仅仅有认识还是不够的。为此需要对我们的直到目前为止的生产方式，以及同这种生产方式一起对我们的现今的整个社会制度实行完全的变革。[②]

我国生态文明建设，就是"对我们的直到目前为止的生产方式，以及同这种生产方式一起对我们的现今的整个社会制度实行完全的变革"，并"广泛形成绿色生产生活方式，碳排放达峰后稳中有降"[③]。到 2030 年前达到碳排放的峰值，2060 年前达到碳中和，这些中期、远期目标的实现都离不开这种深刻变革。

在新的生态治理原则下，要把绿色发展，环境治理放在优先位置，在这一前提下再安排产业和经济。应建立相应的反映生态保护的政绩考核、责任追究制度。健全法律法规、完善考核标准体系、健全生态补偿机制等重大制度。要对领导干部实行自然资源资产和环境责任离任审计。要通过制度安排遏制当前急剧恶化的生态环境，确保生态文明建设不流于空泛。这当中，尤其要严格抑制各种"高大上"的宏大叙事，减少各种耗费民力巨大的"大场面""大排场""大手笔"，遏制各种不必要的社会浪费，实现生产力发展、社会生活与环境、资源、生态的良好互动。

在生活领域，积极引导消费者购买节能与新能源汽车、高能效家电、节水型器具等节能环保低碳产品，减少一次性用品，限制过度包装。严格限制发展

[①] 恩格斯. 自然辩证法［M］//马克思恩格斯选集：第 3 卷. 北京：人民出版社，2012：999.
[②] 恩格斯. 自然辩证法［M］//马克思恩格斯选集：第 3 卷. 北京：人民出版社，2012：1000.
[③] 习近平. 高举中国特色社会主义伟大旗帜，为全面建设社会主义现代化国家而团结奋斗：在中国共产党第二十次全国代表大会上的报告［M］. 北京：人民出版社，2022：24.

高耗能、高耗水服务业。全方位开展反食品浪费行动。全社会应形成一种生态自觉和生态理性，生产上的节能减排、生活上的节约资源、消费行为上的简约风尚，都应成为公民的自觉行为。人的社会活动和生活方式应以节俭、克制、适度、可持续为原则，遏制以无限攫取大自然的生活态度和社会哲学。总之，在生态文明建设的巨大空间中，在全面提升发展质量、变革发展模式上，我们大有可为，有很多事情要做。

三、"人的全面发展"建设的拓展空间

人的全面发展，是社会经济发展的全部意义所在，是推进社会进步和现代化建设的灵魂。"人的全面发展"是国家治理和政治发展的又一个巨大空间。

较早系统地论及人的全面发展问题，是2001年7月1日江泽民在庆祝中国共产党成立八十周年大会上提出的"人的全面发展"问题及它与经济、文化和改善人民物质文化生活的关系：

> 推进人的全面发展，同推进经济、文化的发展和改善人民物质文化生活，是互为前提和基础的。人越全面发展，社会的物质文化财富就会创造得越多，人民的生活就越能得到改善，而物质文化条件越充分，又越能推进人的全面发展。[①]

经过长时期的发展，我国"十四五"规划把"人的全面发展"放到更为突出的、全面推进的位置上，强调"促进人的全面发展和社会全面进步"，"推进以人为核心的新型城镇化"，促进"人民文化需求和增强人民精神力量"的相统一。在2035远景目标的规划中强调"人民平等参与、平等发展权利得到充分保障"，"国民素质和社会文明程度达到新高度"等，都体现出"促进人的全面发展"的实质性要求。以"十四五"为起点的中国现代化新征程，在促进人的全面发展上，有着极大的拓展和提升空间。可以说，无论是"十四五"发展目标，还是"2035"远景目标，都鲜明地呈现出以"人"为核心的现代化和"以人民为中心"的现代化这两个重要特征。

以"人"为核心的现代化，是把人的全面发展和提高，作为现代化建设的核心目标。人类现代化通常分为"器物""制度""人"几个层面，包括思想观

---

① 江泽民. 在庆祝中国共产党成立八十周年大会上的讲话 [M] //江泽民文选：第3卷. 北京：人民出版社，2006：295.

念、教育程度、知识结构、行为方式等在内的"人"的现代化,即人的全面发展是现代化的本质。"以人民为中心"的现代化,是指把人民放在现代化的价值目标上。在现代化事业中把人民置于中心位置,一切围绕如何实现人民的利益、提升人民的获得感、幸福感来展开,以满足人民日益增长的美好生活需要为根本目的。① 正如马克思在《〈黑格尔法哲学批判〉导言》中谈到的:"人就是人的世界,就是国家,社会。"②

十九大报告强调"更好推动人的全面发展、社会全面进步"③,"人的全面发展"是对"物的全面发展""人的欠发展""人片面发展""人的不自主发展"的反拨和超越,是德、智、体、美、劳,人的身心、精神、教育、职业、生活质量都得到均衡、良好的发展。它不是"一面""数面"的发展,而是"全面"发展。最重要的是,"人的全面发展"是"人的本质的对象化"的实现,意味着人不受外部力量的强制而受意志的驱动,不受任何物理学和生物学的制约,充分发挥和发展自然历史和人类社会历史赋予人类的一切肉体力量和精神力量。④

人的全面发展,标志之一是人的可行能力的提升。人的基本可行能力,对人的发展具有极端重要性。国民教育和健康方面的基本公共服务,影响着人的教育水平和健康水平。落后教育制约着个体的技能,使人们陷入"收入水平低—人力资本投资不足—谋生能力差—收入水平低"的恶性循环。因此公共就业服务,不仅意味着稳定的收入来源,而且还关系到人的尊严和自信。基本社会保障服务则为人们提供基本的安全感,而且还对子女教育的投资和下一代人的可行能力产生影响。所以一个国家基本公共服务水平,是决定提高人的可行能力从而成为实现人的全面发展的重要因素。

从人"必须能够生活",到"人的本质对象化",实现"人的全面发展",是一种文明前行的历史逻辑。1867年马克思在《资本论》中提出,未来社会"以每一个个人的全面而自由的发展为基本原则"⑤。马克思把"自由人联合体"作为历史运动的最高目标:"让我们换一个方面,设想有一个自由人联合体,他

---

① 秦德君. 以"人"为核心的现代化和"以人民为中心"的现代化[J]. 决策,2021(1):8.
② 马克思.《黑格尔法哲学批判》导言[M]//马克思恩格斯选集:第1卷. 北京:人民出版社,2012:1.
③ 习近平. 习近平谈治国理政:第3卷[M]. 北京:外文出版社,2020:9.
④ 王沪宁. 政治的逻辑:马克思主义政治学原理[M]. 上海:上海人民出版社,1994:705.
⑤ 马克思. 资本论:第1卷//马克思恩格斯选集:第2卷. 北京:人民出版社,2012:267.

们用公共的生产资料进行劳动,并且自觉地把他们许多个人劳动力当作一个社会劳动力来使用。"① 在《共产主义原理》中,恩格斯谈到:"根据共产主义原则组织起来的社会,将使自己的成员能够全面发挥他们的得到全面发展的才能。"② 在"十四五"为起点的现代化建设新征程中,为"人的全面发展"拓展了巨大建设空间。

"以人民为中心"的现代化,是把人民放在现代化事业的中心地位,一切围绕实现人民利益展开,增强人民的幸福感、获得感,以满足人民日益增长的美好生活需要为根本目的。一切改革、政策、举措,都要以是否真正"以人民为中心"的价值伦理来衡量、以是否真正实现"以人民为中心"的实际目标来评估工作成绩、工作绩效。高质量的绿色发展、马克思主义人民性立场的发展,一定是以推进"以人为中心的现代化"和"以人民为中心的现代化"为前提的发展。

这两大特质,凸显了人的价值本位和"以人民为中心"的法理地位,正如马克思名言说的:"人就是人的世界,就是国家、社会。"③ 党的二十大报告强调"维护人民根本利益,增进民生福祉,不断实现发展为了人民、发展依靠人民、发展成果由人民共享,让现代化建设成果更多更公平惠及全体人民",④ 这使得中国特色社会主义的"人民性"更为彰显。

上述三大建设拓展的空间,也是未来中国现代化建设的主战场,将构成未来中国政治发展的主体性的风景线,⑤ 也是本书对于现代化新征程上进一步推进中国政治发展的希冀和展望。

---

① 马克思.资本论:第1卷[M]//马克思恩格斯选集:第2卷.北京:人民出版社,2012:126.
② 恩格斯.共产主义原理[M]//马克思恩格斯选集:第1卷.北京:人民出版社,2012:308.
③ 马克思.《黑格尔法哲学批判》导言[M]//马克思恩格斯选集:第1卷.北京:人民出版社,2012:1.
④ 习近平.高举中国特色社会主义伟大旗帜,为全面建设社会主义现代化国家而团结奋斗:在中国共产党第二十次全国代表大会上的报告[M].北京:人民出版社,2022:27.
⑤ 秦德君."十四五"展现的三大建设空间[J].决策,2021(5):8.

参考文献

一、马克思主义经典文献

[1] 马克思恩格斯选集：第1卷 [M]. 北京：人民出版社，2012.
[2] 马克思恩格斯选集：第2卷 [M]. 北京：人民出版社，2012.
[3] 马克思恩格斯选集：第3卷 [M]. 北京：人民出版社，2012.
[4] 马克思恩格斯选集：第4卷 [M]. 北京：人民出版社，2012.
[5] 马克思恩格斯文集：第9卷 [M]. 北京：人民出版社，2009.
[6] 马克思恩格斯文集：第10卷 [M]. 北京：人民出版社，2009.
[7] 马克思恩格斯全集：第1卷 [M]. 北京：人民出版社，1995.
[8] 马克思恩格斯全集：第3卷 [M]. 北京：人民出版社，2002.
[9] 马克思恩格斯全集：第15卷 [M]. 北京：人民出版社，1963.
[10] 马克思恩格斯全集：第42卷 [M]. 北京：人民出版社，1979.
[11] 列宁选集：第1卷 [M]. 北京：人民出版社，2012.
[12] 列宁选集：第3卷 [M]. 北京：人民出版社，2012.
[13] 列宁全集：第32卷 [M]. 北京：人民出版社，1985.
[14] 列宁全集：第47卷 [M]. 北京：人民出版社，1990.

二、党和国家领导人著作

[1] 毛泽东选集：第1卷 [M]. 北京：人民出版社，1991.
[2] 毛泽东选集：第2卷 [M]. 北京：人民出版社，1991.
[3] 毛泽东选集：第3卷 [M]. 北京：人民出版社，1991.
[4] 毛泽东选集：第4卷 [M]. 北京：人民出版社，1991.
[5] 毛泽东文集：第1卷 [M]. 北京：人民出版社，1993.

［6］毛泽东文集：第2卷［M］.北京：人民出版社，1993.

［7］毛泽东文集：第5卷［M］.北京：人民出版社，1996.

［8］毛泽东文集：第6卷［M］.北京：人民出版社，1999.

［9］毛泽东文集：第7卷［M］.北京：人民出版社，1999.

［10］邓小平文选：第1卷［M］.北京：人民出版社，1994.

［11］邓小平文选：第2卷［M］.北京：人民出版社，1994.

［12］邓小平文选：第3卷［M］.北京：人民出版社，1993.

［13］江泽民文选：第1卷［M］.北京：人民出版社，2006.

［14］江泽民文选：第2卷［M］.北京：人民出版社，2006.

［15］江泽民文选：第3卷［M］.北京：人民出版社，2006：

［16］江泽民.论党的建设［M］.北京：中央文献出版社，2001.

［17］胡锦涛文选：第1卷［M］.北京：人民出版社，2016.

［18］胡锦涛文选：第2卷［M］.北京：人民出版社，2016.

［19］胡锦涛文选：第3卷［M］.北京：人民出版社，2016.

［20］周恩来选集：下卷［M］.北京：人民出版社，1984.

［21］刘少奇选集：下卷［M］.北京：人民出版社，1985.

［22］习近平谈治国理政：第1卷［M］.北京：外文出版社，2018.

［23］习近平谈治国理政：第2卷［M］.北京：外文出版社，2017.

［24］习近平谈治国理政：第3卷［M］.北京：外文出版社，2020.

［25］习近平谈治国理政：第4卷［M］.北京：外文出版社，2022.

［26］习近平.论坚持全面深化改革［M］.北京：中央文献出版社，2018.

［27］习近平.之江新语［M］.杭州：浙江人民出版社，2007.

三、重要文献

［1］中共中央文献研究室.十八大以来重要文献选编（上册）［M］.北京：中央文献出版社，2014.

［2］中共中央文献研究室.十五大以来重要文献选编（中册）［M］.北京：人民出版社，2001.

［3］中共中央文献研究室.三中全会以来重要文献选编（上册）［M］.北京：人民出版社，1982.

［4］中共中央文献研究室.建国以来重要文献选编（第16册）［M］.北京：中央文献出版社，1997.

[5] 中共中央党史研究室. 中国共产党历史：第1卷 [M]. 北京：中共党史出版社, 2002.

[6] 中共中央党史研究室. 中国共产党简史 [M]. 北京：中共党史出版社, 2001.

[7] 中共中央纪律检查委员会, 中共中央文献研究室. 习近平关于严明党的纪律和规矩论述摘编 [M]. 北京：中央文献出版社, 中国方正出版社, 2016.

[8] 中共中央文献研究室. 习近平关于全面建成小康社会论述摘编 [M]. 北京：中央文献出版社, 2016.

[9] 中央文献研究室. 习近平关于全面依法治国论述摘编 [M]. 北京：中央文献出版社, 2015.

[10] 中共中央文献研究室. 一国两制重要文献选编 [M]. 北京：中央文献出版社, 1997.

[11] 中华人民共和国国民经济和社会发展第十四个五年规划和2035年远景目标纲要 [N]. 人民日报, 2021-03-13 (01).

[12] 中共中央关于制定国民经济和社会发展第十四个五年规划和二〇三五年远景目标的建议 [N]. 人民日报, 2020-11-04 (01).

[13] 中国共产党第十九届中央委员会第五次全体会议公报 [N]. 光明日报, 2020-10-30 (01).

[14] 中国共产党第十九届中央委员会第四次全体会议公报 [N]. 光明日报, 2019-11-01 (01).

[15] 中国共产党第十一届中央委员会第三次全体会议公报 [N]. 人民日报, 1978-12-24 (01).

[16] 中共中央关于坚持和完善中国特色社会主义制度, 推进国家治理体系和治理能力代化若干重大问题的决定 [N]. 人民日报, 2019-11-06 (01).

[17] 中共中央关于全面推进依法治国若干重大问题的决定 [N]. 人民日报, 2014-10-29 (01).

[18] 中共中央关于全面深化改革若干重大问题的决定 [N]. 人民日报, 2013-11-16 (01).

[19] 中共中央关于加强和改进新形势下党的建设若干重大问题的决定 [N]. 人民日报, 2009-09-28 (01).

[20] 中共中央关于构建社会主义和谐社会若干重大问题的决定 [N]. 人民日报, 2006-10-19 (01).

［21］中共中央关于加强党的执政能力建设的决定［N］. 人民日报，2004-09-27（01）.

［22］关于新形势下党内政治生活的若干准则［N］. 人民日报，2016-11-03（05）.

［23］关于深化行政管理体制改革的意见［N］. 人民日报，2008-03-05（01）.

［24］中共中央颁发《关于进一步加强中国共产党领导的多党合作和政治协商制度建设的意见》［N］. 人民日报，2005-03-21（01）.

［25］中共中央关于坚持和完善中国共产党领导的多党合作和政治协商制度的意见［N］. 人民日报，1990-02-08（01）.

［26］中国共产党章程［N］. 人民日报，1956-09-27（02）.

［27］中共中央文献研究室. 毛泽东年谱（1949—1976）：第3卷［M］. 北京：中央文献出版社，2013.

［28］中共中央文献研究室. 邓小平年谱（1975—1997）［M］. 北京：中央文献出版社，2004.

［29］中共中央国务院关于构建更加完善的要素市场化配置体制机制的意见［J］. 中华人民共和国国务院公报，2020（11）.

［30］关于建国以来党的若干历史问题的决议［EB/OL］. 人民网，1981-07-01.

四、专题报告

［1］习近平. 高举中国特色社会主义伟大旗帜，为全面建设社会主义现代化国家而团结奋斗：在中国共产党第二十次全国代表大会上的报告［M］. 北京：人民出版社，2022.

［2］李克强. 政府工作报告——2021年3月5日在第十三届全国人民代表大会第四次会议上［N］. 新华每日电讯，2021-03-13（01）.

［3］李克强. 政府工作报告——二〇一九年三月五日在第十三届全国人民代表大会第二次会议上［N］. 人民日报，2019-03-17（01）.

［4］李克强. 政府工作报告——二〇一八年三月五日在第十三届全国人民代表大会第一次会议上［N］. 人民日报，2018-03-23（01）.

［5］李克强. 政府工作报告——2017年3月5日在第十二届全国人民代表大会第五次会议上［N］. 人民日报，2017-03-17（01）.

[6] 李克强. 政府工作报告——2016年3月5日在第十二届全国人民代表大会第四次会议上［N］. 人民日报, 2016-03-18（01）.

[7] 李克强. 政府工作报告——2015年3月5日在第十二届全国人民代表大会第三次会议上［N］. 人民日报, 2015-03-17（01）.

[8] 李克强. 政府工作报告——二〇一四年三月五日在第十二届全国人民代表大会第二次会议上［N］. 人民日报, 2014-03-15（01）.

[9] 温家宝. 政府工作报告——2013年3月5日在第十二届全国人民代表大会第一次会议上［N］. 人民日报, 2013-03-19（01）.

[10] 赵紫阳. 沿着有中国特色的社会主义道路前进——在中国共产党第十三次全国代表大会上的报告［N］. 人民日报, 1987-11-04（01）.

[11] 叶剑英. 在庆祝中华人民共和国成立三十周年大会上的讲话［N］. 人民日报, 1979-09-30（01）.

[12] 温国辉. 政府工作报告——2021年1月29日在广州市第十五届人民代表大会第六次会议上［N］. 广州日报, 2021-02-04（A01）.

[13] 龚正. 政府工作报告——2021年1月24日在上海市第十五届人民代表大会第五次会议上［N］. 解放日报, 2021-01-29（01）.

[14] 陈吉宁. 政府工作报告——二〇二一年一月二十三日在北京市第十五届人民代表大会第四次会议上［N］. 北京日报, 2021-02-01（01）.

[15] 陈如桂. 政府工作报告——2020年1月8日在深圳市第六届人民代表大会第八次会议上［N］. 深圳特区报, 2020-01-22（A01）.

[16] 彭真. 关于中华人民共和国宪法修改草案的报告［N］. 人民日报, 1982-12-06（01）.

五、重要讲话

[1] 习近平. 在庆祝中国共产党成立100周年大会上的讲话［M］. 北京：人民出版社, 2021-7-2.

[2] 习近平. 在全国脱贫攻坚总结表彰大会上的讲话［N］. 人民日报, 2021-02-26（02）.

[3] 习近平. 在浦东开发开放30周年庆祝大会上的讲话［N］. 人民日报, 2020-11-13（02）.

[4] 习近平. 在全国抗击新冠肺炎疫情表彰大会上的讲话［N］. 人民日报, 2020-09-09（02）.

［5］习近平. 在统筹推进新冠肺炎疫情防控和经济社会发展工作部署会议上的讲话［N］. 人民日报，2020-02-24（02）.

［6］习近平. 在第十三届全国人民代表大会第一次会议上的讲话［N］. 人民日报，2018-03-21（02）.

［7］习近平. 在纪念孙中山先生诞辰150周年大会上的讲话［N］. 人民日报，2016-11-12（02）.

［8］习近平. 关于《中共中央关于全面推进依法治国若干重大问题的决定》的说明［N］. 人民日报，2014-10-29（02）.

［9］李克强. 在全国深化"放管服"改革转变政府职能电视电话会议上的讲话［N］. 人民日报，2018-07-13（02）.

［10］李克强. 深化简政放权放管结合优化服务，推进行政体制改革转职能提效能——在全国推进简政放权放管结合优化服务改革电视电话会议上的讲话［N］. 人民日报，2016-05-23（02）.

［11］李克强. 在国务院第四次廉政工作会议上的讲话［N］. 人民日报，2016-04-15（02）.

［12］李克强. 在国务院第三次廉政工作会议上的讲话［N］. 人民日报，2015-02-28（02）.

［13］李克强. 在国务院机构职能转变动员电视电话会议上的讲话［N］. 人民日报，2013-05-15（02）.

［14］习近平. 把握新发展阶段，贯彻新发展理念，构建新发展格局［EB/OL］. 中国政府网，2021-04-30.

［15］习近平. 坚持、完善和发展中国特色社会主义国家制度与法律制度［J］. 求是，2019（23）.

六、重要专题

［1］习近平：民族要复兴，乡村必振兴［N］. 新华每日电讯，2020-12-30（01）.

［2］习近平在看望参加政协会议的经济界委员时强调：坚持用全面辩证长远眼光分析经济形势，努力在危机中育新机于变局中开新局［N］. 人民日报，2020-05-24（01）.

［3］习近平在第73届世界卫生大会视频会议开幕式上致辞［N］. 人民日报，2020-05-19（01）.

[4] 中共中央政治局常务委员会召开会议：听取疫情防控工作中央指导组工作汇报，研究完善常态化疫情防控体制机制 [N]. 人民日报，2020-05-07 (01).

[5] 习近平在上海考察时强调：深入学习贯彻党的十九届四中全会精神，提高社会主义现代化国际大都市治理能力和水平 [N]. 人民日报，2019-11-04 (01).

[6] 习近平在中央政治局第十七次集体学习时强调：继续沿着党和人民开辟的正确道路前进，不断推进国家治理体系和治理能力现代化 [N]. 人民日报，2019-09-25 (01).

[7] 习近平出席二十国集团领导人第十四次峰会并发表重要讲话 [N]. 人民日报，2019-06-29 (01).

[8] 习近平在上海考察时强调：坚定改革开放再出发信心和决心，加快提升城市能级和核心竞争力 [N]. 人民日报，2018-11-08 (01).

[9] 习近平出席博鳌亚洲论坛2018年年会开幕式并发表主旨演讲 [N]. 人民日报，2018-04-11 (01).

[10] 习近平在瞻仰中共一大会址时强调：铭记党的奋斗历程时刻不忘初心，担当党的崇高使命矢志永远奋斗 [N]. 人民日报，2017-11-01 (01).

[11] 习近平在参加上海代表团审议时强调：践行新发展理念深化改革开放，加快建设现代化国际大都市 [N]. 人民日报，2017-03-06 (01).

[12] 习近平主持召开中央全面深化改革领导小组第二十九次会议强调：全面贯彻党的十八届六中全会精神，抓好改革重点落实好改革任务 [N]. 人民日报，2016-11-02 (01).

[13] 习近平在参加上海代表团审议时强调：保持锐意创新勇气蓬勃向上朝气，加强深化改革开放措施系统集成 [N]. 人民日报，2016-03-06 (01).

[14] 习近平在中共中央政治局第二十八次集体学习时强调：立足我国国情和我国发展实践，发展当代中国马克思主义政治经济学 [N]. 人民日报，2015-11-25 (01).

[15] 习近平在参加上海代表团审议时强调：当好改革开放排头兵创新发展先行者，为构建开放型经济新体制探索新路 [N]. 人民日报，2015-03-06 (01).

[16] 习近平在十八届中央纪委五次全会上发表重要讲话强调：深化改革巩固成果积极拓展，不断把反腐败斗争引向深入 [N]. 人民日报，2015-01-14

（01）.

［17］习近平在上海考察时强调：当好全国改革开放排头兵，不断提高城市核心竞争力［N］.人民日报，2014-05-25（01）.

［18］习近平在参加上海代表团审议时强调：推进中国上海自由贸易试验区建设，加强和创新特大城市社会治理［N］.人民日报，2014-03-06（01）.

［19］习近平在省部级主要领导干部学习贯彻十八届三中全会精神全面深化改革专题研讨班开班式上发表重要讲话强调：完善和发展中国特色社会主义制度，推进国家治理体系和治理能力现代化［N］.人民日报，2014-02-18（01）.

［20］习近平在同各界优秀青年代表座谈时强调：在实现中国梦的生动实践中放飞青春梦想，在为人民利益的不懈奋斗中书写人生华章［N］.人民日报，2013-05-05（01）.

［21］习近平在参加上海代表团审议时强调：坚定不移深化改革开放，加大创新驱动发展力度［N］.人民日报，2013-03-06（01）.

［22］李克强总理出席记者会并回答中外记者提问［N］.人民日报，2020-05-29（01）.

［23］李克强在天津考察时强调：以改革开放促经济提质增效升级和民生持续改善［N］.人民日报，2013-12-30（01）.

［24］习近平：中国的民主是一种全过程的民主［EB/OL］.求是网，2019-01-03.

［25］习近平：人民城市人民建，人民城市为人民［EB/OL］.求是网，2019-11-03.

［26］习近平在中央人大工作会议上发表重要讲话强调：坚持和完善人民代表大会制度，不断发展全过程人民民主［N］.人民日报，2021-10-15.

七、学术译著

［1］［古罗马］西塞罗.论共和国［M］.王焕生，译.上海：上海人民出版社，2006.

［2］［古希腊］亚里士多德.尼各马科伦理学［M］.苗力田，译.北京：中国人民大学出版社，2003.

［3］［古希腊］亚里士多德.政治学［M］.吴寿彭，译.北京：商务印书馆，1965.

［4］［奥］凯尔森.法与国家的一般理论［M］.沈宗灵，译.北京：中国大

百科全书出版社,1996.

[5][德]迪特·森格哈斯. 文明内部的冲突与世界秩序[M]. 张文武,译. 北京：新华出版社,2004.

[6][德]恩斯特·卡西尔. 人论[M]. 甘阳,译. 上海：上海译文出版社,1985.

[7][德]黑格尔. 哲学史演讲录：第1卷[M]. 贺麟,王太庆,等译. 北京：商务印书馆,1959.

[8][法]卢梭. 社会契约论[M]. 何兆武,译. 北京：商务印书馆,1980.

[9][法]托克维尔. 旧制度与大革命[M]. 冯棠,译. 北京：商务印书馆,1992.

[10][美]爱德华·麦克诺尔·伯恩斯,菲利普·李·拉尔夫. 世界文明史：第1卷[M]. 罗经国,张长寿,刘城,等译. 北京：商务印书馆,1987.

[11][美]埃德蒙·费尔普斯. 大繁荣：大众创新如何带来国家繁荣[M]. 余江,译. 北京：中信出版社,2013.

[12][美]艾尔·巴比. 社会研究方法[M]. 邱泽奇,译. 北京：华夏出版社,2005.

[13][美]艾拉·卡茨纳尔逊. 马克思主义与城市[M]. 王爱松,译. 南京：江苏教育出版社,2013.

[14][美]布鲁斯·拉西特,哈维·斯塔尔. 世界政治[M]. 王玉珍,等译. 北京：华夏出版社,2001.

[15][美]德沃金. 法律帝国[M]. 李常青,译. 北京：中国大百科全书出版社,1996.

[16][美]道格拉斯·诺思. 制度、制度变迁与经济绩效[M]. 杭行,译. 上海：格致出版社,上海三联书店,上海人民出版社,2008.

[17][美]弗里德利希·冯·哈耶克. 自由秩序原理：上卷[M]. 邓正来,译. 北京：生活·读书·新知三联书店,1997.

[18][美]格林斯坦,波尔斯比. 政治学手册精选：下卷[M]. 储复耘,译. 北京：商务印书馆,1996.

[19][美]卡尔·科恩. 论民主[M]. 聂崇信,朱秀贤,译. 北京：商务印书馆,1988.

[20][美]卡罗尔·索尔坦. 作为政治产品的制度[M]//薛晓源,陈家刚. 全球化与新制度主义. 北京：社会科学文献出版社,2004.

[21]［美］拉里·劳丹. 进步及其问题——科学增长理论刍议［M］. 方在庆, 译. 上海: 上海译文出版社, 1991.

[22]［美］莱斯利·里普森. 政治学的重大问题［M］. 刘晓, 等译. 北京: 华夏出版社, 2001.

[23]［美］劳伦斯·迈耶, 约翰·伯内特, 苏珊·奥格登. 比较政治学: 变化世界中的国家和理论［M］. 罗飞, 张丽梅, 冯涛, 等译. 北京: 华夏出版社, 2001.

[24]［美］乔恩·埃尔斯特, ［挪］朗内·斯莱格斯塔德. 宪政与民主: 理性与社会变迁研究［M］. 潘勤, 谢鹏程, 译. 北京: 生活·读书·新知三联书店, 1997.

[25]［美］乔·萨托利. 民主新论［M］. 冯克利, 阎克文, 译. 上海: 上海人民出版社, 2008.

[26]［美］迈克尔·罗斯金, 罗伯特·科德, 詹姆斯·梅代罗斯, 沃尔特·琼斯. 政治科学［M］. 林震, 等译. 北京: 华夏出版社, 2001.

[27]［美］塞缪尔·P. 亨廷顿. 变化社会中的政治秩序［M］. 王冠华, 等译. 北京: 生活·读书·新知三联书店, 1989.

[28]［美］塔尔科特·帕森斯. 社会行动的结构［M］. 张明德, 夏翼南, 彭刚, 译. 南京: 译林出版社, 2003.

[29]［美］约翰·罗尔斯. 正义论［M］. 何怀宏, 何包钢, 廖申白, 译. 北京: 中国社会科学出版社, 1988.

[30]［美］约瑟夫·熊彼特. 经济发展理论——对于利润、资本、信贷、利息和经济周期的考察［M］. 何畏, 等译. 北京: 商务印书馆, 1991.

[31]［日］福泽谕吉. 文明论概略［M］. 北京编译社, 译. 商务印书馆, 1959.

[32]［英］安德鲁·海伍德. 政治学核心概念［M］. 吴勇, 译. 天津: 天津人民出版社, 2008.

[33]［英］E. H. 卡尔. 历史是什么? ［M］. 陈恒, 译. 北京: 商务印书馆, 2007.

[34]［英］哈特. 法律的概念［M］. 张文显, 郑成良, 杜景义, 等译. 北京: 中国大百科全书出版社, 1996.

[35]［英］J. S. 密尔. 代议制政府［M］. 汪瑄, 译. 北京: 商务印书馆, 1982.

[36][英]迈克尔·欧克肖特.政治中的理性主义[M].张汝伦,译.上海:上海译文出版社,2003.

[37][英]尼克·史蒂文森.文化与公民身份[M].陈志杰,译.长春:吉林出版社,2007.

[38][英]伊·拉卡托斯.科学研究纲领方法论[M].兰征,译.上海:上海译文出版社,1986.

[39][英]亚当·斯威夫特.政治哲学导论[M].萧韶,译.南京:江苏人民出版社,2006.

八、国内专著、文章

[1]孙中山.建国方略[M].北京:中国长安出版社,2011.

[2]张凤阳,等.政治哲学关键词[M].南京:江苏人民出版社,2006.

[3]钱穆.中国历代政治得失[M].北京:生活·读书·新知三联书店,2001.

[4]尹保云.什么是现代化——概念与范式的探讨[M].北京:人民出版社,2001.

[5]秦德君.政治设计研究[M].上海:上海社会科学院出版社,2000.

[6]林德宏,陈文林.现代科学技术革命与马克思主义[M].南京:南京大学出版社,1994.

[7]王沪宁.政治的逻辑:马克思主义政治学原理[M].上海:上海人民出版社,1994.

[8]梁启超.饮冰室合集:专集之四十二[M].北京:中华书局,1989.

[9]孙中山.孙中山全集:第1卷[M].北京:中华书局,1981.

[10]丹明子.海德尔谈诗意地栖居[M].北京:中国工人出版社,2011.

[11]冯其予.我国已签署共建"一带一路"合作文件205份[N].经济日报,2021-01-30(01).

[12]史丹.构建新发展格局的时代背景与重点任务[N].经济日报,2020-08-19(11).

[13]黄仁伟."一带一路"面临新挑战和新机遇[N].环球时报,2020-05-26(15).

[14]陈宝生.全面贯彻党的教育方针,大力加强新时代劳动教育[N].人民日报,2020-03-30(12).

[15] 焦丽萍. 体悟解放思想的方法论智慧 [N]. 学习时报, 2018-12-26 (05).

[16] 王邦佐, 秦德君. 政治学研究亟须关注的四个问题 [N]. 人民日报, 2016-05-09 (16).

[17] 黄鑫. 走新型工业化之路, 从工业大国迈向工业强国 [N]. 经济日报, 2012-06-01 (08).

[18] 郑大华. 孙中山"振兴中华"口号的提出 [N]. 光明日报, 2006-06-26 (11).

[19] 秦德君. 深化放管服改革激发市场活力 [N]. 中国纪检监察报, 2020-02-25 (07).

[20] 秦德君. 党的建设与国家治理: 新时代中国特色社会主义创新主线——党的十八大以来政治创新的结构、逻辑与空间 [J]. 理论与改革, 2019 (5).

[21] 秦德君. 租金、创租、寻租与腐败机理 [N]. 深圳特区报, 2019-05-28 (C03).

[22] 秦德君. 推进国家制度体系更加成熟 [N]. 解放日报, 2018-08-07 (09).

[23] 秦德君. 迈向2035, 一张蓝图干到底 [N]. 文汇报, 2018-01-22 (05).

[24] 秦德君. 新的伟大工程如何实现新跨越 [N]. 解放日报, 2017-10-24 (09).

[25] 秦德君. 中国政治发展中的政制安排——论中国特色社会主义政治发展道路 [J]. 学习与实践, 2007 (12).

[26] 郑有贵. 集中力量办大事与中国的历史性跨越发展 [J]. 中共党史研究, 2020 (3).

[27] 陈宝生. 推进教育治理体系和治理能力现代化 [J]. 旗帜, 2019 (11).

[28] 奚洁人. 跨界、跨界思维和跨界领导力——跨界领导力研究的时代意义和社会价值 [J]. 领导科学, 2014 (20).

[29] 吴兵. 改革开放以来中国负责任大国身份建构 [J]. 社会主义研究, 2014 (4).

[30] 杨承训. 学习邓小平"集中力量办大事"的感悟 [J]. 红旗文稿,

2012（8）.

［31］胡适. 建国问题引论［J］. 独立评论，1933（77）.

［32］秦德君. 从"四个现代化"到现代化建设新征程［J］. 决策，2021.

［33］秦德君. "十四五"展现的三大建设空间［J］. 决策，2021（5）.

［34］秦德君，朱莹. 后疫情时代"一带一路"与人类命运共同体战略性调适［J］. 学术界，2020（7）.

［35］秦德君. "国家体制"与社会参与［J］. 上海宣传通讯，2020（6）.

［36］秦德君. 中国国家制度型构与"更加成熟、更加定型"基础［J］. 理论与改革，2020（5）.

［37］中国最大陆路口岸进出境中欧班列突破1万列［N］. 人民日报，2021-04-14（03）.

［38］联合国秘书长古特雷斯致函习近平祝贺中国脱贫攻坚取得重大历史性成就［N］. 人民日报，2021-03-10（01）.

［39］郁静娴. 乡村振兴战略规划实施报告发布［N］. 人民日报，2020-06-11（08）.

［40］黄仁伟. "一带一路"面临新挑战和新机遇［N］. 环球时报，2020-05-26（15）.

［41］中国全力保障防疫物资有序出口支持国际社会共同抗疫［N］. 经济日报，2020-05-18（04）.

［42］郑若麟. 欧美与中国之间已经永远翻过了历史性的一页［EB/OL］. 欧洲时报网，2020-05-11.

［43］从跨越太平洋的握手到跨越太平洋的合作——记中国国家主席习近平同美国总统奥巴马安纳伯格庄园会晤［N］. 人民日报，2013-06-11（01）.

九、其他资料

［1］秦德君. 中国国家制度成熟与定型的基础是什么［EB/OL］. 上观新闻，2018-08-17.

［2］2020年全国教育事业发展统计公报［EB/OL］. 中华人民共和国教育部官网，2021-09-27.

［3］中国刚刚崛起，有些青年却躺平了？［EB/OL］. 凤凰网，2021-05-29.

［4］国家发展和改革委员会. 深入贯彻新发展理念，加快构建新发展格局［EB/OL］. 国家发展和改革委员会官网，2021-05-08.

［5］联合国贸发会议：第一季度全球贸易额下降3%［EB/OL］.中国日报网，2020-05-13.

［6］张梦旭.基辛格：新冠病毒大流行将永远改变世界秩序［EB/OL］.人民网，2020-04-05.

［7］程小红."一带一路"：让沿线各国历史文化遗产"转动"起来［EB/OL］.中国建设新闻网，2019-09-24.

［8］李杰.日本公布2010年GDP数据，被中国赶超退居世界第三［EB/OL］.环球网，2011-02-14.

［9］成思危谈政党制度：中国民主党派不是政治花瓶［EB/OL］.凤凰网，2006-09-20.

后 记

人间四月天，窗外春色浓。写本书后记的时候，紫薇树梢已新绿一片，已是谷雨时节。

书中各部分内容都先期在报刊发表。作为一种"历史记录"，本书若能为认知和把握中国政治发展的主线及其"编码方式"，为政治发展研究提供一定助益，则尽了作者的绵薄之力。感谢郭定平教授、程竹汝教授对本书的支持。感谢研究生陈萍萍的校勘工作，感谢责任编辑为本书付出的辛劳。

哥伦比亚大学政治科学与历史学教授艾拉·卡茨纳尔逊（Ira Katznelson）在《马克思主义与城市》中谈到："人们生活在作为自然环境与人类创造物间特殊关系之产物的空间之中。在这些因时间和地点而有差异地建构出的空间世界里，他们体验社会秩序，阐释秩序，并围绕社会秩序而斗争。"

让我们从这个春天出发，在因时间和地点而建构出的空间世界里，体验社会秩序，观察社会秩序，并围绕社会秩序而斗争。

2022 年 4 月 20 日，谷雨